Karaganda
Kasachische Schwelle
Omsk
Pawlodar
Semipalatinsk
Ekibastus
Zelinograd
Temirtau
Atbassar
Kustanai
Petropawlowsk
Kokstschetau
Kurgan
Tscheljabinsk
Magnitogorsk
Orsk
Orenburg
Aktjubinsk
Uralsk
Ural
Gurjew
Kulsary
Arkalyk
Dsheskasgan
Baikonur
Aralsk
Aralsee
Ksyl-Orda
Syr-Darja
Balchasch-see
Betpak-Dala
Mujunkum
Dshambul
Karatau
Taschkent
Kysylkum
Samarkand
Buchara
Amu-Darja
Nukuse
Urgentsch
Tschardshou
Karakum
Turkmenistan
Aschchabad
Mary
Murgab
Krasnowodsk
Nebit-Dag
Kara-Bogas-Bucht
Schewtschenko
Machatschkala
Baku
Sumgait
Astrachan
Wolgograd
Wolga
Stawropol
Manytsch-niederung
Grosnyj
Tiflis
Kirowabad
Batumi
Kutaissi
Sotschi
Trabzon
Samsun
Erzurum
Diyarbakir
Teheran
Kaschan
Isfahan
Yezd
Schiras
Große Salzwüste
Wüste Lut
Meschhed
Nischapur
Herat
Babol
Sary-Ischikotrau
Balchasch
Tschu
Frunse
Kaschgar
Jarkand
----- Reiseweg mit der Eisenbahn
im Jahre 1945 nach Karaganda

Lucie Kasischke/Kämmler

Im Schneesturm

Ein deutsches Mädchen verschleppt nach Karaganda

Schlichenmaier
Druck&Verlag

1. Aufllage 05/97

Gesamtherstellung:
Druck & Verlag Schlichenmaier, 71554 Weissach im Tal
Titelgestaltung: Timo Schlichenmaier

ISBN 3-929478-16-1

Die Autorin Lucie Kasischke, geb. Kämmler

Ich war ein Mädchen von elf Jahren, als ich mit meiner Familie mein Heimatdorf Teplitz in Bessarabien verlassen mußte. Dieser Landstrich am Schwarzen Meer kam im Jahre 1940 unter die Regierungsgewalt der Sowjetunion. Alle Deutschen dort, etwa 100 000, wurden in das damalige Deutsche Reich umgesiedelt und somit deutsche Staatsbürger.

Meine Schulausbildung war noch nicht abgeschlossen, als ich fünfzehnjährig, vor dem Ende des Zweiten Weltkrieges im Januar 1945, mit meiner Mutter, Natalie Kämmler, meinem etwas jüngeren Bruder Felix und meinen Großeltern väterlicherseits die Flucht vor den sowjetischen Truppen antreten mußte. Wir drei – die Großeltern waren bei der Flucht umgekommen – wurden in den asiatischen Teil der UdSSR verschleppt.

Nach mehr als zehn Jahren Verbannung bekam ich die Erlaubnis, nach Deutschland zu meinem Vater und meinen Verwandten zurückkehren zu dürfen.

Seit Weihnachten 1955 lebe ich im heutigen Baden-Württemberg, in dem Land, aus dem vor 180 Jahren meine Vorfahren ans Schwarze Meer ausgewandert waren.

Die Gedichte in diesem Buch habe ich damals in Kasachstan verfaßt, die Texte aber später aus dem Erleben von damals heraus geschrieben, im Bewußtsein und mit den Augen eines Mädchens zwischen 16 und 26 Jahren.

Siglingen bei Heilbronn
im Mai 1997

Inhalt:

Vorwort

„Wie war es in Rußland?" das war eine der ersten Fragen, die ein freundlicher Schaffner an mich richtete. Ein ratloses Achselzucken meinerseits und: „Ich habe verschiedene Dinge erlebt," waren meine unbestimmte Antwort. Doch der Mann in der dunkelblauen Eisenbahneruniform gab nicht so schnell auf, und in seiner wohlklingend norddeutschen Sprache fuhr er aufmunternd fort: „Erzählen Sie doch, Sie brauchen sich jetzt nicht mehr zu fürchten, denn Sie sind nun im Westen!"

„Warum fürchten? Und warum spricht er den Satz nicht zu Ende?" dachte ich, „...im Westen Deutschlands, so müßte es vielleicht heißen." Nachdem ich einige Zeit „im Westen" gelebt hatte, wußte ich, daß damit die Bundesrepublik Deutschland gemeint war.

Er ging und zog die Glastür des Zugabteils geräuschvoll hinter sich zu.

Ich schaute durch das Fenster und schwieg. Bald lehnte ich meinen Kopf zurück und schloß die Augen, denn ich war erschöpft und müde. Tausende Kilometer Bahnfahrt lagen hinter uns, und es waren achtzehn Tage vergangen, seit wir bei klirrendem Frost und hohem Schnee den Sonderzug in Karaganda bestiegen hatten. Doch jetzt flogen grüne und braune Felder am Abteilfenster vorbei. Die Luft war mild, und es lag kein Schnee in Deutschland an diesem letzten Tage vor Weihnachten 1955.

Viele neugierige Blicke drangen unbarmherzig in unser Abteil, in dem sich ausschließlich Spätheimkehrer befanden. Mein Bruder zündete sich eine Zigarette seiner Stammarke an, dann stellte er die quadratische Schachtel so auf den Klapptisch vor das Fenster, daß man deutlich die Aufschrift und die aufgedruckte Landkarte sehen konnte. „Bjelomorkanal" (Weißmeerkanal), so stand in fettgedruckten russischen Buchstaben auf der Packung. Ich hatte ihn aus halbgeschlossenen Augenlidern beobachtet. Auch die andern in unserem Abteil waren seinen Bewegungen gefolgt. Irgend jemand von uns sagte auf russisch, denn das war unsere in Jahren geübte Umgangssprache: „Vielleicht können jetzt die Leute hinter der Scheibe erraten, woher wir kommen?" Schweigen der Erwachsenen, die Kinder waren vor Übermüdung eingeschlafen, und in schnellem Tempo eilte der Zug unserem Ziel entgegen.

„Wie war es in Rußland?" Diese Frage wurde mir in der darauffolgenden Zeit noch unzählige Male gestellt. Doch immer wieder merkte ich, wie schwierig es für mich war, eine gerechte Antwort darauf zu geben. Ich glaube, es ist mir nie so richtig gelungen. Deshalb möchte ich in diesen Aufzeichnungen versuchen, mein

Leben und meine Eindrücke in Rußland zu schildern. Vielleicht kann ich auf diese Weise eine auch mich befriedigende Antwort finden.

Heutensbach bei Backnang, 1969

Der Theologe Dietrich Bonnhoeffer (1906 -1945) schrieb:

> *„Zehn Jahre sind im Leben eines Menschen eine lange Zeit. Da die Zeit das kostbarste, weil unwiederbringlichste Gut ist, über das wir verfügen, beunruhigt uns beim Rückblick der Gedanke etwa verlorener Zeit. Verloren wäre die Zeit, in der wir nicht als Menschen gelebt, Erfahrungen gemacht, gelernt, geschaffen, genossen und gelitten hätten. Verlorene Zeit ist unausgefüllte, leere Zeit. Das sind die vergangenen Jahre gewiss nicht gewesen. Vieles Unermeßliche haben wir verloren.... Zwar sind gewonnene Erkenntnisse und Erfahrungen, denen man sich nachträglich bewußt wird, nur Abstraktionen vom Eigentlichen, vom gelebten Leben selbst. Aber wie Vergessenkönnen wohl eine Gnade ist, so gehört doch das Gedächtnis, das Wiederholen empfangener Lehren, zum verantwortlichen Leben."*

Noch blühten die Blumen, noch reiften die Beeren;
noch sangen wir Lieder vom Leben, vom Sieg.
Den Tod und das Sterben, das wilde Begehren,
wir ahnten es nur, fern von uns war der Krieg.

Lucie K.

In Deutschland 1944

Im Zeichen des Krieges

Warm, sonnig, voller Blüten und reifer Erdbeeren war der Sommer des Jahres 1944.

Die Familie vereint vor der Flucht im Garten beim Haus in der Nähe von Kutno

Nie waren die Blumen farbiger und nie die Bäume grüner und schattiger als damals. – Oder? – Habe ich diesen letzten Sommer nur deshalb so lebhaft in Erinnerung, weil ich ihn in der darauffolgenden Zeit der Entbehrungen unzählige Male aufs Neue durchlebte? Vielleicht nur darum, weil ich immer wieder das Aroma frischer, roter Erdbeeren auf meiner Zunge zu spüren glaubte, als ich weit in Asiens sonnenverbrannten Steppen leben mußte, am Rande eines trüben seichten Baches, an dessen grünlichem Wasser das Leben von Mensch, Tier und Pflanze hing. Waren mir die Blumen deshalb so prächtig in Erinnerung geblieben, weil ich in Gedanken immer wieder versuchte, den Duft von Rosen, Jasmin und Kamille auseinanderzuhalten, weil ich in meinen Träumen immer wieder zurückwanderte zu den vertrauten Beeten im Garten und Park?

Die ersten warmen Monate des Jahres 1944 hatten uns die außergewöhnlichste Schulzeit unseres Lebens gebracht, denn jeder Schultag glich einem Ferientag. Draußen im Stadtpark unter den hohen schattigen Bäumen standen unsere Bänke, die große schwarze Tafel, sowie der Tisch und der Stuhl für den Lehrer. Wie ernst der Grund dafür war, konnten wir in unseren kindlichen Herzen noch nicht ermessen. Wir sangen unsere Lieder fröhlicher und begeisterter denn je.

Unsere Schule war zur Kaserne geworden. Und unsere Stadt Kutno, in der sonst nur vereinzelt Uniformierte auftauchten, war mit deutschem Militär angefüllt. Von Osten, von Rußland her, waren sie gekommen, die deutschen Soldaten. „Nur ein planmäßiges Zurückziehen der Truppen...", wie man in jeder Zeitung lesen konnte. „Führer befiehl, wir folgen dir!", so sangen wir unverdrossen weiter, und die Schule im Grünen machte uns riesigen Spaß.

Fräulein Grabe, meine heimliche Lieblingslehrerin, trug auch im Freien ihre Gedichte, „Ulrich von Hutten" oder „Wallenstein auf dem Turm zu Eger", mit der gleichen tief empfundenen Innigkeit vor wie in dem engen Klassenzimmer, in dem es immer nach geöltem Bretterboden roch. Es ist mir leider bis heute nicht gelungen, das Geheimnis zu ergründen, wie eine Lehrerin oder ein Lehrer zu einer Lieblingslehrerin, zu einem Lieblingslehrer werden kann.

Ist es erstens so, weil dem Schüler die Lehrerin als Person sympathisch ist, er daher ihren Ausführungen aufmerksamer lauscht als sonst, folglich den Stoff besser beherrscht und daher gute Noten bekommt, oder zweitens, weil den Schüler die Sache, die sie vorträgt, derart interessiert, daß er die Person untrennbar mit der Sache verbindet und sie ganz von selbst zur Lieblingslehrerin wird.

Auch das Fach Englisch hatten wir bei Fräulein Grabe. Sie war noch vor Ausbruch des Krieges in England gewesen und konnte deshalb das „R" und das „Ow" mit ihren Lippen besonders gut nachformen. Und wir versuchten, es ihr redlich nachzutun. Fräulein Grabe war eine Pfarrerstochter aus Hannover und mußte in den östlichsten Gebieten des damaligen Großdeutschen Reiches deutsche Kinder unterrichten. Seit jener Zeit habe ich nie wieder etwas von Fäulein Grabe gehört.

Die Heimat Herrn Schaudins, des Rektors unserer Schule, war Dortmund. Er war etwa fünfzig Jahre alt und erteilte bei uns unter anderem Geschichte. In der letzten Zeit kam er oft vom Thema ab und wechselte plötzlich vom Dreißigjährigen Krieg, den wir gerade behandelten, zu dem jetzigen über. Oder er erzählte uns von seinen Kriegserlebnissen aus den Jahren 1914 bis 1918. Dies war für uns viel interessanter. Eines Tages schrieb er ein Gedicht an die Tafel, das die meisten von uns ganz gefangen nahm und das wir ohne viel Mühe auswendig lernten:

Einsame Wacht,
Schneekühle Nacht,
Es knarrt der Frost im Eise,
Der Sturm singt harsche Weise,
Der Friede, den ich preise,
Der ist in Bann und Acht.

Brandhelle loht!
Mord, Haß und Tod.
Sie recken ob der Erde
Zu grausiger Drohgebärde,
Daß niemals Friede werde,
Schwurhände blutigrot.

Was Frost und Leid!
Mich brennt ein Eid,
Der glüht wie Feuersbrände
Durch Schwert und Herz und Hände.

Es ende drum wie 's ende:
Deutschland, ich bin bereit.

Mehr als zwei Jahrzehnte später fiel mir durch Zufall ein unscheinbares Bändchen in die Hände. Walter Flex war der Autor. Darin entdeckte ich mit Staunen das Gedicht aus den letzten Tagen unserer Schulzeit. Und zum erstenmal las ich den Anfang, den uns der Lehrer nicht an die Tafel geschrieben hatte:

Eisgrauer See,
Mondheller Schnee ...
Wie lang noch soll ich streiten,
Das kalte Schwert zur Seiten?
Wie lang währt Mord und Streiten?
Weh' Russenerde, weh' - !

Diese Worte waren noch entmutigender als die Verse, die wir gelernt hatten. „Walter Flex, gefallen 1917", las ich nun und wußte, daß der Verfasser ein Zeitgenosse unseres Lehrers war. Jetzt erst begriff ich ganz den Ernst jener Zeilen, den wir damals nur erahnten; denn es waren Worte für uns aus einer versunkenen

Epoche, aus einer Zeit, in der wir noch nicht gelebt hatten und die für uns längst Geschichte war.

Wir lernten bei Herrn Schaudin den Kanon: „Lewer dod as Slaw" (Lieber tot als ein Slawe). Wir ahnten damals nicht, daß wir aus vielen unschuldigen Kehlen das Todesurteil unseres Lehrers sangen. Als kurz darauf die sowjetischen Soldaten unser Gebiet besetzten, ist Herr Schaudin auf tragische Weise ums Leben gekommen.

Eines Tages in der Geschichtsstunde sagte er zu uns: „Sollte der Feind bei uns einziehen, dann wissen wir, was mit uns geschieht und wie es unseren Frauen und Mädchen ergehen wird!" Dabei deutete er mit dem Kopf zu uns vierzehnjährigen Schülerinnen herüber. Ich fühlte, wie ein kalter Schauer meinen ganzen Körper erstarren ließ.

Doch auch die ernsteste Geschichtsstunde ging einmal vorüber. Dann griff der Lehrer zu der gelbmetallenen Glocke, die vor ihm auf dem Tisch stand.

Er schwang sie hoch in die Luft, so daß das helle Klingeln den ganzen Park durchdrang und auch die anderen Schüler und Lehrer erreichte, die sich gleichfalls im Grünen eingerichtet hatten. Unbekümmert, mit Lachen und Radau stürzten wir davon.

Seit einiger Zeit hatten deutsche Soldaten auch unser Schülerheim belegt, in dem sonst wir auswärtigen Schüler untergebracht waren.

Ob der Schützengraben nun auch den Soldaten gehörte? Einige Minuten vom Schülerheim entfernt, schlängelte sich in Zickzacklinie durch die schmierige lehmige Erde ein langer Schützengraben. In den Nächten, wenn die Sirenen uns unerwartet aus einem tiefen gesunden Schlaf rissen, zogen wir uns blitzschnell an und verließen hastig, Hand in Hand, eine lange Kette bildend, unsere Schlafsäle, so wie es der Heimleiter angeordnet hatte.

Etwas mehr als hundert Schüler und Schülerinnen eilten dann geduckt über einen großen kahlen Schulhof dem Schützengraben entgegen, der in der Nacht dunkel und kühl war wie ein langes Grab. Man sagte uns, das sei nur ein Probealarm, um den Notfall zu üben. Hörten wir das Surren der Flugzeuge hoch über unseren Köpfen, so beruhigte man uns, es seien deutsche Flieger, die uns beschützten. Aber einmal war ein lodernder Feuerschein am Himmel, und wir wußten nun, da war eine Brandbombe niedergegangen. Doch man beruhigte uns, das sei nur ein Zufall gewesen, denn in unserer Stadt gäbe es keine Munitionsfabriken und keinen Flugplatz, also keinen Grund zum Bombardieren.

Von Spionen hörte man viel, immer wieder auch, wie sie erfolgreich bekämpft wurden. Einmal war ein Fallschirm mit einer kleinen Puppe, der vom Wind abgetrieben worden war, von Polizisten unserer Stadt abgeschossen worden. Den kleinen Fallschirm hatten die Jungen unserer Klasse selbst gebastelt und dann an einer Laufkatze mit der langen Schnur eines großen Drachens emporsteigen lassen, so wie sie es auch mit kleinen Modellflugzeugen taten. Manchmal durften wir Mädchen mit hinausgehen vor die Stadt, wenn der Lehrer und die Buben ihre selbstgebastelten Flugzeuge bei günstigem Wind fliegen ließen. Doch an jenem Tag, als das mit ihrem Fallschirm passierte, waren wir leider nicht dabei, was wir noch lange Zeit bedauerten.

Nun gehörte unser Schülerheim und der Schützengraben den Soldaten. Und wir auswärtigen Schüler mußten selbst sehen, wie wir die Schule erreichten. Ich fuhr jeden Tag die acht Kilometer bis zu unserem Hof mit der Kutsche. Antek, unser polnischer Kutscher, wartete schon mit der kleinen gelben Kutsche in der nahen Graf-von-Spee-Straße auf mich. Er begrüßte mich immer mit einem freundlichen Lächeln. Ich warf meine Mappe auf die Polster und hüpfte nach. Die Apfelschimmel zogen an, und wir fuhren rasch durch die Straßen der Stadt. Uniformen, Uniformen, wohin ich auch sah.

Vater war in Italien, und wir bekamen regelmäßig Feldpost von ihm. Aber wo war mein Onkel, der Bruder meines Vaters? Seit Wochen kein Lebenszeichen mehr von ihm, seit dem großen Durchbruch der sowjetischen Armeen bei der Stadt Witebsk. Zu Hause wurde kaum laut gesprochen, gesungen überhaupt nicht mehr. Es war ganz so, als wäre ein Todkranker im Haus.

Nun überquerten wir den viereckigen, kopfsteingepflasterten Marktplatz, und dann bogen wir in die Straße ein, an deren Ecke ein großes Schuhgeschäft war. Dieses zog meine Blicke immer auf sich, denn auf dem breiten flachgiebligen Dach befand sich eine dunkelbraune verwitterte Krone, und darunter stand ganz deutlich die Jahreszahl 1812. In diesem Haus soll der Kaiser Napoleon einst übernachtet haben, als er mit seinen Truppen nach Rußland zog. Ihm zu Ehren wurde damals diese Krone auf das Dach gestellt.

Mein Blick ging herunter auf den Bürgersteig mit den hin- und hereilenden Soldaten. Dort, die zwei! Der eine glich einem Filmhelden, während der andere aussah wie mein Onkel. Nein, diese Ähnlichkeit! Meine Gedanken kreisten wohl immer nur um diesen einen Punkt. „Antek, sieh nur, er winkt, er lacht, es ist mein

Onkel!! Halt an!" Ungeduldig klopfte ich dem Kutscher auf den Rücken. Noch ein paar Hufschläge und die Pferde standen still. Antek lüftete seine dunkelblaue Mütze. Mir schnürte es die Kehle zu, und ich schaute unsicher auf die Filzherzchen, die meine kornblumenblaue Dirndlschürze zierten. Doch sie verschwammen wie zu einem roten Streifen.

Wir fuhren schon im Galopp zur Stadt hinaus, da hörte ich Onkel Adolf neben mir fragen: „Sind alle gesund zu Hause, schreibt Papa?" Ich nickte nur zustimmend und konnte noch immer keine klaren Worte herausbringen.

„Und das ist Pawel. Wir nennen ihn Paul", fuhr mein Onkel fort. „Er hat keine Angehörigen, deshalb habe ich ihn zu uns eingeladen. Er versteht noch nicht gut deutsch, denn Paul ist Russe und noch nicht lange bei der deutschen Wehrmacht." „Wie kann Paul Russe sein?" dachte ich, „die Russen in der Wochenschau sehen doch ganz anders aus: kurzbeinig, pockennarbig und schmutzig. Und Paul war blond und sauber!"

Bald fuhren wir durch das Tor des Hofes, dann über einen sauber geharkten Weg, vorbei an schattigen Bäumen, vorbei an der Hütte unseres Hundes Karo und hielten schließlich vor der Treppe des Hauses.

Was nun folgte, war eine kurze, doch schöne Zeit, angefüllt mit spannenden Berichten und Geschichten, die mein Onkel zu erzählen wußte. Eine vier Wochen lange Flucht durch Wälder, Sümpfe und feindliche Linien lag hinter ihm. Erst ein Lazarettaufenthalt hatte ihn körperlich wieder hergestellt. Diese Zeit war reich an Liedern, die wir gemeinsam sangen, von Oma oder meinem Onkel auf dem Klavier begleitet. An späten Nachmittagen und an dämmrigen Abendstunden waren wir alle um den Onkel vereint: meine Tante, ihr Töchterchen, Opa und Oma, Mama, mein elfjähriger Bruder und ich. Nur Papa fehlte! Immer wieder baten wir meinen Onkel, das Lied „Heimat, deine Sterne" zu singen, denn wir wollten es auch lernen. Das fiel ihm nicht schwer, denn er hatte eine klangvolle, gut ausgebildete Tenorstimme. Leider verging seine Urlaubszeit viel zu schnell. Bald mußte Onkel Adolf die Uniform wieder anziehen und mit Paul gemeinsam zur Front zurückfahren.

Nicht nur in der Stadt, sondern auch auf unserem Hof standen bald graue Militärautos, und überall begegnete man deutschen Soldaten. Sie sagten, sie kämen direkt aus Warschau, das war etwa 120 km von uns entfernt. Sie hatten einen großen langen Tisch ins Freie gestellt und tranken klaren Schnaps aus großen bauchigen Korbflaschen. Ich hatte eine unsagbare Angst vor Betrunkenen und machte immer einen großen Bogen um die zechenden Soldaten. Einmal rief mich ein angetrunkener Feldwebel an den Tisch, hielt mir ein Glas entgegen und sagte in einem Ton, der keine Widerrede duldete: „Komm, kleines Fräulein, trinke einen Schnaps mit mir!"

Mir fiel in meiner Not nichts anderes ein als die Worte meines Vaters: „Durch den Alkohol verlernt man das Rechnen." Listig blitzten seine Augen, als er sagte: „Na schön, löse mir diese Aufgabe und du hast gewonnen! Was ergibt $(a - b)^2$?" Noch nie war mir eine Algebraformel so schnell eingefallen, und es kam, wie aus der Pistole geschossen: „$a^2 - 2ab + b^2$". Er winkte lässig ab, und ich war im Handumdrehen im Haus verschwunden.

Eines Abends saß eine Gruppe Soldaten unter dem großen Baum vor dem Haus. Sie sangen bekannte Soldatenlieder. Opa, Oma und auch wir anderen setzten uns dazu und lauschten. Plötzlich fingen alle an zu klatschen, und sie riefen so lange: „Unser Sänger soll singen!", bis einer der Soldaten sich erhob. Und durch den spätsommerlichen Abend klang eine klare Tenorstimme: „Heimat, deine Sterne..." Ich sah, wie Oma ihr Taschentuch vorholte. Ich glaube, wir alle dachten in diesem Augenblick an meinen Onkel.

Was ist aus all diesen Soldaten geworden? Sie bestiegen wieder ihre grauen Militärautos und fuhren in den Krieg. Und keinen von ihnen habe ich jemals wieder gesehen. Nur den Baum, unter dem sie einst sangen, den sah ich wieder. Doch da war seine Krone von Granaten zerfetzt, sein Stamm geborsten und zersplittert.

Die Adventszeit rückte immer näher. Seit dem Herbst 1944 war unsere Schule in verschiedenen Räumen untergebracht. Wir übten ein Märchenspiel, das wir zu Weihnachten vor einem großen Saal verwundeter Soldaten spielen sollten. Es war das Märchen von der Prinzessin, die keine Pfeffernüsse backen konnte. Für die begehrte Rolle der Prinzessin war ich leider zu groß geraten und kam deshalb von vorneherein dafür nicht in Frage. Deshalb mußte ich den König spielen. Meine Aufgabe bestand darin, königlich zu schweigen und majestätisch die Krone zu tragen. Einen wichtigen Satz hatte ich allerdings zu sprechen, und der löste bei jeder Probe immer wieder neues Lachen aus: „Was, ein königliches Loch im königlichen Strumpfe?" Denn die Prinzessin im Märchen war faul und konnte weder Strümpfe stopfen noch Pfeffernüsse backen. Am betreffenden Nachmittag lief alles glatt über die Bühne: mit Weihnachtsliedern, festlichen Gedichten und dem Märchenspiel. Anschließend durften wir die Soldaten mit Gebäck bewirten. Und jeder von uns bekam zum Dank eine Kleinigkeit von ihnen. Ich war über mein

Geschenk besonders erfreut. Es war ein aus weißem Holz geschnitztes Pferdchen. Auch zu Hause wurde es von allen bewundert, und die Mutter erlaubte mir, es aufs Radio zu stellen.

Die Ostfront rückte in beängstigendem Tempo näher. Meine Tante war mit ihrem Töchterchen auf Opas Rat hin zu ihren Eltern gefahren, die etwas westlicher wohnten als wir.

Der Heilige Abend verlief sehr ruhig, denn unsere Familie war klein geworden: die Großeltern, meine Mutter und wir beide, mein Bruder und ich. Doch wie immer, so weit ich zurückdenken konnte, stand auch in diesem Jahr der geschmückte Tannenbaum im Wohnzimmer, und das ganze Haus duftete an Heilig Abend nach Kerzen, Weihnachtsgebäck und festlichen Speisen. Wie immer sangen wir unter dem Weihnachtsbaum die alten Weihnachtslieder, und wie jedes Jahr sagten wir mit feierlicher Stimme unsere Weihnachtsgedichte auf, die wir in der Schule gelernt hatten. Meines war in diesem Jahr von Eichendorf und lautete.

Markt und Straßen steh'n verlassen,
Still erleuchtet jedes Haus.
Sinnend geh ich durch die Gassen,
Alles sieht so festlich aus.

An den Fenstern haben Frauen
Buntes Spielzeug fromm geschmückt ...

Es fiel mir damals nicht auf, daß dies alles nicht mehr stimmte. Kein einziges Haus war hell erleuchtet. Jedenfalls von der Straße her konnte man es nicht sehen. Schon die sechste Weihnacht war alles verdunkelt, denn es war Krieg in Deutschland. Und noch nie waren wir ihm, dem Kriegsschauplatz, so nahe wie gerade jetzt!

Auf der Flucht, Januar bis März 1945

Es war der fünfzehnte Januar 1945 zwischen zwei und drei Uhr in der Nacht. Schrill klingelte das Telefon durchs ganze Haus. Meine Mutter, mein Bruder und ich schliefen gemeinsam im elterlichen Schlafzimmer. Alles war zur Flucht bereit. Gepackte Koffer und festverschnürte Pakete lagen schon seit Tagen in den Zimmern gestapelt. Die Möbel standen verloren in den gardinen- und teppichlosen Räumen. Im Wohnzimmer hatte ein deutscher Offizier sein Nachtlager aufgeschlagen. Gestern abend noch hatten Choräle, die er wie in einer Kirche mit großer Andacht auf dem Klavier spielte, durch das halbleere Haus geklungen.

Und wieder das durchdringende Klingeln des Telefons. Wir waren alle sofort hellwach. Mutter lief hinüber in Vaters Arbeitszimmer. Wir beide saßen in den Betten und hörten jedes Wort, das Mutter sagte, ganz deutlich mit: „Wann sollen wir losfahren?... Sofort! Bevor es Tag wird?" Dann fiel der Hörer auf die Gabel. Während wir uns mit zitternden Händen anzogen, sagte Mutter immer wieder: „Also doch fliehen, also doch!" Man glaubte immer noch an irgend ein Wunder. Doch jetzt war alles vorbei. Wir mußten auf die Flucht.

Als wir fertig angezogen vor die Tür traten, bemerkten wir ein Blitzen am dunklen Himmel, begleitet von ununterbrochenem Donner. Der Inspektor und einige von unseren polnischen Arbeitern liefen im Hof aufgeregt hin und her.

An ihren lauten Zurufen nur konnte ich erraten, wo sie sich gerade befanden: im Pferdestall, am Entensee, im Park. Mein Bruder holte den kleinen Jagdhund Karo aus seiner Hütte und lief mit ihm zu dem deutschen Offizier, der im Wohnzimmer geschlafen hatte und jetzt mit uns in der Diele stand: „Bitte, nehmen Sie ihn!" bat er flehentlich, „ich darf ihn nicht mitnehmen." Gutmütig lächelnd nahm der Offizier den kleinen Hund und preßte ihn kraulend an seinen schwarzen Rohrstiefel. Später hörte ich, wie Großvater meiner Mutter zuflüsterte: „Er wird ihm wohl den Gnadenschuß geben."

Die Großeltern Kämmler und wir drei standen nun vor der Tür und warteten auf die Wagen. Es war nicht anders als sonst auch, wenn wir in die Stadt fahren wollten. Es war dieselbe Treppe, auf der uns Mutter immer entgegenkam, wenn wir am Wochenende der Stadt und der Schule den Rücken kehrten.

Heute fuhr keine Kutsche vor. Zwei große Gemüsewagen mit kräftigen Zugpferden davor hielten jetzt vor der Treppe in der frostigen Dunkelheit dieser außergewöhnlichen Nacht.

Der Erntewagen, geschmückt zum Erntedankfest im Herbst 1943 mit der Familie Kämmler im Vordergrund. Später sollte mit einem besonderen Aufbau dieser zum Fluchtwagen werden.

Der eine, der offene Wagen wurde mit unserem Gepäck beladen. Der andere, der breite Gummiräder hatte wie Autoreifen, war für uns bestimmt. Auf Großvaters Anweisung hin war auf seiner Plattform ein waggonähnlicher Aufbau errichtet worden. Ein kleiner Eisenofen und Brennmaterial fehlten nicht. Einige Koffer mit Kleidern und Eßwaren kamen zu uns auf den Wagen. Auf jedem Kutschbock saß ein polnischer Fahrer, und die Reise ins Ungewisse ging los. Schon nach einigen Kilometern stießen wir auf eine unübersehbare Kolonne von Flüchtlingswagen. Ich dachte, auf einer Flucht müßte man fahren, so schnell die Pferde laufen können, aber es war alles ganz anders.

Die Straßen waren von Schnee bedeckt und vereist. Unser Treck bewegte sich nur im Schneckentempo voran. Oft rutschte ein Wagen in den Graben, dann mußte der ganze Transport warten, bis er wieder fahrtüchtig war. Nicht selten wurde der entgleiste Wagen liegen gelassen, und die betroffenen Personen wurden auf andere Fahrzeuge verteilt. Es hatte sich herumgesprochen, daß unser Wagen heizbar war. Nun kamen Mütter mit Säuglingen zu uns, um die Kleinen trockenzulegen und zu füttern. Mutter erwärmte auf dem Eisenofen von den mitgeführten Konserven und kochte aus Schneewasser Bohnenkaffee. So fuhren wir den ganzen Tag, ohne recht von der Stelle zu kommen. Am Abend machten wir in einem Wäldchen Rast. Die Pferde wurden ausgespannt und gefüttert. Als wir weiterfahren wollten, waren unsere beiden polnischen Arbeiter spurlos verschwunden. Großvater sagte, wir müßten auf den kleineren offenen Wagen umsteigen, um weiterfahren zu können. Nun warfen wir das ganze Gepäck achtlos ins Gebüsch. In aller Eile luden wir nur das Notwendigste auf: Kisten mit geräuchtem Fleisch und gesalzenem Speck, eine Milchkanne mit Öl, einen Sack mit Brot, Zwieback und sonstigem Gebäck. Federkissen und Federbetten wurden ausgepackt und lose in den Wagen gelegt. Wolldecken und Mäntel kamen noch dazu. Ich mußte von Großvaters dicken Wollsocken anziehen und ein paar hohe Schuhe von ihm. Warm eingepackt ging die Reise weiter. Großvater lenkte die Pferde nur selten. Er war über siebzig Jahre alt und seit mehreren Jahren blasen- und nierenleidend. Die meiste Zeit wechselten sich Mutter und mein Bruder beim Fahren ab. Obwohl er erst elf Jahre alt war, konnte er erstaunlich gut mit Pferden umgehen.

So fuhren wir Tag und Nacht in der Kolonne und knabberten ab und zu Zwieback oder anderes Gebäck. Ich verspürte nicht den geringsten Hunger. Meine Zähne klapperten ununterbrochen aufeinander, ob vor Kälte, vor Angst oder Übermüdung, ich weiß es nicht. Eine Szene bleibt mir unvergessen: Großvater hatte die Zügel. Der Treck quälte sich durch die engen Straßen einer Kleinstadt. Das Donnern und Blitzen nahm an Heftigkeit zu, und verschiedene Wagen versuchten verzweifelt zu überholen. Plötzlich tauchte neben uns ein Wagen auf. Vorne stand ein bärtiger Mann, die Zügel in der Hand und schlug auf seine Pferde ein. Doch als er trotz aller Bemühungen nicht überholen konnte, schwang er mit verzerrtem Gesicht seine Peitsche auf Großvater... Schweigend kletterte Mutter wieder auf den Fahrersitz und nahm die Zügel. Niemand sprach ein Wort, und auch wir beiden, mein Bruder und ich, weinten nicht. Nur meine Zähne klapperten hörbar aufeinander.

Es ging noch tagelang so weiter durch Ortschaften und schneebedeckte Landschaften. Die endlose Schlange schob sich ganz langsam nach Westen. Wir waren nun etwa zehn Tage und zehn Nächte unterwegs und hatten keine zweihundert Kilometer zurückgelegt.

Dann kam ein klarer, sonniger Wintertag. Die Wagen fuhren friedlich hintereinander durch Gnesen, eine Stadt, nicht weit von Posen entfernt. Mutter und mein Bruder saßen vorne und fuhren abwechselnd. Die Großeltern saßen hinten und ich zu ihren Füßen mit dem Gesicht gegen die Fahrtrichtung. Der Platz war groß, den wir jetzt überquerten. Plötzlich sah ich Panzer aus einer Nebenstraße auf unseren Treck zurollen. Vorne und an den Seiten hingen Männer mit umgehängten Maschinenpistolen. Auf dem Kopf trugen sie Pelzmützen, bei denen die Ohrenklappen wild abstanden. „Wie die Russen in der Wochenschau!" fuhr es mir durch den Kopf. „Opa, schau, sind das Russen?" Großvater drehte sich zur Seite und rief dann Mutter zu, ohne mir eine Antwort zu geben: „Bieg schnell ab, raus aus der Kolonne, hier die Seitenstraße runter!" Mutter schlug auf die Pferde ein, und in wildem Galopp stürmten wir davon. Ein böses Durcheinander blieb auf der Straße zurück. In irgendeinen Hof mit breiter Einfahrt bogen wir ein. Es war ein Bauernhof am Rande der Stadt. So schnell wir konnten, sprangen wir vom Wagen und stürmten in das fremde Haus. Die Tür war nicht verschlossen. Doch wie groß war unsere Überraschung, das Haus war vollgestopft mit Menschen. Ich kann mich an keines der Gesichter erinnern. Wir hockten uns nahe der Tür auf den Fußboden zu den anderen Flüchtlingen und horchten angespannt nach draußen. Es krachte und donnerte ununterbrochen. Als es etwas ruhiger geworden war, trat ich mit einigen anderen Menschen vor die Tür. Die Sonne schien immer noch klar und blendend hell. Ein Zittern lag in der Luft. Ich konnte querfeldein die Straße mit den Flüchtlingswagen sehen, stehende und umgekippte Wagen, sowie Menschen, die nach allen Seiten über die verschneiten Felder rannten.

Panzer auf derselben Straße und zwei deutsche Kampfflugzeuge im Tiefflug in der Luft. Ich hatte nur einen Gedanken: „Eine Bombe hierher, und alles ist vorbei!" Ich glaube, ich wünschte mir damals dieses rasche Ende. Aber es geschah nichts.

Als ich in das Haus zurückkam, hatte Mutter starken Bohnenkaffee gekocht. Sie reichte jedem ein paar Schluck aus einem Becher, der reihum ging. Auch mein Bruder und ich tranken ganz selbstverständlich davon. Wir waren über Nacht erwachsen geworden.

Es wurde langsam Abend, und darauf folgte eine klare, frostige Nacht. Vorsichtig schlichen wir aus dem vollen fremden Haus zu unserem Wagen. Ein Mann in mittleren Jahren, der vom Volkssturm zu seiner Familie gefunden hatte, machte Großvater den Vorschlag, die Flucht nach Westen noch einmal zu probieren. Er hatte eine Frau und drei Kinder. Wir waren auch zu fünft. Nun kletterten alle zehn Personen auf unseren Wagen und fuhren dann quer über die verschneiten Felder. Auf eine öffentliche Straße trauten wir uns nicht. Das schollige Land war vereist, und es klirrte wie Glas, das zersplittert, als der schwere Wagen darüber fuhr. Es war ein langsames geräuschvolles Vorankommen. Dort hinten mußte eine Straße sein. Man sah es an der Baumallee. Dahin wollten wir. Der Mann steuerte auf die Straße zu. Sie schien vollkommen menschenleer zu sein. Plötzlich gab es einen fürchterlichen Schlag, und wir steckten mit den Vorderrädern tief im Schnee. Ein zugewehter Straßengraben war uns zur Falle geworden. Alle sprangen vom Wagen in den Schnee. Nur die Großeltern und die Frau des Mannes mit ihrem kleinsten Kind, einem Säugling noch, blieben oben. Aus Leibeskräften schoben wir nun den Wagen und hoben gleichzeitig die Räder an. Ich schwitzte trotz der großen Kälte. Einmal schaute ich zurück auf die Stadt, doch die lag wie ausgestorben im Mondenschein. Noch war niemand auf uns aufmerksam geworden. Und noch einmal: „Hau – ruck!" Und noch einmal pfiff die Peitsche durch die Luft. Jetzt sprangen die Vorderräder hoch. Doch schon nach ein paar Umdrehungen stürzten die Hinterräder in dieselbe Versenkung. Mit viel Kräfteaufwand von Mensch und Tier kamen wir schließlich doch aus dem verhängnisvollen Graben. Alle stiegen schleunigst wieder auf. Und nun rollte der Wagen auf fester Straße in Richtung Westen.

Eine letzte Hoffnung!

Ich hatte die Augen geschlossen und döste im Halbschlaf vor mich hin. Plötzlich blieb unser Wagen mit einem Ruck stehen. Was war geschehen? Ein Mann stand mit erhobenen Armen vor den Pferden. An dem einen Ärmel konnte man eine Armbinde erkennen. „Zurück!" schrie er aus vollem Halse, „auf alle, die nach Westen fahren, wird geschossen!" Es war ein polnischer Milizmann. Wir hatten keine andere Wahl. Wir mußten umkehren. Es war alles aus.

Nun fuhren wir in die entgegengesetzte Richtung. Ab jetzt führte unser Weg nur noch nach Osten! Wie weit, das konnten wir damals noch nicht ahnen.

Nach kurzer, rascher Fahrt gelangten wir in ein kleineres Bauerndorf. Eine Totenstille lag über den Gehöften. In die erste beste Hofeinfahrt bogen wir ein und klopften an die Tür eines großen weißen Hauses. Alles blieb still, keine Antwort. Ein Druck auf die Klinke, die Tür gab nach. Beim flackernden Schein von Streichhölzern durchsuchten wir die Räume. Alle Zimmer waren leer, die Wände und Fenster kahl. Und die Betten standen ohne Bettzeug und Matratzen. Alles war fremd und unheimlich. Schließlich beschlossen wir, den Morgen in einem Stall des Hofes abzuwarten. Die Pferde wurden in einen anderen Stall geführt.

Die graue Dämmerung drang schon durch das kleine Fenster und durch die Ritzen an der Tür, doch wir wagten uns immer noch nicht hinaus und trauten uns nicht, den Riegel an der Tür zurückzuschieben. Großvater stand, auf einen Stock gestützt, an die Futterkrippe gelehnt, unsere Familie dicht um ihn geschart. Plötzlich sagte er mit halblauter Stimme: „Ihr seid noch jung und eure Körper stark, um all die Strapazen zu überstehen. Man wird euch wahrscheinlich nach Sibirien bringen, denn da kann man Arbeitskräfte gebrauchen. Mutter und ich werden das nicht mehr erleben." Und er schaute uns mit seinen großen dunklen Augen sehr traurig an.

In den darauffolgenden Jahren habe ich noch oft an diese erste Prophezeihung meines Großvaters gedacht. Ich ging wieder zu der verriegelten Tür, während die andern auf den Hof hinauslauschten. Auch Mutter wollte gehen. Doch dann bemerkte ich, wie Großvater sie zurückhielt. Im Flüsterton sprach er mit ihr weiter. Schließlich holte er aus der Innentasche seines pelzgefütterten Mantels ein kleines dunkles Fläschchen. Er verscharrte es in einer Ecke der Futterkrippe und Mutter sah zu. Sollte sie wissen, wo es zu finden war, wenn man es brauchte? War es Gift? Ich habe nie danach gefragt. Nur ein eisiger Schauer durchlief meinen ganzen Körper.

Es war nun heller Tag geworden. Auf dem fremden Bauernhof blieb alles ruhig. Wir gingen wieder in das Haus zurück. Als wir gerade dabei waren, uns an einer heißen Suppe aus Sauerkraut zu erwärmen, ging plötzlich die Tür auf. Vier fremde Männer betraten den Raum. Zwei von ihnen waren in Zivil, doch an einem Ärmel ihrer dunklen Jacken trugen sie rote Armbinden. Es waren Männer der schnell organisierten polnischen Miliz. Die andern beiden trugen kurze Schafpelze und weiße Fellmützen mit roten Sternen darauf. Somit standen die ersten russischen Soldaten vor uns. Während wir verängstigt und aufgescheucht in eines der Zimmer gesperrt wurden, durchsuchten die Männer das leere Haus. Anschließend machten sie uns klar, daß wir dieses Dorf sofort zu verlassen hätten. Dorthin sollten wir zurückgehen, wo wir zuletzt gewohnt hätten.

Bald darauf kletterten wir alle zehn wieder auf unseren Wagen und fuhren auf die Dorfstraße hinaus. Doch jetzt war die Nacht längst vorbei, und das Dorf schlief nicht mehr. Aus vielen Höfen kamen Menschen gerannt, groß und klein, von der Großmutter bis zum Enkel. Eine große Sensation: Flüchtlinge fuhren durch ihr Dorf. Zuerst ein leises Murren und undeutliches Schwatzen, wovon ich kein Wort verstand. Doch dann formte sich ein Wort immer deutlicher und schwoll schließlich zu einem Sprechchor an. „Nemzi, nemzi!“ (Deutsche, Deutsche), schallte es in polnischen Worten hinter uns her. Aber das genügte nicht. Nun fingen sie an zu laufen, und bald verfolgte eine ganze Schar unseren Wagen. Zum ersten Mal traf das Wort Flucht im wahrsten Sinne des Wortes zu. Unvergessen blieb mir ein altes Weib. Sie lief schreiend und mit wehenden weißen Haaren ganz dicht hinter dem Wagen. Schließlich hielt sie sich an dem Zipfel eines Kissens fest und zerrte mit aller Gewalt daran. Es herauszuziehen, gelang ihr nicht, denn wir schlugen auf die Pferde ein und stürmten schließlich in rasender Fahrt zum Dorf hinaus, die Verfolger weit hinter uns zurücklassend. Wir gelangten unversehrt auf die Landstraße, und nach einigen Kilometern Fahrt lag die asphaltierte Hauptverkehrsstraße Posen – Kutno vor unseren Augen .

Auf der Flucht · Januar bis März 1945

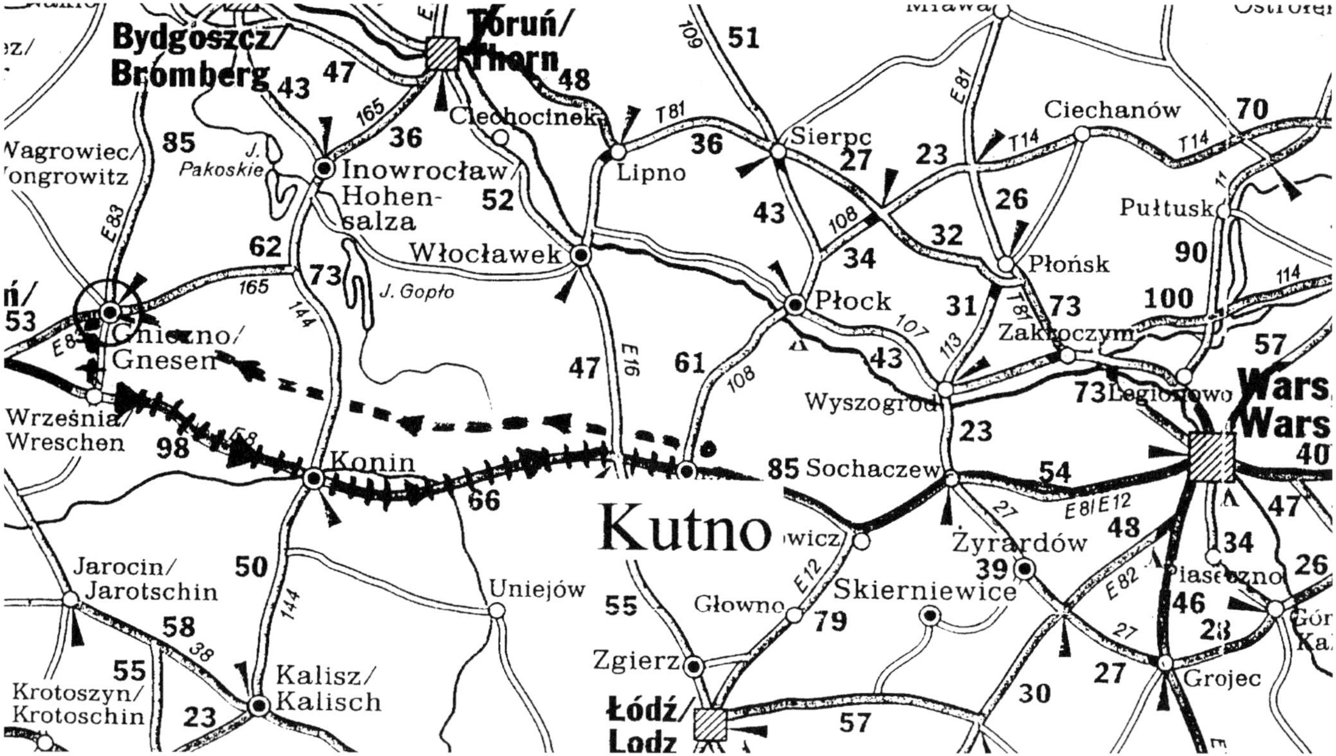

--- Fluchtweg vom Bauernhof bei Kutno bis Gnesen (ca. 150 km)
O Zusammenteffen mit den sowjetischen Truppen und den polnischen Milizen bei Gnesen
+++ Rückmarsch zu Fuß nach Kutno

Doch der Anblick, der sich uns auf der Straße bot, versetzte uns von Neuem in Schrecken. Eine unübersehbare Kolonne schob sich in Richtung Westen: Panzer, Reiter, ganze Scharen von Hundeschlitten. Wir standen etwa hundert Meter von der Straße entfernt und warteten darauf, daß sie wieder frei würde, doch die Kolonne schien endlos. Zurück in das Dorf konnten wir nicht mehr. Da entdeckte uns ein Reiter. Er galoppierte in wildem Ritt auf unseren Wagen zu. Mit einem Ruck blieb er bei uns stehen, zog seinen Säbel und zielte damit auf Großvaters Brust. Ich erstarrte vor Entsetzen, denn dies geschah ganz dicht vor meinem Gesicht. Ich saß zu Großvaters Füßen. Doch ein Wunder geschah, der gezückte Säbel sauste nicht herab, denn der Arm, der ihn führte, wurde von hinten festgehalten. Ein zweiter Reiter war hinzugesprengt und hatte den ersten, der schwer betrunken war, wie wir etwas später bemerkten, von seiner schrecklichen Tat abgehalten.

Ihr Ziel waren unsere starken Pferde. Diese banden sie los und ließen eines ihrer halbverhungerten Tiere zurück. Das Pferdchen mit dem struppigen Fell war so schwach, daß es unseren Wagen kaum von der Stelle ziehen konnte. Es war unmöglich, damit voranzukommen. Also ließen wir den Wagen stehen und das Pferd laufen. Möge es einfangen, wer da wolle. Ab jetzt gingen wir zu Fuß weiter. Unser letztes Hab und Gut blieb unbeachtet auf der Straße zurück. Auf den Rücken banden wir uns wertvolle Nahrungsmittel: geräuchten Speck und Brot. Großvater und Großmutter suchten knorrige Äste, auf die sie sich beim Gehen stützen konnten. Mein Bruder zog einen halblangen, schwarzen Ledermantel von Vater an. Nun stopfte er sämtliche Innen- und Außentaschen mit Würfelzucker voll. Noch lange zehrten wir auf dem Fußmarsch davon. Alle pilgerten am Rande der Asphaltstraße in Richtung Osten. Immer wieder begegneten uns Militärkolonnen, die nach Westen zogen: Panzer, Reiter und Hundeschlitten. Einmal glaubte mein Bruder, einen von unseren Hunden wiedererkannt zu haben.

Am Tage marschierten wir, so gut es ging, und wurden oft von anderen Flüchtlingen überholt. Nur langsam kamen wir mit den Großeltern von der Stelle. Doch das war jetzt nicht mehr so wichtig. Jede Nacht suchten wir ein fremdes Haus auf, das nicht allzuweit von der Straße entfernt lag. Diese herrenlosen Häuser waren immer angefüllt mit deutschen Flüchtlingen. Einmal zog ich aus einem leeren braunen Kleiderschrank ein Schubfach, band an den Griff einen Strick und legte meinen Rucksack darauf. Nun zog ich meinen notdürftig hergestellten Schlitten im tiefen Schnee hinter mir her. Doch das Schubfach kippte immer wieder um, und ich quälte mich unheimlich. Ich war dem Heulen nahe. Der Räucherspeck, den wir als letzte Reserve mit uns schleppten, war so schwer, daß ich ihn nicht mehr verkraften konnte. Schließlich erlaubte mir Mutter, zwei große Seitenstücke abzuladen. Ich lehnte sie an eine geschützte Stelle eines ärmlichen ländlichen Hauses neben dunkle Kothaufen, die ekelerregend, vom Schnee halb zugeweht, meine Blicke anzogen. Es kam einigemal vor, daß man uns von der Straße weg in irgend ein fremdes Haus holte, den letzten Rest unserer ärmlichen Habe durchstöberte und zurückbehielt, was man gerade für nützlich fand. Als erstes wurden wir Vaters halblangen schwarzen Ledermantel los, den jetzt mein Bruder anhatte. „Aber den Zucker nehme ich heraus!" sagte er trotzig und leerte die Taschen, in die er den Zucker gestopft hatte. Der neue Besitzer, ein junger Kerl, schaute zwar überrascht, doch ließ er meinem Bruder seinen Willen. Auch Großvater sah sich nicht mehr ähnlich. Man hatte ihm den Wintermantel und die schwarze Persianermütze abgenommen und ihm dafür einen dünnen abgetragenen Kittel und eine schäbige alte Mütze gegeben.

Wir mußten manchmal langsamer gehen oder stehen bleiben, wenn die Großeltern ein Stück hinter Mutter und uns beiden zurückgeblieben waren.

Wenn ich ihnen so entgegensah, wie sie untergehakt, auf ihre knorrigen Stöcke gestützt, schweren Schrittes auf uns zukamen, trieb es mir die Tränen in die Augen. Bettler der Landstraße, nichts weiter. Oft ließen wir uns vor Erschöpfung auf einen Haufen kleiner schwarzer Steinchen nieder, die am Rande der Asphaltstraße für Ausbesserungsarbeiten bestimmt waren. War das alles noch Wirklichkeit oder nur ein böser Traum, aus dem ich irgendwann wieder erwachen würde? War das mein Großvater? Ich kannte ihn nur, in Zeitschriften oder Büchern lesend oder in der Dämmerstunde mit Vater in ein ernsthaftes Gespräch vertieft, von dem ich als Kind nichts verstand. Meist ging es um landwirtschaftliche Maschinen und um Erträge von Getreidesorten. Als ich ihm vor gar nicht langer Zeit mein Zeugnis zeigte, sagte er zu mir: „Wenn du alles so gut weißt, wie dein Zeugnis ist, dann bin ich mit dir zufrieden..." Das gab mir ein wenig zu denken.

Und meine Großmutter? Oft sah ich sie über eine hauchzarte Häkelarbeit gebeugt oder in ein Buch vertieft. In der letzten Zeit durfte ich aus ihrem Bücherschrank lesen, was ich wollte. Meinen ersten Roman habe ich mir dort ausgesucht. Leider habe ich den Titel vergessen, doch er behandelte das Leben des Reichsritters Ulrich von Hutten. Ich hatte dieses Buch deshalb gewählt, weil mir Ulrich von Hutten von der Schule her bekannt war. In deutlicher Erinnerung blieb mir die Silberbrosche meiner Großmutter. Sie trug das Bild der preußischen Königin Luise. Zu Festlichkeiten steckte die Großmutter diese Brosche an ein schwarzes Samtkleid. Am schönsten waren die Stunden, wenn sie auf dem Klavier spielte und die Familie kräftig mitsang. Nur Großvater blieb still. Doch er fehlte nie in solchen Stunden. Er lauschte dann, still vor sich hinlächelnd, seinem Familienchor.

Aber jene Welt war über Nacht für uns versunken. Wir lagen mitten im Winter auf der Landstraße und wußten nicht, wie es weitergehen sollte.

Es war schon Ende Februar 1945. Wir waren etwa sechs Wochen auf dieser unbestimmten Reise, als Großvater eines Tages zu Mutter sagte: „Geh du jetzt schneller mit den Kindern. Es ist nicht mehr weit bis zum Hof. Wir werden den Rest schon alleine schaffen. Doch ihr dürft nicht noch eine einzige Nacht auf der Landstraße verbringen. Es ist viel zu gefährlich für euch Frauen."

Es rollen und rattern die Räder ohn' Ende
auf eisernen Schienen. Kalt funkelt ein Stern.
Es ringen die Menschen verzweifelt die Hände.
Kein Halt! Immer weiter, das Ziel ist noch fern.

Lucie K.

Auf der langen Reise nach Asien März bis April 1945

Die lange Reise

Ein Gedanke beherrschte mich ganz. Er war stärker als der Wunsch nach Brot: „Ich möchte mich ausstrecken! Ich muß mich ausstrecken!" Hineingepfercht zwischen Menschen, die sich alle ähnlich waren – hungrig und zerlumpt – so saß ich auf dem schmutzigen Fußboden eines verwahrlosten Waggons. Unter uns das eintönige Rollen der Räder, schon seit Tagen, oder waren es Wochen? Immer tiefer und tiefer hinein in das endlose Rußland: vorbei an Warschau und Brest-Litowsk, durch Kiew, Charkow und Pensa, durch Kuibyschew, Tschalow und Orsk. Wir überquerten dieselben Flüsse, die ich noch vor kurzer Zeit mit hellblauem Stift in mein Geographieheft gezeichnet hatte. Es waren: die Weichsel, der Bug, der Dnjepr, die Wolga und der Uralfluß. Doch ich konnte nicht ans Fenster treten und mir alles anschauen, denn ich wagte nicht aufzustehen. Die graue Masse um mich würde sich recken, und dann müßte ich immer stehen, vielleicht bis ich umfiel.

Nicht weit von mir entfernt auf dem Fußboden saß mein Bruder. Ob er auch so gerne aufstehen möchte wie ich? Sicher, aber er klagte nicht und weinte nicht, er war still und geduldig wie ein Erwachsener. Vielleicht schlief er, denn es ist doch Nacht.

Hinter mir auf einer Holzbank saß Mutter. Ich hörte ab und zu ihr tiefes Seufzen. Ich kannte es aus dem Stöhnen all der anderen Menschen deutlich heraus. Es war oft ihre einzige Antwort auf Dinge, die um und mit uns geschahen, in den letzten Monaten auf der Flucht und hinter dem Stacheldraht.

Sie seufzte tief, als man uns berichtete, daß Großvater tot aus der Männerbaracke getragen wurde. Mein kleiner Bruder stand als einziger unserer Familie daneben, als man den Großvater in einen flach ausgehobenen Graben legte. Er mußte auch mitansehen, wie zuvor noch die Stiefel von seinen Füßen gezerrt wurden. Und die Machart jener Stiefel, aus Leder und schwarzem Filz, hat mein Bruder sein Leben lang nicht vergessen können.

Mutter und ich waren wie an jedem Tag von russischen Soldaten zur Arbeit geführt worden. Mit anderen Frauen aus unserem Lager mußten wir in polnischen Häusern saubermachen oder in russischen Kasernen Soldatenwäsche waschen.

Großvater hatte mich gebeten, nach Zigarettenstummeln Ausschau zu halten. Und manchmal gelang es mir, eine ganze Hand voll zu ihm in die Männerbaracke zu schmuggeln. Doch nun war auch dies überflüssig geworden. Großmutter konnte all diese Ereignisse gedanklich nicht mehr verarbeiten. Zum erstenmal war mir ihre Verwirrtheit aufgefallen, als sie zu Großvater, auf der Flucht noch, sagte: „All die toten Soldaten. Da! Da vorne im Sarg tragen sie Adolf!" Sie meinte damit

Der einsame Junge auf der Flucht
(von Adolf Kämmler, dem Bruder des Vaters)

unseren Onkel. Aber nirgends war ein Sarg zu sehen. Großvater sprach mit ruhiger Stimme: „Aber Mutter, was sagst du denn da." Ich saß zu ihren Füßen. Meine Mutter und mein Bruder lenkten abwechselnd die Pferde. Es war Nacht. Ab und zu flackerten Lichter auf, und aus der Ferne begleitete uns Kanonendonner.

Und dann viele Wochen später in der Grenzstadt Brest. Großmutter rief vorbeigehenden Soldaten zu: „Erschießt mich! Erschießt mich!" Mutter nahm schweigend das olivgrüne wollene Tuch von ihren Schultern, hielt einen vorbeifahrenden Pferdewagen an, streckte es dem russischen Zivilisten entgegen und flehte: „Krankenhaus!" und zeigte auf Großmutter. Der Mann zögerte lange. Doch schließlich fuhren wir alle vier, Großmutter, meine Mutter, mein Bruder und ich, der klägliche Rest der Familie, auf dem ärmlichen Bretterwagen mit einem Pferd davor über lange holprige Straßen und hielten dann vor einem langen, niedrigen weißen Bau, dem Krankenhaus von Brest-Litowsk. Großmutter wurde zu unserem großen Erstaunen wie jede andere Kranke behandelt. Sie wurde untersucht, gewaschen, sauber angezogen und in ein weißbezogenes Bett gelegt. Wir sahen es als eine große Gnade an, daß sie nun hier ihre letzten Tage verbringen durfte. Und wir gingen zurück zum Bahnhof, zu all den anderen Flüchtlingen und fuhren weiter nach Osten.

Wann war mir dieses tiefe Seufzen an Mutter zum erstenmal aufgefallen? Ja, es war auf der Flucht oder richtiger gesagt auf dem Fußmarsch zurück. Wir übernachteten in einem fremden dunklen Haus mit vielen anderen Flüchtlingen, als fremde Soldaten mit Gewehren und Streichhölzern kamen und mich zwischen Großmutter und Großvater hervorzerrten, wo ich mich schutzsuchend verkrochen hatte. Später dann, als Mutter widerstrebend hinausgeführt wurde. Mein Bruder und ich knieten laut betend vor dem kleinen Fenster, wo man den Himmel und die Sterne sehen konnte. Wir glaubten, da könne uns der liebe Gott besser hören. „Bring sie uns wieder!" flehten wir, und sie kam wahrhaftig und lebendig wieder.

Und dann, als wir nach wochenlangem Fußmarsch wieder auf dem Hof angekommen waren, das Haus von wildfremden Menschen bewohnt vorfanden und der russische Offizier sagte: „Mitkommen!" Sie ging tief seufzend die Treppe hinab, und wir folgten ihr. Unten angekommen, mußten wir uns alle drei an die Wand stellen. Er schaute uns halbverhungerte und zerlumpte Gestalten der Reihe nach an. Dann winkte er lässig mit der Hand, drehte sich um und ging.

Einschlafen! Ja, Schlaf, das wäre die einzige Rettung vor den quälenden Gedanken. Ich schloß krampfhaft die Augen, doch da! Da ist sie wieder die Fratze von Pensa! Und Angst erfüllte meinen zitternden Körper. Es lag noch nicht lange zurück. Der Zug hielt, und aus allen Türen quollen die Menschen. Über viele Gleise hinweg gingen wir dem weißen Bahnhofgebäude entgegen. Was war dies für ein Bahnhof? Wie der Name der Stadt? Doch bald bemerkte ich fünf schwarze Buchstaben. Sie sahen zum Teil aus, als wären sie in Spiegelschrift geschrieben. Doch es waren fünf Lettern aus dem russischen Alphabeth: „P E N S A". Obwohl es etwa Mitte April war, lag die Stadt in tiefem Schnee, und es war klirrend kalt. Alle strömten dem großen Bau entgegen. Der geräumige Wartesaal war vollgestopft mit Menschen, die auf langen Holzbänken und auf dem gekachelten Fußboden saßen. Wir drängten uns trotz allem hinein. Gleich an der Tür fingen wir an, über Menschen zu steigen. Obwohl es aussichtslos schien, irgendwo einen Platz zu erwischen, stiegen wir trotzdem weiter über Arme, Beine und Leiber bis mitten hinein in den Saal, denn hier war es warm. Plötzlich Mutters Stimme hinter mir: „Laßt Euch in die Hocke nieder!" Das Unmögliche wurde wahr. Wir bekamen allmählich so viel Platz, daß wir uns, zusammengerollt wie Igel, auf den Boden legen konnten. Ich schob meinen Rucksack mit dem letzten sauren Brot, das wir in Brest bekommen hatten, unter meinen Kopf und schlief dann allmählich ein.

Plötzlich wurde ich wach, denn mein Kopf lag flach auf den kalten Fliesen. „Wo ist mein Rucksack? Wo mein Brot?" Der aufgeschlitzte leere Sack war da, doch das Brot für immer verschwunden. Ich weckte sofort Mutter, die ich über fremde schlafende Menschen hinweg gerade noch erreichen konnte, ohne meinen eigenen Platz zu verlieren. Doch auch gemeinsam fanden wir nirgends die geringste Spur unseres verschwundenen Brotes.

Als es Tag wurde, gingen wir hinaus, um Grütze zu kochen, die Mutter in ihrem Rucksack trug. Wir hatten eine große Konservendose. Sie sah aus wie ein halber Marmeladeeimer. Wir hatten diesen Ersatzkochtopf in irgend einer fremden Stadt auf der Straße gefunden. Nun suchten wir zwei Steine und sammelten altes Papier, Strohhalme, kleine Ästchen, alte Lumpen, kurz: alles, was uns brennbar erschien. An einer windgeschützten Stelle hinter dem Bahnhofsgebäude scharrten wir mit den Händen den Schnee zur Seite. Nun setzte Mutter die Konservendose mit der Grütze und dem Wasser vom Bahnhof auf die beiden Steine. Sie tat rotes Viehsalz dazu, das wir noch aus dem Gefangenenlager in Kutno mit uns trugen. Es war alles bereit, nur das Wichtigste, das Feuer fehlte. Ein Mann ging vorbei, er rauchte, und Mutter ging mit einem Fetzen Papier zu ihm. Ganz vorsichtig, mit dem Rükken gegen den Wind kam sie zurück und steckte dann das Stroh und die Lumpen in unserem kleinen „Herd" in Brand. Mein Bruder und ich sammelten fleißig weiter, und Mutter schürte nach. Es fing tatsächlich an zu dampfen, und dann hörte man es kochen. Wir spürten in Gedanken schon den heißen Brei im Magen. Doch plötzlich geschah etwas Furchtbares. Ein Klumpen Eis flog mit aller Wucht in unseren so mühsam aufgestellten Kochtopf. Alles kippte um. Der Brei versank im schmutzigen Schnee, das Feuerchen erlosch. Wie vom Blitz getroffen, starrten wir alle drei auf das hohe Dach des Bahnhofsgebäudes. Nie in meinem ganzen Leben habe ich einen Menschen so teuflisch lachen hören!!! Ein halbwüchsiger Bursche stand oben. Seine Kleidung war verwahrlost und sein Gesicht schwarz von Ruß. Eine alte Soldatenkappe saß schief auf seinem Kopf, und die dunkelgrauen Ohrenklappen standen ab wie zwei Hörner, die weißen Zähne blitzten. Meinem Bruder und mir rannen die Tränen über die Wangen. Aber Mutter tröstete uns: „Ich hab' ja nicht alle Grütze gekocht." Doch an ein erneutes Kochen war jetzt nicht zu denken, denn unbarmherzig grinste die teufliche Fratze vom Dach herunter. Mutter nahm unsere alte Konservendose aus dem Dreck und schmiß den Eisklumpen beiseite, der sich bei näherem Hinsehen als gefrorener, verfaulter Krautkopf entpuppte. Wir gingen wieder zurück in den von Menschen überfüllten Wartesaal.

Es war unmöglich einzuschlafen. Die Ereignisse der letzten Tage und Wochen drehten sich wie ein qualvoller Spuk in meinem Kopf. „Ich möchte aufstehn!" Doch ich wagte es nicht. Die Glieder schmerzten, die Haut brannte, und immer neue Bilder tauchten vor meinen Augen auf. Ich sah wieder den großen Hof. Es war in irgend einer der fremden Städte auf unserem langen Weg. Alle Menschen aus unserem ärmlichen Transport hatten sich hier versammelt, bei der „Banja", dem Bad mit Entlausungsstation. Ohne einen Schein von hier durfte niemand den Zug zur Weiterfahrt besteigen. Und so sonderbar das klingen mag, niemand wollte zurückbleiben, denn in der großen Masse fühlte man sich geborgen und stark. Vorläufig warteten alle geduldig in dem großen Innenhof der „Banja". Es war fast unerträglich kalt. Die Menschen standen eng aneinandergedrängt an der Häuserwand entlang, um so vor dem eisigen Wind ein wenig Schutz zu finden. Nur mitten im Hof auf dem großen Haufen aus Asche lagen mehrere Frauen und Kinder. Was hatte das zu bedeuten? Bald kamen wir dem Geheimnis auf die Spur: Die Asche war warm. Mein Bruder und ich legten uns auch dazu, und immer mehr kamen, um sich zu wärmen, ungeachtet des feinen grauen Staubes, der in die verwahrlosten Kleider drang. Die Umstände zwangen uns dazu, in kurzen Abständen die Lage zu verändern, denn auf der unteren, der erwärmten Seite wurden die Läuse unerträglich lebendig, und auf der oberen Seite fing man rasch an zu frieren. Es war fast unmöglich, sich von der warmen Asche wieder loszureißen, denn nachher drang der Frost mit doppelter Schärfe in die Haut. Nach stundenlangem Warten durften auch wir in den Baderaum. Unsere Kleider mußten wir alle im Vorraum auf einen großen Haufen legen. Jeder bekam eine Zinnschüssel, und aus einem großen Kessel konnte jeder selbst Wasser schöpfen. Mutter hatte noch ein dünnes Stückchen abgewaschener Toilettenseife. Sie war blaßlila, duftete nach Flieder und war so dünn, daß sie in meinen Händen zerbrach. Ich roch immer wieder mit geschlossenen Augen an den Seifensplittern, und unser behagliches Zuhause schien mir ganz nah.

Durch eine zweite Tür verließen wir den Baderaum, und unsere Kleider warteten dampfend schon auf uns. Sie hatten die ganze Zeit über in der Desinfektionskammer geschmort. Man konnte sie kaum anfassen, so heiß waren sie noch. Sie rochen widerlich, doch die Läuse bewegten sich nicht mehr. Das war eine wunderbare Erleichterung – aber leider nicht für lange Zeit.

Einige Jahre später sagte einmal eine ältere bäuerliche „Babuschke" (Großmutter) zu mir: „Läuse kommen vom Kummer und vom Leid, mein Kind!" und machte eine kluge, wissende Miene. Ich habe sie nicht ausgelacht, denn hatte ich es nicht am eigenen Leibe erfahren, daß Läuse immer in Begleitung von tiefster Armut, von Leid und Sorgen die Menschen heimsuchten? Daß der Volksmund dem Kummer direkt Schöpferkräfte verlieh und eine Laus aus dem Nichts entstehen ließ, wer konnte das den armen Menschen verdenken? ...

Ich hörte wieder auf das eintönige Rattern der Räder: „Nach Osten! Nach Osten!", so ging es ohne Pause.

Eisiger Schneesturm empfing uns im Osten.
Weit liegt Europa, der Krieg und der Tod.
Weit hinter uns der Ural, seine Berge.
Mit uns die Kälte, der Hunger, die Not!

Lucie K.

Ankunft in Kasachstan
April 1945

Am Ziel

Eine grenzenlose Schnee-Ebene breitete sich vor unseren Augen aus. Es war umöglich zu erkennen, wo Himmel und Erde sich begegneten. Die Luft war mit dem gleichmäßigen Summen des Windes und dem ewig im Kreis wirbelnden Pulverschnee angefüllt. Die zugewehte Steppe, auf der wir gingen, sah stellenweise aus wie feingewellter Meeresgrund, wie man ihn manchmal durch klares Wasser hindurch erkennen kann. Es gab weder Spuren von Menschen noch von Tieren. Jetzt waren wir am Ziel, am Ende unserer vier Wochen langen Reise. War das nun Sibirien?

Dichtgedrängt stapften wir, meine Mutter, mein Bruder und ich, zusammen mit noch zehn Personen aus unserem Transport hinter dem Heuschlitten her, der von zwei struppigen Steppenpferdchen gezogen wurde. Die Begleiter und Führer unserer kleinen Expedition waren eine Frau und ein vierzehnjähriger Junge, der tapfer in seinen Filzstiefeln neben den Pferdchen hermarschierte.

Hinter uns lag die Alt-Stadt Karaganda mit ihren verschneiten ärmlichen Lehmhütten und dem kleinen unscheinbaren Bahnhof. Dort waren wir in der letzten Nacht ausgeladen worden. Ratlos und ohne jegliche Aufsicht, so standen wir am Morgen vor der kleinen Bretterbude, in der wir die letzten Nachtstunden verbracht hatten. Der Frau aus dem Kontor (Büro) der Sowchose (Staatsgut) war es nicht schwergefallen, uns für ihren Betrieb zu gewinnen, zumal sie einigermaßen gut deutsch sprach und sich mit uns verständigen konnte. Der Junge, der die Pferde an lockeren Zügeln hielt, hieß Alexander und war Deutscher. Als wir ihn fragten, wie lange er hier wohne, sagte er: „Vier Jahre! Als der Krieg mit Hitler angefangen hat, bin ich mit meiner Mutter aus dem Kaukasus hierhergebracht worden." Auf unsere weitere Frage, ob man es denn so lange in dieser Kälte aushalten könne, meinte er, wir sollten abwarten, im Sommer sei es unerträglich heiß.

So marschierten wir einige Stunden, hinter dem Heuschlitten Schutz suchend, durch die Schneefelder. Das Fell der Steppenpferdchen war schon dicht mit Schnee bedeckt, und ich wußte nicht, wie lange es noch so weitergehen sollte und ob wir jemals in unserem Leben auf eine menschliche Behausung stoßen würden, da hörte ich plötzlich die freudigen Stimmen unserer Begleiter: „Das Dorf! Das Dorf!" Dieser Ruf weckte mich aus meinem eintönigen Trott, und ich riß meinen Kopf in die Höhe. Schnee stöberte mir in die Augen, ich konnte nichts erkennen. Erst als ich einige Zeit mit vorgehaltener Hand in dieselbe Richtung schaute, entdeckte ich weiße Hügel, die sich deutlich von der schneebedeckten Steppe abhoben. Das

Dorf Wolynka mit seinen zugeschneiten Semljanki (Erdhütten, Semlja = Erde) lag vor uns.

Als wir nach dem Datum fragten, bekamen wir zur Antwort: 20. April 1945. Der Krieg lag viele tausend Kilometer hinter uns. Seit dem 15. Januar dieses Jahres waren wir obdachlos, gehetzt und gejagt. Einige Wochen davon hatten wir unter jämmerlichsten Umständen in der Stadt Kutno hinter Stacheldraht verbracht. Die Großeltern – beide tot! In der Zeit, in der sie starben, gab es keinen Kalender für uns und keine Uhren. Wir standen allem fern, was sich menschenähnliches Leben nennt. Wenn man mich nach dem Todestag meiner Großeltern fragen sollte, so würde ich Großvaters Sterbetag in die Mitte des Monats März legen, in der Stadt Kutno. Der Todestag von Großmutter war etwa Anfang April in der russischen Grenzstadt Brest-Litowsk. Beide im Jahre 1945.

Wir waren müde, durchgefroren, verdreckt und verlaust, abgestumpft und gleichgültig allem gegenüber. So trotteten wir weiter die schneebedeckte Straße entlang, Frauen, Kinder und ein weißhaariger Greis. Ab und zu huschte eine vermummte Gestalt von einem Hügel zum anderen. Schließlich blieben wir vor einer der niedrigen Semljanki stehen. Aus dem Schornstein quoll Rauch. Nacheinander schlüpften wir durch eine graue Tür, die sich wegen der Schneemassen nur einen Spalt weit öffnen ließ. Behagliche Wärme schlug uns entgegen. Hier waren das Verwaltungsbüro und die Küche der Sowchose. Wir befanden uns nun in einem langen, dunklen Raum. Das einzige Möbelstück darin war eine einfache breite Holzbank. Sie reichte von einem Ende bis zum andern. Nachdem wir den Schnee notdürftig abgeschüttelt hatten, setzten wir uns der Reihe nach auf die lange Bank. Es wurde noch dunkler im Raum, denn der Buran (Schneesturm) wurde zum Abend wieder stärker und trieb immer mehr Schnee vor das einzige kleine Fenster. Endlich ging die Holzklappe auf, die bis jetzt die Luke zur Küche verschlossen gehalten hatte. Ein starker Geruch nach heißer Suppe verbreitete sich im ganzen Raum. Wir stellten uns in einer Schlange auf. Jeder von uns bekam eine kleine rote Tonschüssel mit einer wässrigen Hirsesuppe und einen Holzlöffel dazu. Die Suppe war heiß und roch nach braunen Zwiebeln. Ich trank die Brühe mit ein paar Zügen leer. Auf dem Boden der Schüssel wurden einige Löffel weißer Hirse sichtbar. Diese löffelte ich genüßlich aus. Daß Hirse so wundervoll schmecken kann, habe ich bis dahin nicht gewußt. Brot gab es an diesem Abend noch keines. „Doch morgen wird sich alles finden", verkündete man uns. „Eine Semljanka ganz allein für die Neuangekommenen wird freigemacht. Zur Zeit sind noch Schafe drin. Und Brot gibt es dann auch." Die erste Nacht verbrachten wir, alle Dreizehn, in der Tischlerei der Sowchose. Es war ein enger dunkler Raum in einer der vielen

Semljanki. Eine Hobelbank und ein eingemauerter Herd waren alles, was wir vorfanden. Der Lehmfußboden war mit Hobelspänen bedeckt. Wir fingen gleich an, den Herd damit zu heizen. Der rötliche Schein flackerte unruhig durch den düsteren Raum. Draußen tobte der Schneesturm, niemand sprach ein Wort. Der zehnjährige Erwin und kleinste aus unserer Gruppe war auf die Hobelbank gekrochen. Wir anderen kauerten auf dem Fußboden in den Spänen. Ich rückte weg vom Feuer, denn meine Haut fing an zu jucken und zu brennen. Ich konnte nicht einschlafen, obwohl ich todmüde war. Halbfröstelnd dachte ich: „Vielleicht werden wir hier unsere Läuse endlich los. Und wenn wir morgen Brot bekommen werden, wie groß das Stück wohl sein mag?" Unser letztes Brot hatte man mir in Pensa auf dem Bahnhof unter dem Kopf vorgezogen, während ich schlief. Wie viele Tage waren seitdem vergangen? Es war mir unmöglich, dies nachzurechnen. Und so ließ ich diesen Gedanken wieder fallen. Mein letzter Gedanke vor dem Einschlafen muß das Vaterunser gewesen sein, denn ich erinnere mich, daß ich sehr ruhig und fast glücklich einschlief. Doch ich weiß auch, daß ich es nur wegen einer einzigen Zeile gebetet hatte: „...Unser täglich Brot gib uns..."

Am nächsten Tag wurden wir in unsere Semljanka geführt. Einige schneebedeckte Stufen führten hinab zu einem halbdunklen langen Raum. Nur spärlich fiel das Licht durch das einzige Fensterchen an der Giebelseite. Der Boden war sauber gekehrt, und von den Schafen war nichts mehr zu sehen. In der einen Ecke war ein eingemauerter Herd. Die Frau aus dem Kontor sagte, wir sollten mitkommen und Heu holen. Wir könnten doch nicht auf nacktem Boden schlafen. Wieder hinaus in den Schnee, aber es mußte sein. Schließlich streuten wir das mitgebrachte Heu an den Wänden entlang und ließen uns auf das armselige Lager nieder. Ein lautes Heulen und Jammern ging los, wie ich es noch nie in meinem Leben gehört hatte. Ich glaube, hätte Mutter gekonnt, so wäre sie mit uns hinausgegangen, um uns den Anblick dieser jammernden Menschen zu ersparen. Doch so saßen wir verstört auf unserem Heu, in eine Ecke gedrängt. Und Mutter sagte etwas wie: „Das Jammern kann die Dinge auch nicht ändern!" Und wir beide, mein Bruder und ich? Warum sollten wir weinen, wenn Mutter nicht weinte?

Für die meisten von uns hatte man eine Beschäftigung gefunden, bis der Winter zu Ende war und die große Feldarbeit begann. Mutter und ich stapften jeden Morgen durch den hohen Schnee zum Kuhstall. Wir mußten die Wände von innen mit Lehm ausbessern und „weißen". Wir waren recht zufrieden mit unserer Tätigkeit, denn im Stall war es warm, und in einer Ecke stand eine Kiste mit Futter. Dort stierten wir öfter herum und fanden, wenn wir Glück hatten, Gerste- und Haferkörner unter der Spreu. Diese rösteten wir dann am Abend auf der Herd-

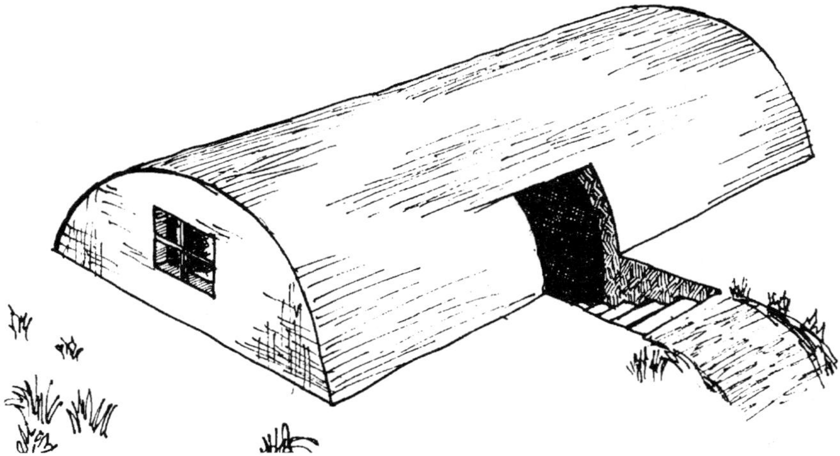

Skizze von einer Semljanka, einer Erdhütte in der Steppe

platte. Oft dachte ich an den gerauchten Speck, den ich auf der Flucht ganz einfach in den Schnee gestellt hatte, weil ich glaubte, unter ihm zusammenzubrechen. Doch jetzt tat es mir leid, und manchmal sagte ich es auch. Mutter entgegnete darauf: „Es ist sinnlos, darüber nachzudenken, denn wir hätten ihn schon längst verzehrt." Wir bekamen, wie versprochen, jeden Tag 500 Gramm Brot pro Person. Doch das Brot war feucht und schwer. Und aus diesem Grunde war das Stück nicht groß. Auch bekamen wir jeden Tag dreimal einen halben Liter Suppe. Aber sie war immer gleichbleibend dünn, und mein Bruder sagte zu ihr: „Hirsetee!"

Das Dorf Wolynka bestand aus etwa fünfzig Semljanki. Nur ein Haus aus Holz habe ich gesehen. Darin wohnte der Natschalnik, der Leiter der Sowchose. Die Menschen, die hier lebten, waren Russen, Deutsche, Tschetschenen, ein mohammedanischer Volksstamm aus dem Kaukasus. Kasachen, die Ureinwohner von Kasachstan, habe ich in Wolynka keine gesehen. Vermutlich war dieses Dorf ausschließlich von Strafgefangenen und Verschickten erbaut worden.

Die große Schneeschmelze kam überraschend schnell, und die Tauwasser weichten die breite Dorfstraße dermaßen auf, daß fast kein Durchkommen war. Nun begann der große Umzug in die Steppe. Eine Brigade von etwa zwanzig Personen, darunter auch meine Mutter, mein Bruder und ich, wurden hinausgeschickt. Unser Brigadier war ein älterer Mann mit langem Schnurrbart. Es war ein Deutscher aus der Ukraine. An einem frühen Morgen zogen wir los. Ein Ochsenkarren, auf dem unsere Habseligkeiten lagen, gab das Marschtempo an. Nach etwa zwei Stunden, die wir auf einem ausgefahrenen Feldweg zurückgelegt hatten, blieben wir mitten in der kahlen Steppe stehen. „Wir sind da!“ schrie der Brigadier und warf seine Peitsche auf die Erde. Ich glaubte nun, wir müßten uns selbst eine Hütte bauen. Doch bald bemerkte ich ganz in unserer Nähe zwei Lehmhügel. Nein, es waren zwei Semljanki. Ein paar abgetretene Stufen, die in die Erde gegraben waren, führten zu einer niedrigen Tür. An den beiden Enden der Hügel waren kleine Fenster. Diese Erdhöhlen, in denen wir den ganzen Sommer und den Herbst verbringen sollten, waren noch viel einfacher gebaut als die im Dorf. Dicht an den Semljanki vorbei schlängelte sich ein kleiner Bach. Alle nannten ihn „retschka“, und ich glaubte lange Zeit, dies sei der Name des Baches. Doch eines Tages erfuhr ich, daß „retschka“ ganz einfach „Flüßchen“ heißt.

Nacheinander stiegen wir die gelben Lehmstufen hinab und befanden uns dann in einem langen düsteren Raum. Einige dicke Pfosten stützten die niedrige Decke. An den Wänden entlang waren einfache Holzpritschen angebracht. Wir bezogen eine, die so breit war, daß wir alle darauf Platz zum Liegen hatten. Uns gegenüber hatte sich ein Tschtschene mit seiner Frau niedergelassen. Ein Durchgang von etwa eineinhalb Metern trennte uns. Wie wir später mitbekamen, war seine zweite Frau im Dorf zurückgeblieben. Die erste Frau war etwa dreißig Jahre alt und hieß Scharipa. Das erfuhr ich, als ich mit ihr zusammen einen Graben ausheben mußte. Wir verständigten uns wie zwei Taubstumme, denn wir kannten keine gemeinsame Sprache. Aber ich habe von ihr erfahren, daß sie einen Säugling hier beerdigt hatte und daß sie sehr traurig darüber war. Von mir wußte sie außer meinem Namen wahrscheinlich nichts. Als wir am Abend zu den Semljanki zurückgingen, müde vom Fußmarsch, ließen wir uns auf die kahlen Pritschen nieder. Plötzlich kam Bewegung in die Gruppe. Was war geschehen? Einige schleiften Strohmatten zu ihrem Lager. Auch Mutter und ich stiegen wieder hinauf ans Tageslicht. Nicht weit von der Semljanka entfernt lag ein großer Haufen solcher Matten. Auch wir zogen eine davon hinter uns her die Stufen hinab und breiteten sie auf den harten Brettern aus. Am nächsten Morgen machte der Brigadier großen Krach, denn die Matten waren nicht für uns, sondern für Kraut- und Tomatenpflanzen bestimmt. Doch alle stellten sich taub, und niemand rührte sich. Auch wir verdeckten unsere Strohmatte, so gut wir konnten, mit unseren zerlumpten Kleidern. Eine schwere körperliche Arbeit begann. An dem Bach wurden primitive Deiche gebaut und Bewässerungsgräben gezogen. Sie durchquerten große Flächen, auf denen wir später Kraut- und Tomatenpflanzen aussetzen mußten. Doch diese Kanäle reichten bei weitem nicht aus, um die Pflanzen am Leben zu erhalten und zum Wachsen zu bringen. Und so schleppten wir noch zusätzlich in schweren Holzeimern Wasser zu den Setzlingen, die von unserem Bewässerungsgraben nicht erreicht werden konnten. Wir arbeiteten von Sonnenaufgang bis Sonnenuntergang und wußten nicht, wann Sonntag war. Am Mittag brachte man uns auf einem Ochsenkarren die Suppe auf die Felder, und am Abend bekamen wir unsere Brotzuteilung. Das war der schönste Augenblick des ganzen Tages. Meistens konnte ich mich nicht beherrschen und aß gleich alles auf. Wenn ich mir manchmal ein Stückchen zurücklegte, konnte ich in der Nacht nicht durchschlafen, sondern stand auf und naschte davon. Im Frühling fanden wir ein Gras, das so ähnlich wie Schnittlauch schmeckte. Dieses aßen wir mit Vorliebe zu Salz und Brot. Später, als die Sonne immer heißer brannte, war das Gras nicht mehr grün und darum ungenießbar.

Eines Tages, wir waren bei der Arbeit auf den Feldern, da bemerkte ich eine Ansammlung von Frauen, die aufgeregt durcheinander schwatzten. Dies war ungewöhnlich, denn wir hatten unsere Norm zugeteilt bekommen und arbeiteten deshalb in großen Abständen voneinander. Was war geschehen? Als ich mich im Laufschritt der Gruppe näherte, da hörte ich ganz deutlich diesen einen Satz heraus, in deutscher Sprache gesprochen: „Der Krieg ist aus!" „Und, wer hat gewonnen?" schrie ich mit heißerer Stimme dazwischen. „Hitler kaputt!" schallte es freudig zurück. Welches Datum wir hatten, weiß ich nicht, doch der Mai war vermutlich längst vorbei. Nun hofften wir auf eine Änderung unserer Lage. Doch es vergingen Tag für Tag und Woche für Woche, und alles blieb beim Alten. Nur die aufregendsten Gerüchte verbreiteten sich. Und niemand konnte sagen, wo sie ihren Anfang genommen hatten. An das erste kann ich mich noch gut entsinnen. Da war ich ganz durcheinander, denn die Frauen, die es verbreiteten, wußten ganz genau den Tag und die Stunde, wann die große Rückreise losgehen sollte.

Ja, man wußte sogar, wohin wir gebracht werden sollten, nach Deutschland, nach Schwaben. Eine ältere Frau hatte ihren einzigen Faltenrock gewaschen. Nun jammerte sie die ganze Zeit: „Hoffentlich wird er noch trocken, bis wir fahren!"

Viele Jahre später, wir lebten immer noch in Kasachstan, sagte Mutter einmal zu mir: „Kannst du dich noch an die alte Frau und ihren Faltenrock erinnern?"

Und wir lachten Tränen, bis unsere Stimmen erstickten.

Glühende Sonne versank in der Steppe.
Still liegt das Land. Nur der Abendwind trägt
Gefangenengesang zu mir aus der Ferne.
Oder ist 's nur ein Traum, der da schwebt?

Lucie K.

In der Trockensteppe von Kasachstan Sommer 1945

Zwischen Wunsch und Wirklichkeit

Flimmernde Hitze lag Tag für Tag auf dem weiten kasachischen Land. Wohin das Auge schaute, braungraue Ebene mit ausgedorrtem, kraftlosem Gras und stacheligen Dornbüschen. Manchmal sah man Rauchschwaden in der Ferne ziehen, und es roch nach Feuer und Asche. „Steppenbrand", sagten die, welche schon lange hier waren. Sie wußten auch, was es zu bedeuten hatte, wenn die Schafherden in den Nächten unruhig wurden: Wölfe! Und eine wilde Jagd ging los.

Es schien so, als wären wir hier am Ende der Welt, von allen Menschen vergessen. Wir wurden an jedem neuen Morgen mutloser. Wir waren müde, an etwas Besseres zu glauben

Wieder war ein langer Arbeitstag zu Ende. Wie eine große glühende Scheibe schob sich die Sonne zwischen Himmel und staubige Erde. Die anderen trotteten müde unseren Lehmhütten zu, den einzigen menschlichen Behausungen weit und breit. Ich blieb allein zurück an dem trüben, seichten Bach und schaute in die untergehende Sonne. Wie immer, wenn ich mich erschöpft auf die heiße Erde hockte, so wurde auch diesmal mein Blick mit magischer Kraft von meinen Gliedern angezogen. Es war so, als gehörten sie nicht mehr zu mir. Sie erregten in mir Ekel und Abneigung.

Meine Füße waren prall angeschwollen, die Zehen gespreizt; sie erinnerten an Schweinepfoten. Die Arme waren gleichmäßig dünn und knochig. Ich konnte sie an jeder beliebigen Stelle mit den Fingern einer Hand mühelos umspannen. Die Haut an Händen und Füßen: rauh, rissig, mit feinen ausgetrockneten Blutspuren bedeckt. Manchmal lief ich zu dem nahen Bach und rieb meine Haut mit Sand und Wasser. Doch es wurde dadurch noch schlimmer und brannte wie Feuer. Wir hatten keine Seife. Das letzte dünne Stückchen war in meinen Händen zerbrochen. Das war im vergangenen Winter auf der langen Reise hierher.

Dort, wo die Sonne sich in die Erde senkte, war Westen, war Deutschland. Dort lag ganz Europa mit seinen Wäldern, Bergen, Flüssen und Meeren. Dort, der roten Scheibe zu, lag auch das Schwarze Meer, meine Heimat, wo ich geboren worden war.

Die weiße Seidenschleife aus meinen Kindertagen, daran mußte ich jetzt denken. Ausgerechnet daran! Mutter band sie mir mit weichen Händen in mein Haar, und es glänzte ihr goldener Ring am Finger. Manchmal fingen sich die Sonnenstrahlen eines friedlichen Sonntagmorgens darin, und ich mußte blinzeln. Die weißen Perlmuttknöpfchen glänzten wie kleine Sonnen auf meinem kirschroten

Samtkleid. Die nahen Kirchenglocken läuteten, und ein Duft nach Braten und süßen Vanillespeisen zog durch die offene Tür zu uns in den Garten.

Jetzt war alles ganz anders: die Haut zerschunden, der Magen leer, und in den zerlumpten Kleidern nisteten die Läuse. Aber immer wieder tauchte das Bild meiner makellos weißen Haarschleife vor mir auf.

Die Sonne war nun ganz verschwunden. Es war still geworden. Ab und zu wehte eine wohltuend kühle Luft über die Trockensteppe von Kasachstan. Ich hielt mein Gesicht mit geschlossenen Augen dem Wind entgegen. Ein kaum vernehmbares Klingen drang an mein Ohr. Zuerst glaubte ich, es sei eine Täuschung vor Müdigkeit und Hunger. Doch das Klingen der Luft wurde zum Singen. Es nahm bekannte Töne an. Mit höchstem Staunen merkte ich: „Ich kenne diese Melodie!" Ich wußte sogar, welche Worte dazugehörten: „Und die Vögelein in dem Walde..." Fieberhaft suchte ich mit meinen Blicken die weite Steppe ab. Voller Verzweiflung wurde mir klar: „Ich kann nichts entdecken." Eintönig wie immer lag sie da. Halt! Da hinten fast am Horizont, was waren das für dunkle Punkte? Sie bewegten sich kaum merkbar. Und wieder trug der Wind ein paar bekannte Töne zu mir herüber: „In der Heimat, in der..." – Nichts mehr, so angestrengt ich auch lauschen mochte. Die kühle Abendluft wehte die Melodie immer wieder von mir fort.

Mit einem Ruck sprang ich in die Höhe und rannte, ohne auf das Hosenbein meiner Trainingshose zu achten, das sich noch über dem angeschwollenen Knie staute. Atemlos hatte ich endlich ein Mädchen unserer Brigade eingeholt. Sie war etwa fünfzehn wie ich und kam von der Wolga. Ich riß sie unsanft am Arm und drehte sie mit dem Gesicht der untergehenden Sonne entgegen. „Schau! Dort singen sie deutsche Soldatenlieder! Wer mag das sein?"

Das Mädchen schaute uninteressiert und gelangweilt in die Steppe. Schließlich sagte sie: „Vielleicht ‚Plenni' auf Lastwagen?" Ich hörte dieses russische Wort zum erstenmal. Doch schließlich begriff ich, daß sie von deutschen Kriegsgefangenen sprach. Tausend Gedanken rasten mir durch den Kopf, und eine unbändige Freude erfüllte mich, denn nun wußte ich: „Wir sind nicht allein in der asiatischen Steppe!" Dann war alles vorbei wie eine Fata Morgana. Nichts rührte sich mehr bis hin zum Horizont. Nun lief ich, so schnell ich konnte, um meiner Mutter und meinem Bruder von dieser großen Entdeckung zu erzählen.

Schaute ich Mutter nicht an, wenn sie mit uns sprach, so war alles gut, und ich konnte manchmal vergessen, wo wir waren. Sah ich ihr aber ins Gesicht, so überkam mich Angst und Verzweiflung, denn sie sah sich nicht mehr ähnlich. Während bei meinem Bruder und bei mir nur die Beine angeschwollen waren, war

Mutters Gesicht bis zur Unkenntlichkeit aufgedunsen. Ihre Augen waren nur noch Schlitze, und das Atmen fiel ihr schwer. Die Arbeit auf den Feldern konnte sie fast nicht mehr bewältigen. Eines Tages sagte der Brigadier: „Ein Wagen fährt in die Stadt, du mußt in die Bolniza (Krankenhaus)!" Wir halfen Mutter auf den Trogwagen und standen regungslos und schauten, wie er sich weiter und weiter entfernte, bis er schließlich mit dem Grau der Steppe verschmolz. Eine unsagbare Leere senkte sich in mich. In der Nacht lagen mein Bruder und ich nun allein auf der harten Holzpritsche.

Meine Einstellung zur Religion war damals noch kindlich unkompliziert und einfach. Alles, was wir in der Religionsstunde gelernt hatten, war verständlich und alles, was wir aus dem Katechismus auswendig wußten, an seinem richtigen Platz. Ich konnte mich ohne Mühe an jedes der zehn Gebote halten, zumal man als Kind nicht mit allem in Berührung kommt. Es heißt: „Du sollst nicht stehlen!" Und ich stahl nicht. Was sollte ich denn stehlen und warum? Im dritten Gebot heißt es: „Du sollst den Feiertag heiligen!" Als Kind bestand das Einhalten dieses Gebotes darin, daß ich am Sonntag keine Puppenkleider nähen durfte, zur Kirche ging und mein schönstes Kleidchen anhatte. Doch stimmte das alles heute noch? Eine zweite Welt tat sich vor mir auf, eine Welt, in der es Entschuldigungen gab für das Übertreten des einen oder des anderen Gebotes. Zum erstenmal kam ich ernsthaft mit dem siebten Gebot in Konflikt: „Du sollst nicht stehlen!"

Die anderen Mädchen lachten mich aus. Ich saß mit bedenklichem Gesicht auf der Erde, als sie mir den Vorschlag machten, mit ihnen Kartoffeln stehlen zu gehen. Es sei besonders günstig heute, kein Mondschein und als Wächter eine ältere Frau. Sie habe zwar ein Gewehr bei sich, aber eine alte Frau würde doch nicht auf uns schießen. Ich bräuchte wirklich keine Angst zu haben. Und wenn ich mir vielleicht Gedanken mache, weil Stehlen eine Sünde sei, das träfe auf uns überhaupt nicht zu, denn in der Sowjetunion gehöre alles dem Staat. „Und der Staat ist das Volk. Folglich gehören die Kartoffeln von vorneherein uns!" Sie hatten mich überzeugt. Daß ihr Argument trotz allem nicht ganz stimmte, konnte ich nicht beurteilen.

Es wurde dunkel, und wir warteten, bis sich alles zur Ruhe gelegt hatte. Ich zog auf den Rat der andern hin meinen Trainingsanzug an, um die Bluse vollstopfen zu können. Ein Sack oder Beutel wäre nur hinderlich gewesen. Wir krochen zu dritt auf dem Bauch vom Lager weg. Es mußte vorsichtig geschehen, denn viele schliefen im Freien. Nach einer Weile anstrengenden Vorwärtsrutschens erhoben wir uns und gingen aufrecht weiter. Plötzlich kam das Kommando der Anführerin: „Runter! Da hinten der Wächter!" Ich warf mich auf den Bauch und landete zwischen Kartoffelstauden. Nach ein paar Minuten atemloser Stille hob ich vorsichtig den Kopf. Tatsächlich, deutlich wie ein Scherenschnitt hoben sich die Umrisse des Wächters von dem blaugrauen Nachthimmel ab. Es war schwer zu schätzen, wie weit er von uns entfernt war, denn auf dieser topfebenen Steppe konnte man sehr weit sehen. Es war auch kein Baum oder Strauch da, die den Horizont unterbrochen hätten. Nur der Nachtwächter stand drohend und schwarz am nächtlichen Himmel. Neben mir ein Rascheln. Die anderen buddelten fleißig. Auch ich riß nun und zerrte an dem Kartoffelkraut und scharrte eifrig in der sandigen Erde. Dann bekam ich etwas Rundes zwischen die Finger und wieder und wieder. Ich stopfte die Beute Stück für Stück unter den Gummizug meiner Bluse. Ich war so beschäftigt, daß ich den Wächter schon ganz vergessen hatte. Ein Blick nach oben, doch unverändert stand er am Himmel.

Erleichtert atmete ich auf. Er hatte nichts von unserem Raubzug gemerkt. Meine Trainingsbluse war inzwischen ganz schwer geworden, und ich mußte meinen Arm um den Gürtel pressen, als wir zurückrobbten.

Wie fehl war hier das Gebot: „Du sollst den Feiertag heiligen!" Wir hatten keinen Kalender und wußten nur selten, welcher Wochentag gerade war. Und hätten wir es gewußt, so hätte uns niemand erlaubt, am Sonntag nicht zu arbeiten.

Eines Abends fiel mir auf, daß Erwin R. allein auf seiner Holzpritsche blieb. „Wo ist deine Mutter?" fragte ich den zehnjährigen Jungen. „Man hat sie mit dem Ochsenkarren ins Krankenhaus gefahren," sagte er mit tonloser Stimme. Nun bestürmten wir den Brigadier: „Wie geht es unserer Mutter im Krankenhaus?" Doch er schüttelte mißgelaunt den Kopf und sagte schließlich, daß er von unserer Mutter nichts wisse, die andere Frau liege im Typhuskrankenhaus. Nach einigen Tagen wurde auch Erwin mit Typhusverdacht in die Stadt gefahren. Wir beneideten ihn ein wenig, denn er durfte nun zu seiner Mutter.

Die Läuse waren eine arge Plage, und es gab nur eine Möglichkeit, sich ein wenig Erleichterung zu verschaffen, die Plagegeister mit bloßen Händen unschädlich zu machen. Am Anfang saß ich manchmal mit tränengefüllten Augen über meinen verseuchten Kleidern. Es wurde erst ein wenig besser mit mir, nachdem mir Mutter ins Gewissen geredet hatte, denn wir hatten tatsächlich keine andere Wahl. Es gab weder chemische Bekämpfungsmittel, noch konnten wir die Sachen in Seifenlauge kochen oder heiß bügeln. Manchmal wuschen wir unsere Kleider im nahen Bach. Doch das hatte auf die Schmarotzer nicht die geringste Wirkung. In demselben Bach badeten wir auch das Vieh. Von hier wurde das Wasser für unsere tägliche Suppe geschöpft und zum Trinken geholt. Kein Wunder, daß alle an Durchfall litten und nun schon einige Fälle von Typhus aufgetreten waren.

An einem der vielen heißen Tage, die für uns kein Datum und keinen Namen hatten, bemerkten wir plötzlich in der Ferne einen Ochsenkarren, der auf unsere Semljanki zusteuerte. Voll Interesse schauten wir ihm entgegen. Wie froh und erleichtert waren wir, als wir auch Mutters Gesicht zwischen den anderen fremden Menschen erkannten. Sie sah sich wieder ähnlich. Nur ihre braunen Augen waren unnatürlich groß und dunkel geworden. Unsere Mutter schloß meinen Bruder und mich zur gleichen Zeit in die Arme. Sie hatte uns so viel zu erzählen: von einer Stadt, in der es asphaltierte Straßen gab und mehrstöckige Häuser aus Stein. Sie erzählte uns von schattigen Bäumen und grünen Sträuchern. Das Krankenhaus, in dem sie war, hatte eine Wasserleitung und elektrisches Licht. Sie durfte in einer Badewanne mit Seife baden, bekam ein weißes Nachthemd und schlief in einem Bett mit weißbezogenen Federkissen. Sie hatte Menschen gesehen, die wohlgenährt und gut gekleidet waren, die sich anständig benahmen und freundlich zu ihr waren. „Wie heißt diese Stadt?" fragten wir, atemlos vor Staunen und Neugier. „Nowij gorod Karaganda" (Neu-Stadt Karaganda), sagte Mutter und dann eindringlich und leise zu meinem Bruder und mir: „Wir müssen dort hin, denn hier gehen wir zugrunde!" Von da an hatte unser Leben einen kleinen Hoffnungsschimmer bekommen, und oft träumten wir von der Neu-Stadt. Doch wie sollten wir unseren Plan verwirklichen? So lang wir hier draußen in der Steppe lebten, war an ein unbemerktes Verschwinden nicht zu denken.

Zu den Deutschen, die hier mit uns lebten, gehörte auch Ferdinand, der Hirtenjunge. Er war etwa fünfzehn Jahre alt und sah so aus wie die Hirtenknaben, die mein Onkel einst malte.

Es war eine Lieblingsbeschäftigung von mir, wenn ich in den Arbeitsraum meines Onkels, des Kunstmalers, schlüpfen konnte. Ich saß dann in irgend einer Ecke, mäuschenstill, meine Puppe fest in den Arm gepreßt, und beobachtete aufmerksam, wie mein Onkel aus verschiedenen Tuben und zusammengerollten Tübchen bunte Kleckse auf eine Holzscheibe setzte. Plötzlich fing er emsig an zu mischen. Hatte er eine bestimmte Farbe erreicht, so betrachtete er den kleinen unscheinbaren Tupfer sehr aufmerksam und legte dabei den Kopf mal auf die eine, mal auf die andere Seite. Während der ganzen Zeit pfiff er ganz leise wunderschöne Melodien vor sich hin. Auch deshalb saß ich so gerne bei ihm, wenn er malte.

Ferdinand war ein solcher Hirte, wie aus jenen Bildern geboren. Er ging immer barfuß, und seine erdfarbene Hose endete ein wenig zerfranst an seinen braunen Waden. Sein Hemd hing blusig an ihm herab und hatte eine grünlichgraue Farbe wie die Steppe, in der er lebte. Seine Augen waren klar, und sein blondes Haar hing wahllos in Stirn und Nacken. Seine Gesichtsfarbe war frisch, obwohl wir anderen alle grau und unterernährt aussahen. Er hatte uns im Vertrauen erzählt, daß er jeden Tag die Milch einer Kuh austrinke, draußen auf der Weide, wenn es keiner sah. Wir bewunderten seinen Mut und seine Geschicklichkeit und beneideten ihn ein wenig. Er gesellte sich gerne zu uns, wenn wir Pause machten. Seine Herde sah man dann in der Ferne weiden. Während dieser Ruhepausen wurden die verschiedensten Dinge erzählt, meistens, wie schön es doch zu Hause gewesen war. Und so ganz nebenbei bekam man einen Einblick in das Leben der Deutschen vor ihrer Verschleppung, in ihre Sitten, Gebräuche und Eßgewohnheiten. Wenn ich etwas zur Unterhaltung beisteuern sollte, dann erzählte ich Märchen und Sagen. Sie gefielen gut, das merkte ich daran, daß niemand dazwischenredete. Ich glaube, daß viele schon erwachsene Frauen zum erstenmal das Märchen von Hänsel und Gretel oder von den Sterntalern hörten. Einmal war die Nibelungensage dran, und alle hörten gespannt zu. Ich erzählte von Siegfried und dem Kampf mit dem Drachen, von der kleinen verwundbaren Stelle auf seinem Rücken und wie er dazu kam, von der schönen blonden Kriemhild und von dem dunklen Hagen. Ferdinands Augen wurden immer größer. Schließlich fragte er: „War das alles wirklich so?" „Es ist nur eine Sage", entgegnete ich, „man kann das nicht wörtlich nehmen, aber etwas Wahres ist sicherlich dran." „Erzähle vom Krieg! Den hast du doch wirklich gesehen!" warf Ferdinand ein. (Er war im Kaukasus geboren und zu Beginn des Krieges nach Kasachstan verschickt worden.) „Erzähle!" Ich schüttelte energisch den Kopf und sah auf meine geschwollenen Füße. Eiskalt lief es mir über den Rücken. Und ich kam mir plötzlich viel älter vor als Ferdinand und all die anderen Mädchen hier. „Er kommt, der schwarze Teufel!!!" schrie eine der Frauen und sprang in die Höhe. Auch wir anderen gingen schnell an unsere Arbeit, und Ferdinand lief querfeldein zu seiner Herde. Auf einem struppigen Steppenpferdchen raste er über die Steppe auf unseren Haufen zu. Es war der Aufseher, den wir am meisten fürchteten. Er war groß und hager. Beim Gehen hielt er die Hände auf dem Rücken und neigte den Kopf nach vorn. Er hatte schwarze, stechende Augen. Eine Adlernase ragte furchterregend aus seinem Gesicht. Die Frauen nannten ihn „Tschort". Und wenn es nicht alle verstehen sollten, dann sagten sie das deutsche Wort dafür: „Teufel." In Windeseile hatte er sich uns genähert und stand jetzt direkt neben mir. Er riß mir den Spaten aus der Hand und machte dann zwei tiefe Stiche in die verwurzelte Erde, daß es krachte. Dann zeigte er abwechselnd auf meine flachen, dann auf seine tiefen Stiche, schüttelte bedenklich seinen Kopf und sagte dann einigemal hintereinander: „Plocho! Plocho!" Ich stand ängstlich und regungslos daneben. Später erfuhr ich, daß „plocho" schlecht heißt. Dieses russische Wort mußte ich mir nicht erst einprägen, es saß gleich nach dem ersten Hören.

Auch ich bastelte manchmal eine Sonnenuhr, wie ich das bei Mutter gesehen hatte. Ich ritzte einen großen Kreis in den Steppenboden und markierte zwölf kleine Striche rundherum. Dann steckte ich einen Stock in die Mitte des Kreises. Ob dieses System richtig funktionierte, konnte ich nicht beurteilen, denn wir hatten keine Uhr, um zu vergleichen. Auch kannte ich die feinen Geheimnisse nicht, die man brauchte, um eine Sonnenuhr richtig aufstellen zu können. Doch eines stimmte ganz sicher: Wenn der Stock keinen Schatten mehr zeigte, war Mittag. Dann schauten wir immer öfter in Richtung unserer Semljanki. Von da kam jeden Mittag die Frau mit dem Ochsenkarren.

Es stand ein Holzbottich mit Suppe darauf, ein Stoß roter Tonschüsseln und eine Menge runder Holzlöffel. Die Schüsseln rochen immer nach Sauerkrautsuppe, auch wenn es wässrige Hirsesuppe gab. Das Essen mit dem Holzlöffel wollte gelernt sein. Wir wurden nie satt. Deshalb hatten wir alle eine tierische Wachsamkeit dafür entwickelt, wo sich die Gelegenheit bot, etwas Genießbares mitgehen zu lassen. Besonders beliebt war die schwarze Gerste. Ich habe sie hier zum ersten Mal gesehen. War davon irgendwo ein Sack abgestellt, so schlichen wir uns wie die Füchse heran und füllten unsere Taschen.

An den Abenden glich unsere Wohnstätte einem Zigeunerlager. Alle waren draußen unter freiem Himmel und überließen die Wanzen in den Erdhöhlen sich selbst. Fast jeder von uns schürte zwischen zwei Erdklumpen ein Feuerchen mit knorrigen Wurzeln, Steppengras oder trockenem Kuhmist. Auf den Schollen lag etwas unsicher ein kleines Stück Blech oder eine verrostete Konservendose. Ein verlokkender Duft stieg aus den Tiegeln, und ein geheimnisvolles Knacken und Krachen mischte sich mit dem Knistern des kleinen Feuers. Quoll das Weiß des Kerns nach außen, dann war die Speise fertig und schmeckte wunderbar. Doch ich hatte nie so viel ergattert, daß ich mich einmal hätte richtig sattessen können. Der Brigadier, den sie „Tschort" nannten, war zur Nacht im Dorf, deshalb konnten wir, wenn es dunkel war, ziemlich ungestört unserer unerlaubten Beschäftigung nachgehen.

Mein sechzehnter Geburtstag kam heran. Auf meine Bitte hin gab mir der alte Brigadier mit Schnurrbart eine leichtere Arbeit an jenem Tag. Ich bekam einen großen Sack, mußte damit über die Steppe ziehen und trockenen Kuhmist sammeln. Das war für die Gemeinschaftsküche das wichtigste Brennmaterial. Ich wagte mich nicht sehr weit von unserem Lager weg. Man konnte sich leicht verirren. Das einzige Orientierungszeichen für mich waren unsere zwei Semljanki, und das war nicht viel. So sammelte ich den ganzen Tag bei glühender Hitze Kuhmist. Ich war froh, als die Sonne untergegangen war und ich meinen letzen Sack in der Küche abliefern konnte. Es fing an zu dämmern, und ich stand in einer Schar Mädchen und Frauen vor dem Eingang zu unserer Semljanka. Plötzlich stand Ferdinand, der Hirtenjunge, in unserer Mitte. Er trug einen riesigen Strauß dorniger Zweige in seinen Armen, die übersät waren mit leuchtend roten Beeren. Wir alle bewunderten den prächtigen Strauß. „Diese Beeren schmecken gut", bemerkte eine der älteren Frauen. Ferdinand hatte den Strauß weit draußen in der Steppe gefunden, wo er mit seiner Herde am Tage vorbeigezogen war. Dann geschah etwas Unerwartetes. Der Hirtenjunge trat rasch auf mich zu, streckte mir den Strauß entgegen und sagte: „Weil du heut' Geburtstag hast!" Dann rannte er davon in die Koppel zu seinen Kühen. Ich war überrascht und sprachlos, drehte mich kurz auf der Hacke um und ging ganz vorsichtig die abgetretenen Lehmstufen hinab. Eine von den vielen Beeren steckte ich sofort in den Mund. Sie war mehlig und schmeckte süß. In der Semljanka war es schon fast ganz dunkel. Ich nahm eine Blechbüchse, steckte den Strauß hinein und stellte ihn dann auf den Fußboden in eine Ecke, damit er nicht umfiel. So hatte ich mir meinen ersten Blumenstrauß in meinen Backfischträumen nicht vorgestellt. Doch ich glaube, ein Rosenstrauß hätte meine Freude nicht überbieten können. Warum hatte Ferdinand den Strauß, den man essen konnte, ausgerechnet mir geschenkt? Die Märchen und Sagen hatten es ihm wohl angetan.

Seitdem Mutter aus dem Krankenhaus zurück war, hatte man ihr eine leichtere Arbeit zugeteilt. Sie war nun Nachtwächterin bei Kühen, Schafen und Kälbern. Ganz in der Nähe unserer Semljanki waren einige Koppeln, die sie zu bewachen hatte. An einem hohen Pfosten waren zwei alte, verrostete Pflugscharen aufgehängt. Daneben lag griffbereit ein Stück Eisen. Damit mußte Mutter Alarm schlagen, wenn Diebe oder Wölfe in der Nacht die Herde bedrohten. Mein Bruder und ich hatten unser Nachtlager direkt unter dem Pfosten zurechtgemacht. Seit Mutter wieder bei uns war, schliefen wir bei ihr und bei der Herde.

Metallen tönte der Alarmruf durch die Nacht. „Was ist geschehen?" „Wölfe!" keuchte die Mutter und hörte nicht auf, die alten Pflugscharen mit dem Eisen zu bearbeiten. Nach einigen Minuten schon war das ganze Lager auf den Beinen. Mit Gabeln, Stangen und wildem Geschrei stürmten die Menschen in die Koppel. Mein Bruder und ich blieben bei der Mutter stehen und hörten dem furchterregenden Lärm aus der Ferne zu. Nach kurzer Zeit war die nächtliche Jagd beendet. Keuchende Männer brachten angerissene Schafe herbeigeschleppt. Die Wölfe waren entkommen. Am nächsten Tag fanden wir Fleischspuren in unserer Mittagssuppe.

„Die besten Brocken sind ins Dorf gewandert," erzählte man sich hinterm Rücken. Doch wünschten wir uns im geheimen, die Wölfe kämen öfter mal bei uns vorbei.

An einem der vielen heißen Tage saß ich in der Mittagspause mit einigen Frauen und Mädchen am Rande des schmalen Baches und beobachtete das gegenüberliegende Ufer. Was war drüben los? Noch nie hatten wir fremde Menschen in unserer Gegend gesehen. Doch nun kamen LKW angefahren, und Männer in heller Kleidung luden lange Bretter ab. Die Frauen, die schon lange hier waren, sagten mit Kennermiene: „Das sind sakljutschonnie" (Strafgefangene). „Was versteht man darunter?" wollte ich wissen. „Diese Männer haben etwas ausgefressen, vielleicht gestohlen oder jemanden umgebracht." „Woher wollt ihr das wissen?" bohrte ich weiter. „Das sieht man doch an der Kleidung", bekam ich zur Antwort. Mit Unbehagen beobachtete ich nun das Treiben auf der anderen Seite. Plötzlich trat einer der hellgekleideten Männer ganz dicht an das flache Ufer heran, legte beide Hände wie einen Trichter an seine Lippen und schrie aus vollem Halse zu uns herüber. Doch kein klares Wort kam bei uns an, denn der Wind fegte an jenem Tag heulend über die Steppe und zerriß seine Worte in unverständliche Fetzen. Dann hörte er auf zu schreien. Aber ich hielt den Atem an, als ich beobachtete, wie er seine Hosenbeine bis zum äußersten hochkrempelte und dann in das Wasser stieg. Mit langen, hohen Schritten watete er unserem Ufer entgegen. Ich erhob mich und trat einige Schritte vom Ufer zurück. Nach kurzer Zeit stand er mitten unter den Frauen und erzählte laut und mit den Händen dazu fuchtelnd. Er sprach russisch, ich verstand kein Wort, obwohl mir die Sprache nicht mehr fremd war. Doch wenn so schnell gesprochen wurde, kam es mir vor wie eine lange Schnur, wie ein einziges Wort. An seinem Mienenspiel und daran, wie sich die anderen dazu verhielten, konnte ich erkennen, daß er nichts Böses im Sinne hatte. Eine der Frauen kramte ein paar rohe Kartoffeln hervor. Doch alle waren ratlos. Wie sollten wir sie kochen. Ein alter Blechtopf und Wasser waren wohl da, doch wir hatten kein Feuer. Der Mann, der über das Wasser gekommen war, wußte Rat. Er setzte sich im Schneidersitz auf die Erde, und wir setzten uns in einem engen Kreis um ihn. Nun zupfte er aus seiner grauen abgesteppten Jacke an einer schadhaften Stelle ein Flöckchen gräulichgelber Watte heraus. Dann fing er emsig an zu reiben. Was hielt er da so krampfhaft zwischen seinen Fingern? Waren es Steine? Es schien ganz gewöhnliches Holz zu sein. Die lockere Watte hielt er dicht an die Reibungsstelle. Manchmal blies er sie behutsam an. Wir warteten mit Spannung auf den ersten winzigen Schein. Es wollte und wollte nicht gelingen. Der Mann rieb eifrig weiter, und wir warteten geduldig. Und wieder blies er in die Watte. Ein Raunen ging in die Runde. Die Watte glimmte – jetzt schon stärker. „Schnell trockenes

Steppengras!" Auf zwei Erdklumpen war der Blechnapf bereitgestellt, trockene Wurzeln und Gras darunter. Ein Wunder war geschehen, denn ein lustiges Feuerchen brannte nun anheimelnd und vielversprechend.

Unser Brigadier näherte sich uns von den Semljanki her. Die Mittagspause war um. Ich lief zu meiner Arbeit und weiß nicht, ob der Sträfling seine Kartoffeln noch in Ruhe essen konnte.

Der Herbst war da, und das Kartoffelroden war die schönste Zeit für uns, gelang es doch manchmal, Kartoffeln zu kochen oder heimlich in der Glut zu bakken. Als wir unsere mühsam herangezogenen Kohlköpfe ernteten, war der Frost schon im Gras und in den Pflanzen. Der Spaten spritzte ab wie von einem Stein, als wir die gefrorenen Krautköpfe abhackten.

Die Arbeit auf der Steppe war für uns zu Ende. So zogen wir eines frühen Morgens wieder zurück in das Dorf. Unsere Bündel und die verrosteten Konservendosen lagen auf dem Ochsenkarren, und wir trotteten langsam nach. Eine dünne Schicht Schnee hatte sich über Steppengras und Dornbüsche gelegt.

Heute findet man auf der Landkarte südwestlich von Karaganda einen schwarzen Punkt. Er fällt in die Größenordnung „Ortschaften bis zu 100 000 Einwohner". Die Strafgefangenen, die wir im Sommer über den Bach hin beobachteten, machten die ersten Spatenstiche für die Stadt, die den Namen Saran trägt. Ich kann in dieser Benennung keine russische Bedeutung finden und nehme deshalb an, daß auch sie dem Kasachischen entnommen ist, wie die meisten Ortsnamen in Kasachstan. Im Jahre 1955 kam ich zufällig durch diese junge Stadt. Wir fuhren mit dem Auto über asphaltierte Straßen an hellen Steinhäusern vorbei über einen großzügig angelegten Platz, dessen Hauptmerkmal ein stattliches Filmtheater war.

Weihnachten 1945

Es war in der Advents- und Weihnachtszeit. Wir lebten nun schon acht Monate in Kasachstan unter den ärmlichsten Verhältnissen. Ein heißer Sommer hatte die letzten Kräfte aufgezehrt, die noch vom Leben vorher in uns waren. Vor vielen Wochen schon hatte glänzend weißer Schnee alles zugedeckt, die schmutzigen breiten Straßen und die Lehmhütten mit den kleinen Türen und winzigen Fensterchen. Eine Gruppe von etwa zehn Frauen und Mädchen hatte man in die Alt-Stadt Karaganda gebracht. Es mußte Weißkohl, zum Teil gefroren, in große Silos zu Sauerkraut eingehobelt werden. Mutter und ich waren auch dabei. Mein Bruder war im Dorf zurückgeblieben. Täglich stapften wir im Gänsemarsch durch den hohen Schnee. Wir gingen schweigend hintereinander. Jeder versuchte im Schutze seines Vordermannes zu bleiben und in seine Fußstapfen zu treten, denn so war es leichter. Unsere europäischen Kleider, zerlumpt und verwahrlost, schienen bei dieser Kälte dünn wie Papier. Der größte Reichtum der Welt wären für mich ein Paar Filzstiefel gewesen, warm und hoch bis an die Knie. Und einen wolligen Schafspelz wünschte ich mir auch!

Diese Gedanken begleiteten mich täglich auf dem Weg durch den Schneesturm, und ich wurde nicht müde, davon zu träumen.

Der Heilige Abend kam immer näher, und Weihnachtsträume, die einmal Wirklichkeit waren, verdrängten jetzt meine Gedanken an Filzstiefel und Pelz. Es gab nichts in der makellos weißen Schneelandschaft, was meine Träume unterbrochen hätte. Immer neu und sauber war der Schnee, denn es schneite jeden Tag, oder der Wind wehte ihn in einem Wirbeltanz durch die Luft, daß man nicht wußte, ob er vom Himmel oder von der weißen Erde kam. Ich freute mich jetzt auf den Gänsemarsch, denn sobald ich durch den Schneesturm stapfte, begannen meine Weihnachtsträume. Alles sah ich deutlich vor mir: den geschmückten Tannenbaum in der warmen Stube, die geheimnisvollen Päckchen darunter, den gedeckten Tisch, die gebackenen Äpfel, den duftenden Braten. Ich glaubte, es fast zu riechen. Und alles war auf einer fleckenlos weißen Tischdecke serviert. Sie war so weiß und sauber wie der Schnee.

Aber der Frost brannte ununterbrochen in meinem Gesicht und stach wie mit tausend feinen Nadeln. Ich rieb, so schnell ich konnte, meine Nase und meine Wangen. Rauh und unbarmherzig war die Wirklichkeit, und ich suchte verzweifelt nach einem Halt, um meine Weihnachtsträume nicht zu verlieren. Doch vergebens, nichts war aus jener Zeit zurückgeblieben. Die eisige Kälte hielt mich jetzt ganz gefangen, und ich spürte sie in allen Gliedern. Verbissen suchte ich nach einem Anhaltspunkt, denn die Wirklichkeit war unerträglich.

Schmerzhaft, erlösend und beglückend zugleich wurde mir plötzlich klar, daß es etwas gab, das auch heute noch seine Gültigkeit hatte.

Etwas Urweihnachtliches! Mehr noch, es war der Grund des ganzen Festes. Man brauchte nicht reich zu sein, um Weihnachtsfreuden zu erleben. Warum hatte ich nicht gleich daran gedacht? Das wußte ich doch. Ich selbst hatte es jedes Jahr, solange ich zurückdenken konnte, unter dem Weihnachtsbaum gesagt. Es kam in jedem Weihnachtslied vor! Und doch schien es mir jetzt wie eine ganz neue Entdeckung:

„... Christ ist geboren! Freue dich! Freue dich!..."

Ich war sechzehn Jahre alt, und diese Erkenntnis schien so gewaltig für mich und lebenswichtig, daß ich beschloß, sie nie mehr zu vergessen. Ich mußte meine Entdeckung in Worte fassen, die sich leicht behalten ließen. Ein Weihnachtsgedicht wollte ich formen, eine wunderbare Beschäftigung auf dem Gänsemarsch durch den Schnee.

Am Heiligen Abend saßen wir alle dicht zusammengedrängt auf dem Lehmfußboden der Semljanka. Es wurde wenig gesprochen, man brütete vor sich hin. Plötzlich stand ich auf und sprach meine Weihnachtsgedanken laut aus, die sich inzwischen fest in mein Gedächtnis eingeprägt hatten:

Traute, Heil'ge Weihnacht!
Kehrst du bei uns ein,
Denken wir der Stunden,
Wie es war daheim.
Als wir freudig standen
Um den Weihnachtsbaum,
An dem die Kerzen brannten.
Heut' ist 's nur ein Traum.
Heut' ist längst verschwunden
Frohe Kinderzeit.
Nichts ist mehr geblieben
Als nur Einsamkeit.

Nur das Jesuskindlein
Stehet vor uns heut',
Wie 's auch hat gestanden
Einst zu freud'ger Zeit.
Heute liegt es wieder
Im Kripplein arm und bloß.
Heute hält 's Maria
Wieder auf dem Schoß.
An es woll'n wir denken
In dieser Traurigkeit,
Denn es soll uns schenken
Die Kraft zum Feste heut'.
Jesus ist gekommen
Zu uns groß und klein,
Daß wir alle werden
Ewig immer sein.
Darum laßt uns freudig
Das heut'ge Fest begehn
Und in tiefer Erinn'rung
Heimat-Weihnacht sehn!

In den ersten Tagen des Jahres 1946 packten wir unsere Bündel und machten uns für den Rückweg in die Sowchose reisefertig. Doch zuvor wollten Mutter und ich auf den „großen Basar". Schon öfter hatten wir von ihm gehört. Es war der größte Markt weit und breit. Aus einem Umkreis von Hunderten von Kilometern kamen Menschen aller Rassen und Nationen hier zusammen. Es gab angeblich alles zu kaufen: Kleider und Schuhe, Lederstiefel und Filzstiefel in allen Preislagen, Mehl, Wassermelonen und sogar Äpfel. Es gab Federbetten und Nähmaschinen, neue und gebrauchte Ware. Doch noch etwas machte den großen Bazar so anziehend für die vielen zwangsverschickten und verschleppten Menschen. Es war der Ort der Begegnungen. Schon viele, die sich für immer verloren glaubten, haben sich hier wiedergefunden. Da wir nun in der Alt-Stadt Karaganda waren, wollten wir diese Gelegenheit nicht ungenützt lassen. Es gab wohl kaum Filzstiefel, die so billig waren, daß wir sie hätten kaufen können. Doch hofften wir im geheimen, ein bekanntes Gesicht zu entdecken.

Wir gingen die breiten verschneiten Straßen und an Häusern entlang, die Hütten zum Verwechseln ähneln. Ab und zu überragte ein Haus aus Holz oder Stein die anderen, ein Verwaltungsgebäude zum Beispiel, wie man an der angebrachten Tafel in zwei Sprachen, kasachisch und russisch, erkennen konnte.

Bald erblickten wir ein fast unübersehbares Menschengewimmel am Rande der Stadt. Wir gingen darauf zu, während die anderen von unserer Brigade im nahen Bahnhofsgebäude auf uns warteten. Mutter und ich drängelten uns in das Gewühl. Wir blieben vor einem schönen Wintermantel mit Silberfuchskragen stehen. Sehnsüchtig bestaunten wir die vielen Filzstiefel, die hoch in die Luft geschwenkt wurden. Auch Schafpelze gab es zu kaufen, das warme Fell nach innen gekehrt. Es waren die Dinge, von denen ich träumte. Doch wenn Mutter nach dem Preis fragte, wurde uns klar, daß dies alles für uns Träume bleiben mußten. Unsere Arbeit wurde auf der Sowchose zwar mit Geld entlohnt, zwischen zweihundert und dreihundert Rubel im Monat, doch blieb davon nicht viel übrig, wenn das Geld für Brot und die tägliche Suppe abgezogen war. Ich kann mich entsinnen, daß wir in manchen Monaten sogar noch etwas schuldig geblieben sind. Für einen Wintermantel verlangte man hier 1000 Rubel und mehr, für ein Paar Filzstiefel etwa 300 Rubel.

Fest untergehakt, um uns nicht zu verlieren, drängelten wir uns weiter durch die fremden Menschen. Plötzlich blieb ich wie angewurzelt stehen: „Mama, schau! Meine Strickjacke!" Ein paar Schritte vor uns ging eine Frau. Sie trug etwa sechs verschiedene Strickjacken, auf Kleiderbügeln sorgfältig aufgehängt, und zeigte diese werbend den Vorübergehenden. Doch eine von diesen Jacken war meine. Es gab keinen Zweifel. Mutter hatte sie mir noch zu Hause aus weißer Wolle im Trachtenstil gestrickt. Vorderteil und Ärmel waren mit bunten Blümchen bestickt. Heute morgen noch vor der Abreise hatte ich sie verzweifelt gesucht. Es war mein bestes Stück. Immer stopfte ich sie in den Sack, wenn ich sie nur entbehren konnte, um sie von Läusen und Schmutz möglichst fernzuhalten. Doch heute morgen war sie spurlos verschwunden, und alles Nachforschen und Fragen half nichts. Daß ich meiner Jacke hier auf dem großen Basar begegnen würde, habe ich im Traum nicht gedacht. Wir gingen mutig näher und fragten nach dem Preis. „350 Rubel", war die kurze Antwort, denn es war uns anzusehen, daß wir sie niemals hätten kaufen können. Wie schwierig es war, der Frau klarzumachen, daß dies eigentlich meine Jacke war, kann ich kaum beschreiben. Von zwei jungen Mädchen habe sie die Jacke für 200 Rubel heute morgen erstanden, sagte die Frau. Schließlich begleitete sie uns zu dem kleinen Bahnhofsgebäude, wo unsere Gruppe versammelt war. Kaum hatten wir den Raum betreten, so zeigte die Händlerin auf zwei Mädchen. Die saßen dicht aneinandergedrängt auf der Holzbank. Es gab einen heftigen lauten Wortwechsel. Die beiden Mädchen sprachen gut russisch, obwohl auch sie Deutsche waren. Ich aber verstand von dem ganzen Zank so gut wie nichts. Doch als die Frau mit meiner Jacke den Bahnhof verließ und mit langen Schritten wieder dem Basar zueilte, da wußte ich, daß ich meine Strickjacke für immer verloren hatte. Die Mädchen aber schrien zu uns herüber, sie wüßten von der ganzen Sache nichts und wie wir so etwas behaupten könnten.

Als wir gegen Abend, müde und durchgefroren die Sowchose erreichten, waren die beiden Mädchen schon da. Sie waren der Gruppe vorausgeeilt. Unglücklicherweise wohnten wir alle in einer Semljanka. Sie saßen mit ihren Müttern auf dem Fußboden und empfingen uns mit derben Flüchen und einem Donnerwetter, wie ich es nie zuvor gehört hatte. Als wir uns zu verteidigen versuchten, schrie eine der Frauen: „Wenn ihr nicht sofort Ruhe gebt, werden wir euch mit Knüppeln zum Schweigen bringen!" Es war sinnlos, wir waren zu schwach und zu unbeholfen, um uns zu wehren. Doch Mutter hat in dieser Nacht den festen Entschluß gefaßt: „Morgen in der Frühe, bevor es in der Semljanka Tag wird, werden wir das Dorf Wolynka verlassen."

Als wir meinen Bruder fragten, wie es ihm die Zeit ohne uns ergangen sei, wußte er von einem Höhepunkt zu berichten: „Ich hab' gebratenes Fleisch gegessen", sagte er zufrieden. „Woher hattest du Fleisch?" fragten wir höchst erstaunt. Und er berichtete: „Ich mußte eine geschlachtete Sau vom Stall zum Lagerhaus bringen. Bevor ich mit dem Wagen losfuhr, gab mir ein älterer Mann den Tip, nicht dumm zu sein und mir ein Stück von dem frischen Fleisch abzuschneiden. ‚Immer schön um den Hals herum, dort wo der Kopf abgeschnitten wurde, da merkt es keiner!' hat er gesagt. Und so hab' ich es dann auch gemacht." „Aber wie hast du das Fleisch gebraten?" fragte ich ganz erstaunt, denn ich konnte mir nicht vorstellen, wie mein zwölfjähriger Bruder einen Schweinebraten fertigkriegen wollte. „Oh", sagte er unbekümmert, „das war nicht schwer. Ich habe das Fleisch in kleine Stückchen geschnitten, in unsere Konservendose getan, dann auf den Ofen gestellt und immer feste drin rumgerührt, damit es nicht anbrennen konnte. Das war vielleicht ein Duft in der ganzen Semljanka!" schloß er seinen Bericht. Uns allen lief das Wasser im Mund zusammen.

Es war am 6. Januar 1946, an einem klaren, windstillen und frostigen Morgen. Mutter, mein Bruder und ich, jeder ein kleines Bündel auf den Rücken geschnürt, marschierten tapfer voran, als gelte es, die ganze Welt zu umschreiten. Zwischen den vielen Schneeverwehungen, die die Steppe bedeckten, fanden wir immer wieder leergefegte Stellen, auf denen man deutlich Schlittenspuren erkennen konnte, jedesmal ein Beweis dafür, daß wir nicht vom Weg abgekommen waren. Schaute ich zurück, so lag das Dorf farblos und verschwommen in der weißen Ferne.

Plötzlich löste sich ein dunkler Punkt von den Häusern der Siedlung und kam rasch näher und näher. Ein Schlitten! Wollte man uns zurückholen? Nach kurzer Zeit blieben die Pferde dicht neben uns stehen. Ein Mann und eine Frau saßen auf einem hohen Berg von Stroh. Sie schrien zu uns herunter: „Kuda?" (Wohin?). Zielbewußt antworteten wir: „Nowiy gorod Karaganda!" (Neu-Stadt Karaganda) „Dawai, dawai!" (etwa: Auf,auf!) „Kriecht auf den Schlitten, es ist kalt! Wir fahren in dieselbe Richtung." Schnell saßen wir bis an beide Ohren im wärmenden Stroh und vertrauten guten Mutes auf den sicheren Instinkt der Steppenpferdchen und auf die gute russische Seele des bärtigen Mannes.

Fremd bist du, kalte kasachische Stadt!
Werde ich jemals dein Leben ergründen?
Enttäuschung und Liebe müssen sich finden,
soll sich mein Schicksal mit deinem verbinden.

Lucie K.

Ankunft in der Stadt Karaganda Januar 1946

Groß-Michailowka, ein Dorf aus der Zarenzeit

Das Gitter an dem kleinen Fenster unserer Behausung war aus Eisenstäben so dick wie mein Finger. Wenn ich im Stehen meinen Arm ausreckte, konnte ich bequem die weißgetünchte Decke erreichen, die von einem starken Pfosten gestützt wurde. Ein kleines, auf der Spitze stehendes Quadrat war in Augenhöhe in die Tür geschnitzt zur Beobachtung der Gefangenen. Ein Gefängnis? Nein, denn die Tür war nicht verriegelt, kein Gefängnis mehr. Es war nun ein Wohnraum für Arbeiter des großen Chirurgischen Krankenhauses Nummer 1 der Neu-Stadt Karaganda.

Wir hatten es geschafft. Unser Wunsch war in Erfüllung gegangen. Wir lebten und arbeiteten nun in der Stadt, die Mutter im letzten Sommer bei ihrem Krankenhausaufenthalt kennengelernt hatte. Genau genommen, wohnten wir in dem Dorf Groß-Michailowka, das zur Zarenzeit von Sträflingen erbaut worden war. Deshalb sahen die Häuser genau so aus wie die in Wolynka und in der Alt-Stadt Karaganda. Sie waren aus Lehm und halb in die Erde gegraben. Es waren Semljanki, nichts weiter. Nur einzelne Stein- und Holzhäuser überragten die Lehmhütten. Das Chirurgische Krankenhaus war das stattlichste von allen und weithin zu sehen. Groß-Michailowka gehört zur Neu-Stadt Karaganda. Auf der Adresse steht lediglich eine Acht hinter dem Ortsnamen Karaganda, eine Orientierungszahl für die Post. Daß mit dieser unscheinbaren Acht das alte Dorf gemeint ist, wissen nur Eingeweihte.

Eine breite Asphaltstraße, von beiden Seiten mit jungen Bäumchen bepflanzt, verbindet das Dorf mit der neuen Stadt. Gleich an der linken Seite, da wo die Lehmhütten des Dorfes zu Ende sind, steht eine neue Schwestern- und Hebammenschule. Dann führt die Straße mehrere hundert Meter über freies Feld und über eine breite niedrige Brücke. Es wurde mir nie so richtig klar, ob darunter ein richtiger Fluß war oder nur eine Niederung, in der sich im Frühjahr die Schmelzwasser sammelten. Im Sommer war das Bett ausgetrocknet und von breiten Rissen zerklüftet. Bald nach der Brücke beginnen auf der linken Seite große Kaufhäuser und mehrstöckige Wohnblocks. Schaut man die breite asphaltierte Straße geradeaus, so fällt der Blick auf einen stattlichen Säulenbau, ein Verwaltungsgebäude, direkt davor eine Grünanlage mit Sträuchern und niedrigen Stauden.

Im Jahre 1946 war die Stadt noch so klein, daß man in kürzester Zeit alle Straßen durchwandern konnte. Ich war immer wieder überrascht darüber, daß es keine Lehmhäuser und keine schmutzigen Straßen in der Stadt gab. Sträucher und frisch angepflanzte Bäumchen waren keine Seltenheit.

Lucie Kämmler vor der Semljanka (Lehmhütte) im Stadtteil Groß-Michailowka

Es lag nun schon einige Monate zurück, seit wir die Sowchose auf eigene Faust verlassen hatten. Mutter fragte damals den alten Brigadier: „Was geschieht, wenn man uns erwischt?“ „Das weiß ich nicht genau“, hatte er geantwortet, „doch die Zeit ist günstig. Unser bisheriger Natschalnik wurde abgelöst, und der neue ist noch nicht da.“ „Ich weiß nichts von eurer Flucht“, hatte er augenzwinkernd gesagt, und Mutter verstand. Es war das erstemal, daß wir uns aus der Gemeinschaft der Verschleppten lösten. Wir kamen uns deshalb damals ziemlich ratlos vor, als wir vom Strohschlitten rutschten und obdachlos im Schneegestöber durch die fremden Straßen des Dorfes wanderten, bis Mutter auf den rettenden Gedanken kam, Frau R. und ihren Sohn Erwin im Typhuskrankenhaus aufzusuchen. „Die Frau, die ihr sucht, ist schon lange tot“, berichtete man uns dort. „Und ihr ‚syn‘ (Sohn), der hat sich prächtig erholt“, sagte wohl die Oberschwester, denn sie deutete mit den hohlen Handflächen auf ihrem Gesicht zwei Pausbacken an. Ja, mit der Verständigung klappte es nicht sonderlich gut zwischen uns. Plötzlich rief die Oberschwester durch den langen dunklen Flur: „Tjotja Erna!“ (Tante Erna) Eine auffallend dicke Frau mit roten Wangen, in weißer Kittelschürze und weißem Kopftuch erschien nach kurzer Zeit in der Tür. „Toshe njemka“ (auch eine Deutsche), sagte die Oberschwester und deutete mit einer Kopfbewegung auf Tjotja Erna. Wir bestürmten diese Frau nun mit Fragen. So erfuhren wir unter anderem, daß sie aus dem Kaukasus stammte und seit Kriegsbeginn (1941) mit ihrem kleinen Jungen, Otto, hier lebte. Von ihren Angehörigen wußte sie nichts. „Hungern braucht man hier nicht, denn im Krankenhaus fällt immer etwas ab.“ Mit diesen beruhigenden Worten schloß sie ihren Bericht. Bald wurde auch der elfjährige Erwin herbeigeholt. Er trug einen dunkelblauen Morgenmantel aus Flanell, der ihm bis auf die Füße reichte. Sein Gesicht war rund und rosig und seine Hände weiß und zart. Beschämt vergrub ich meine blaugefrorenen rissigen Hände tief in meinen Taschen. Auf unsere deutschen Fragen antwortete er mit russischen Worten.

„Ob man auch für uns hier Arbeit hat?“ Tjotja Erna übersetzte Mutters Frage sofort der Oberschwester. Mit klopfenden Herzen hingen wir an ihren Lippen. Die Oberschwester lächelte ein wenig und schaute uns lange mitleidig an. Dann redete sie mit Tante Erna. In drei Tagen sollten wir wiederkommen. Der Chefarzt sei zur Zeit nicht da. Doch dann wolle sie selbst mit uns zu ihm gehen. Es ließe sich bestimmt was machen. „Bolschoi spasiba! Bolschoi spasiba!“ (Großen Dank, besten Dank!), sagten wir einige Mal hintereinander und gingen dann wieder hinaus auf die winterliche Straße. Drei große Wasserpfützen blieben auf dem braungestrichenen Fußboden des Krankenhauses zurück. In Gedanken sah ich, wie Tjotja Erna einen Wischlappen holte und alles wieder in Ordnung brachte.

Der sechste Januar, der Tag unserer Flucht von Wolynka, ging zu Ende. Es wurde früh dunkel, und der Buran (Schneesturm) fegte mit lautem Heulen durch die Straßen. Aber uns konnte er nicht mehr gefährlich werden, denn wir hatten ein Dach über dem Kopf. Eine fremde deutsche Frau hatte uns von der Straße weg mit zu sich genommen.

Auf dem breiten Fenstersims der Semljanka saßen zwei kleine Mädchen und hauchten Gucklöcher in die vereisten Scheiben. Plötzlich ein Jubelschrei: „Babuschka kommt!" (Großmutter kommt!). Sie hüpften vom Fensterchen und rannten zur Tür. Mit großer Anstrengung schoben sie den großen Riegel zurück. Die Tür wurde aufgestoßen, und ganz deutlich hörte man das Heulen des Burans. Eine Bettlerin zwängte sich durch die niedrige, schmale Tür. Die Kinder klopften mit dem Karaganikbesen den Schnee von den Kleidern und halfen ihr eifrig, die schweren Filzstiefel von den Füßen zu ziehen. Während die Frau noch ihre steifen Finger über der Herdplatte rieb, schleppten die Mädchen den Sack, den sie abgestreift hatte, auf das Bett. Schließlich saßen sie alle drei über den ausgeschütteten Habseligkeiten. Die Augen der Kinder glänzten vor Freude über die vielen Dinge, die Großmutter mitgebracht hatte. Aber noch vier hungrige Augen staunten über den Reichtum aus dem Bettelsack, mein Bruder und ich. Wir saßen auf dem Fußboden ganz dicht neben dem Bett und schauten heimlich zu, wie die alte Frau und ihre beiden Enkel die Beute Stück für Stück begutachteten. „An diesem Heringskopf ist noch ganz schön was dran. Diese Brotbrocken sind zwar alt, aber verschimmelt ist keiner. Und was zu hart zum Kauen ist, kann man in heißes Wasser tauchen", sagte die Großmutter. Plötzlich ein Freudenschrei! Eine schöne gesunde Zwiebel war auch dabei. Und was ist denn da in einen Fetzen Stoff gebunden? „Salz", sagte die Großmutter. „Ja, man muß an alles denken." Währenddessen knabberten die Kinder an einem Kanten von diesem Brot. Sie waren derart mit sich selbst beschäftigt, daß sie unsere Gegenwart ganz vergessen hatten. Plötzlich fiel der Blick der alten Bettlerin auf uns beide. Beschämt schauten wir zu Boden. Doch dann streckte sie ihren mageren Arm zu uns herab und reichte uns zwei Brocken von dem erbettelten Brot. Ihr hexenähnliches Gesicht, das ich eigentlich ein wenig fürchtete, war von einem milden Lächeln erhellt. Wir sagten: „Danke."

Doch sie schien es nicht zu hören und wandte sich gleich wieder ihren Enkeln zu. Hatten wir etwas Falsches gesagt? Nun knabberten auch wir an dem knochenharten Brot. Und dann kam wieder die alte Hand zu uns herab und streckte uns einen Heringskopf entgegen. Ohne etwas zu sagen, griffen wir danach und lutschten nun abwechselnd daran, mal mein Bruder, mal ich.

Doch Babuschka konnte noch mehr als betteln. Davon sollten wir am selben Abend noch Zeuge werden. Ihre Tochter, die Mutter der zwei Mädchen, kam von der Arbeit zurück. Sie stürzte gleich auf Babuschka zu und redete lange und eindringlich auf sie ein. Es war ein Gemisch aus Deutsch und Russisch. Wir hatten keine Ahnung, um was es ging. Plötzlich sagte die Frau zu ihren Kindern und zu uns, wir sollten jetzt alle schön ruhig sein, denn Babuschka müsse nun wahrsagen. Meine Mutter, mein Bruder und ich, auf dem Boden sitzend, zogen unsere Beine an, denn die Tür ging auf und eine fremde Frau betrat den engen Raum. Sie trug ein kleines Paket unter dem Arm. Babuschka sah ihr erwartungsvoll entgegen. Ich konnte mich nicht entsinnen, jemals etwas Spannenderes gesehen zu haben, denn eine richtige Wahrsagerin saß vor uns. Es war wie im Märchen. Wir ließen kein Auge von den flinken Händen der Großmutter. Sie kramte alte Karten hervor und legte sie in kunstvoller Weise auf dem Tischchen auseinander. Dann las sie in den Handflächen der jungen Frau. Wie habe ich es bedauert, daß alles russisch gesprochen wurde und ich so gut wie nichts verstand. Doch als Babuschka einen Kerzenstummel anzündete, einen alten Spiegel auf den Tisch stellte und die Frau und den Spiegel mit einem schwarzen Tuch zudeckte, standen wir alle ganz dicht um das Tischchen gedrängt und lauschten atemlos der dumpfen Stimme unter dem schwarzen Tuch, die immer wieder auf Babuschkas Fragen anworten mußte. Die fremde Frau verließ zufrieden das Zimmer, doch ihr Paket mit Eßwaren wurde von der Großmutter und ihrer Familie freudig ausgepackt. Sie lachte spitzbübisch und zwinkerte ihrer Tochter zu. Mir kam es vor, als wollte sie sagen: „Wenn die Menschen so dumm sind! Jeder muß auf seine Weise durchkommen." Als sich die vier Personen auf den beiden Eisenbetten zur Ruhe gelegt hatten, machten wir auch unser Lager auf dem Fußboden zurecht. Es war gerade so viel Platz, daß wir uns bequem ausstrecken konnten.

Draußen heulte der Buran um die Lehmhütte, doch in dem kleinen Raum der Semljanka war es warm. Übermorgen durften wir ins Krankenhaus kommen. Mit diesem hoffnungsvollen Gedanken schlief ich schnell und mit einem Hauch von Wohlbehagen ein.

Ein Blick in das Schlaraffenland

Von dem Duft leckerer Speisen und von dem ungewohnten Anblick überwältigt, blieb ich wie angewurzelt im Türrahmen stehen. Mein Blick fiel auf einen großen weißgescheuerten Tisch. Aber was war denn das? Da lagen, gefaltet wie Servietten, einer den andern halb verdeckend, goldgelb gebackene Pfannkuchen! Unzählige warme, duftende Pfannkuchen! Eine Köchin in weißer Kittelschürze und weißem Kopftuch stand hinter dem Tisch, und vor ihr lag noch ein ganzer Berg hellbrauner Pfannkuchen. Wie gebannt, schaute ich auf ihre flinken Finger, die einen nach dem andern von dem runden Turm nahmen und, als Dreieck gefaltet, zu den andern legten. Jetzt erst bemerkte ich den großen Herd, der mitten in dem hellen Raum der Krankenhausküche stand. Sein Zug führte unter dem Fußboden zum Schornstein hin, und seine Platte war so groß wie zwei aneinander gestellte Tische. Große viereckige Bratpfannen bedeckten die ganze heiße Oberfläche, und portionengroße Fleischstücke schmorten in einer braunen Soße. Der starke Duft nach Braten kroch durch meine Nase bis in den Magen. War ich ins Schlaraffenland geraten? Man nahm mich bei der Hand und führte mich in einen kleinen Nebenraum. Ein brauner Schrank und ein sehr langes dreistöckiges Regal für Kochtöpfe füllten das Zimmer. Ein Holzschemel wurde mir hingeschoben, und dann stellte man einen kleinen, hellblauen, emaillierten Kochtopf vor mich auf den kleinen Tisch. Das Töpfchen war bis zum Rand mit heißem Grießbrei gefüllt. Etwa zwei tiefe Teller voll mochten es gewesen sein. Ein Stückchen gelbe Butter schmolz auf der Oberfläche des duftenden Milchbreis. Ich nahm den leichten Aluminiumlöffel und tauchte ihn hastig in die cremige weiße Masse. So sehr ich mich auch anstrengen mochte, ich konnte mich nicht mehr entsinnen, wann ich zum letztenmal richtigen Grießbrei gegessen hatte. Sollte das meine neue Arbeitsstelle werden? Ich konnte es noch nicht fassen.

Es war kaum eine Stunde vergangen, seit die Oberschwester des Typhuskrankenhauses ihr Versprechen eingelöst und uns dem Chefarzt vorgeführt hatte. Wir marschierten gemeinsam. Ganz vorne ging die Oberschwester. Sie hatte den Pelzkragen ihres dunkelblauen Wintermantels hochgeschlagen und ein flauschiges hellbraunes Tuch aus Wolle schützend um den Kopf gebunden. An den Füßen trug sie zierliche dunkelbraune Walenki aus feinem Filz, bei denen die Ferse zu einem Absatz ausgearbeitet war. Doch dann stapfte sie bis an die Knöchel im Schnee und wir drei, meine Mutter, mein Bruder und ich, im Gänsemarsch hinter ihr. Wir gingen vermutlich einen Abkürzungsweg, denn der getrampelte Pfad im Schnee schlängelte sich dicht an niedrigen Lehmhütten vorbei, die mit ihren

Fensterchen verschlafen unter gewaltigen Schneemassen hervorlugten. Es schneite noch immer, und ich schaute vor mich auf den Weg, um meine Schuhe nicht unnötig mit Schnee zu füllen. Als ich zufällig meinen Blick nach oben richtete, war ich überrascht, denn ein zweistöckiger Bau erhob sich vor meinen Augen. Wir gingen genau darauf zu. Das war das Chirurgische Krankenhaus, in dem der Chefarzt, der auch dem Typhuskrankenhaus vorstand, sein Empfangszimmer hatte, sein „Kabinett", wie man auf russisch sagte. Nachdem wir uns den Schnee sorgfältig von Kleidern und Schuhen geklopft hatten, gelangten wir über eine breite Treppe und eine doppelte Glastür in ein geräumiges Vestibül (auch im Russischen der gebräuchliche Ausdruck für Vorhalle). Ein großer Spiegel, der fast bis zur Erde reichte, stand in der einen Ecke. Auf der rechten Seite befand sich eine lange Garderobe. Während wir drei gleich neben dem Eingang scheu stehenblieben, verschwand die Oberschwester hinter einer hohen weißen Tür mit einer blinkenden gelben Messingklinke.

Einige Minuten später standen auch wir in dem Kabinett des Chefarztes. Nie in meinem Leben kam ich mir so fehl am Platze vor wie damals. In Opas hohen Schuhen, die seit einem Jahr keine Schuhcreme mehr gesehen hatten, in meinen abgetragenen und viel zu weiten Kleidern stand ich auf einem weichen rotgemusterten Perserteppich! Ich mußte darauf stehen, denn der Teppich war so groß, daß er den ganzen Raum ausfüllte. Nur an den Wänden entlang war ein schmaler Rand eines hellen glänzenden Parkettfußbodens zu sehen. Auf der linken Seite standen einige rote Plüschsesselchen und in der linken Ecke des Raumes eine riesengroße Zimmerpflanze. Sie sah aus wie die Krone eines Baumes. Ihre grünen glänzenden Blätter standen in märchenhaftem Kontrast zu Schnee und Eis hinter den Fenstern. (Später erfuhr ich, daß sie „Kitaiskaja rosa" – Chinesische Rose – hieß, und ich sah, daß sie viele leuchtend rote Blüten trug.)

Direkt vor uns war ein heller Schreibtisch, und dahinter saß der Chefarzt. Ein gütiges Lächeln lag auf seinem Gesicht. Er hatte leicht ergrautes, sorgfältig gescheiteltes Haar und trug einen weißen, vorne geknöpften Kittel, durch den man deutlich die Konturen eines gut sitzenden Anzugs erkennen konnte. Weißes Hemd und dunkle Krawatte machten einen gepflegten Eindruck.

Es wurde lange über uns verhandelt. Doch als wir das Kabinett verließen, war alles klar: Wir durften alle drei bleiben. Für jeden war eine Arbeit bestimmt worden: Mutter wurde Sanitärin (Krankenpflegerin und Gehilfin der Schwestern). Mein Bruder wurde Wasserfahrer und Kutscher des Chefarztes, und mich hatte man als Geschirrwäscherin und Heizerin für die Krankenhausküche bestimmt. Fürwahr, ich hatte das größte Los gezogen.

Man hatte noch keinen Wohnraum für uns. So verbrachten wir die erste Nacht in den Büroräumen das Krankenhauses. Sie befanden sich in einer Holzbaracke unweit des großen Krankenhausbaues. Während wir uns in den beiden Räumen umsahen und angestrengt überlegten, ob wir auf den Schreibtischen oder lieber auf dem Fußboden schlafen sollten, ging plötzlich die Tür auf, und eine kleine Frau in Wattejacke, wollenem Kopftuch und großen Filzstiefeln betrat den Raum. Sie schloß die Tür und tat so, als wäre sie zu sich nach Hause gekommen. Bald machte sie uns klar, daß auch sie heute die Arbeit im Krankenhaus angetreten hatte und heute nacht hier schlafen dürfe. Mein Blick fiel auf ihren Rock, der unter der Wattejacke hervorlugte. Er war von verwaschenem weißem Stoff. Als sie ihr großes Kopftuch löste, trug sie darunter ein kleines, dünnes Tüchlein. Es war fest auf den Kopf gebunden, und vorne wurden kurze Haarstoppeln sichtbar. Man hatte ihr vor kurzer Zeit die Haare geschoren. Immer mehr kam mir zum Bewußtsein, daß wir eine ehemalige Strafgefangene (Sakljutschonnaja) zur Gefährtin hatten. Ich ließ sie nicht mehr aus den Augen und beobachtete alles, was sie tat. Jetzt ging sie zur Tür und untersuchte das Schloß. Von innen war ein einfacher Handgriff anmontiert – und von außen? Auch ich streckte den Kopf durch die geöffnete Tür: zwei Metallbügel für ein Vorhängeschloß, nichts weiter. Die kleine Frau schaute sich noch einmal die Tür von innen an. Es blieb dabei: kein Haken, kein Riegel. Die Tür war von innen nicht verschließbar. Ein leichtes Lächeln huschte über ihr rundes nachdenkliches Gesicht, und dann stöberte sie emsig all ihre Taschen durch. Schließlich brachte sie einen kleinen Knäuel zum Vorschein. Es war eine zusammengewickelte dicke Schnur. Was sollte nun geschehen? Unsere Schlafgenossin band das eine Ende der nicht sehr langen Schnur an die Türklinke und das andere an ihr eigenes Handgelenk. Dann machte sie sich ihr Lager auf dem Fußboden zurecht, unweit der Tür, wie es die Umstände geboten. Nun war alles in Ordnung. Niemand konnte unbemerkt unseren Raum betreten. Mit gemischten Gefühlen legten auch wir uns auf den Fußboden zum Schlafen nieder. Doch ich konnte lange keine Ruhe finden, denn ich war von dem Gedanken besessen, daß heute nacht bestimmt jemand an der Schnur ziehen und die kleine Frau unsanft aus dem Schlaf rütteln würde. Aber es ging alles gut, und wir schliefen ungestört bis zum Morgen. Noch einige Nächte verbrachten wir notgedrungen mal im Badezimmer des Krankenhauses, dann wieder auf dem Fußboden bei irgend einer Familie, die im Krankenhaus arbeitete. Unsere Strafgefangene von der ersten Nacht hatten wir ganz aus den Augen verloren, bis zu jenem Tag, als man uns in einen leeren Raum führte. Er war dunkel und niedrig, und es waren Eisengitter an den kleinen Fenstern. Das Guckloch an der Tür war mit einem dünnen Brettchen zugenagelt, denn der Raum war längst kein Gefängnis mehr. Wir waren sehr froh, endlich eine feste Bleibe zu haben. Und als man uns alte Eisenbetten aus dem Krankenhaus brachte, dazu Leinenhemden, wie sie die Kranken trugen, und ein weißes Waffelhandtuch, da waren wir überglücklich. Unsere drei Betten stellten wir an den Wänden entlang auf. Doch bald wurde an der einen freien Stelle unter dem einen Fensterchen noch ein Lager aufgeschlagen. Wer sollte mit uns wohnen?

Wir erkannten sie sofort wieder, als sie den Raum betrat. Es war unsere Schlafgenossin von der ersten Nacht, die Strafgefangene. Mit einem freundlichen Lächeln fragte sie nach unseren Namen und sagte, auf sich selbst zeigend: „Motja". Wir lebten einige Jahre mit ihr in diesem Raum zusammmen. Sie war friedlich und genügsam, und ich kann mich an keinen unliebsamen Wortwechsel mit ihr erinnern. Sie war sauber und ordentlich an sich selbst. Und war sie an der Reihe, den Fußboden zu scheuern, so tat sie das gewissenhaft und gründlich. Sie erzählte uns später, daß sie viele Jahre im Gefängnis zugebracht hatte, verurteilt wegen Mordes. Sie war dabei, als ein Getreidelager beraubt und der Wächter erschlagen wurde. „Es war in den Hungerjahren vor dem Krieg", sagte sie gelassen, so als erzähle sie uns vom letzten Landregen. Sie trug noch lange Zeit ihre farblosen und verräterischen Sträflingskleider. Doch das kümmerte sie wenig. Für das Geld, das sie verdiente, kaufte sie auf dem „Schwarzen Markt" Weizenmehl, machte mit Wasser und Salz einen Teig und buk auf der Herdplatte tellergroße „Pyschki" (Fladen) daraus. Diese stapelte sie mit sichtlichem Besitzerstolz auf ihrem breiten Fenstersims zu einem hohen Turm. Wenn sie zu Hause war, verließ sie ihr Bett nur zum Pyschkibacken.

Schlief sie nicht, so saß sie im Schneidersitz im Bett und kaute genüßlich an den frischen Pyschki, oder sie kaute Sonnenblumenkerne. Doch manchmal beobachtete sie Mutter und mich so aufmerksam beim Nähen oder Stricken, daß sie im Kauen innehielt und schüchtern einige Fragen stellte.

Endlich war auch die Zeit gekommen, daß der Kampf mit den Läusen nicht mehr erfolglos blieb. Wir hatten notdürftig Wäsche zum Wechseln und konnten regelmäßig im Krankenhaus in einer weißen Wanne baden. Auch Seife war kein Fremdwort mehr für uns.

Ich wollte es zuerst nicht glauben, doch es stimmte wirklich. Wenn ich einen Tag in der Krankenhausküche gearbeitet hatte, so war ich zwei Tage darauf frei. Arbeitete ich zum Beispiel am Montag, so mußte ich erst am Donnerstag wieder zur Arbeit erscheinen. Und so verlief meine Arbeitszeit in gleichmäßigem Rhythmus über die Sonn- und Feiertage hinweg. Nach dem gleichen System arbeiteten auch die Sanitärinnen des Krankenhauses, und dazu gehörte Mutter. Als ich erstaunt fragte, wie so etwas möglich sei, bekam ich eine ganz einfache Erklärung dafür: Meine Arbeitszeit betrug nicht einen Tag, wie ich glaubte, sondern eine „Sudka". Das ist das russische Wort für einmal rund um die Uhr, 24 Stunden also. Verteilt man nun diese 24 Stunden auf drei Tage, zum Beispiel auf Montag, Dienstag und Mittwoch, so erhält man für jeden Tag acht Stunden, einen vollen Arbeitstag.

Natürlich arbeiteten wir nicht die ganze „Sudka" durch. Es bot sich immer wieder Gelegenheit, einige Stunden in der Nacht zu schlafen. Daß ich dabei mein Lager auf dem Fußboden oder auf irgendeinem Regal zurechtmachte, kam mir damals nicht sonderlich ungewöhnlich vor. Auch in den Betten in unserem Zimmer schlief man nicht viel weicher als auf dem Fußboden, denn die Betten hatten keinen Rost mehr. Wir hatten lange Bretter hineingelegt. Es hatte viel Anstrengung gekostet, bis Mutter für jeden von uns einen Strohsack anfertigen konnte. Diesen füllten wir mit Heu oder Stroh im Wirtschaftshof des Krankenhauses. Man mußte den Inhalt nach kurzer Zeit wechseln, denn recht schnell war er zu Spreu zerdrückt. Es war für mich immer ein Festtag, wenn ich meinen Strohsack mal wieder neu gefüllt hatte. Dann breitete ich mein frischgewaschenes und gebügeltes Laken darüber und ließ mich hineinfallen wie in ein Daunenbett. Aber ich muß gestehen, es war nicht ganz so weich. Und manchmal stach eine Distel so unverhofft, daß ich mit einem Satz aus meinen erträumten Daunen wieder hochfuhr.

Zwischenfälle in der Krankenhausküche

Es war an einem der vielen Wintertage in Karaganda. Den ganzen Nachmittag hatte der Schneesturm getobt und konnte auch in den Abendstunden nicht zur Ruhe kommen. Ich hatte Mühe, auf dem richtigen Weg zu bleiben, als ich gegen sieben Uhr abends den Weg zur Krankenhausküche antrat.

Jetzt zeigte unsere Küchenuhr mit den schweren länglichen Gewichten eine Stunde nach Mitternacht. Ich war mit meiner Arbeit fertig und machte mir ganz in der Nähe des warmen Herdes ein Lager zurecht. Der frisch gescheuerte Fußboden leuchtete weiß und einladend. Die Köchin stand noch an dem großen Tisch und teilte frisches Schweinefleisch in gleichmäßige Portionen für den nächsten Tag. Das kalte weiße Licht der kahlen elektrischen Birnen strömte durch die großen gardinenlosen Fenster hinaus in die dunkle Winternacht. Der Schneesturm war nun stillgeworden, doch klirrender Frost herrschte jetzt lautlos und tückisch. Das gleichmäßige Ticken der Pendeluhr an der Wand und das leise Summen des großen Teekessels wiegten mich schnell in den ersten Schlaf. Plötzlich wurde ich durch einen markerschütternden Schrei in die Wirklichkeit zurückgerufen. Zuerst glaubte ich zu träumen, doch auch als ich die Augen wachrieb, hallte dieses fürchterliche Schreien durch die Nacht und wiederholte sich in kurzen Abständen wieder und wieder. Ich begegnete den fragenden Augen und dem doch zugleich unerschrockenen Blick meiner Köchin. Sie hieß Jelena Paulowna, hatte eine zehnjährige Gefängnisstrafe hinter sich und arbeitete seit kurzer Zeit in der Küche des Krankenhauses. Sie war groß und kräftig gebaut, konnte eindrucksvoll fluchen und hatte vor nichts Angst. Wie sie so dastand mit dem Beil in der Hand, war eher sie zum Fürchten. „Komm, wir wollen nachsehen!“ rief sie mir energisch zu. Mit zögernden Schritten folgte ich ihr durch den kleinen Flur hin zur Eingangstür. Als wir den Haken geöffnet und die Tür aufgestoßen hatten, fiel ein greller Lichtstrahl hinaus in den Schnee. Etwa 20 Meter von unserer Küche entfernt erhob sich nun eine schwarze Gestalt aus einem weißen Schneehügel. Der fremde Mann blieb im Schnee sitzen, reckte den einen Arm in die Höhe und schrie aus Leibeskräften: „Tante, warte mal!“ Ich stand hinter der Köchin und lugte über ihre Schulter. Die Gestalt im Schnee machte alle Anstrengungen aufzustehen. Nun wurde es auch der tapferen Jelena Paulowna unbehaglich zumute. Mit einem Ruck zog sie die Tür wieder zu, und dann verriegelten wir sie mit allen verfügbaren Mitteln. Das heißt, wir benützten als letzte Sicherheit einen zwei Meter langen Feuerhaken. Ich schleppte ihn flink auf ihr Kommando hin herbei. Den schob sie kunstgerecht zwischen Klinke und Türrahmen. Dann schalteten wir, so schnell wir konnten, alle

Lampen aus, zogen unsere Filzstiefel und Wattejacken an, um jederzeit sprungbereit zu sein. Wir hatten unsere Vorbereitungen noch nicht ganz beendet, da trommelte es schon mit beiden Fäusten an die Tür: „Tante, mach auf, ich erfriere!!" So schallte die fremde Stimme, mit bitterbösen Flüchen durchmengt, zu uns herein. Woher sollten wir wissen, daß dies kein Trick war. Vielleicht wollte er auf diese Weise eindringen, um die vielen wertvollen Lebensmittel zu erbeuten? Wer kannte sich schon aus mit den Räubertricks? Und wußte nicht jeder von uns von der Bande „Schwarze Katze"? Deren Trick bestand darin, daß einer wie eine Katze miaute. Machte man nichtsahnend dem vermeintlichen Tier auf, so standen plötzlich ausgewachsene Männer im Raum. Nein! Wir waren fest entschlossen, nicht zu öffnen. Das Rütteln nahm jedoch bedrohliche Formen an, und die Flüche der rauhen Stimme gingen durch Mark und Bein. Nun ging Jelena Paulowna aufs Ganze. Sie schrie, so laut und so tief sie konnte, mit den kräftigsten Flüchen durchsetzt: „Verschwinde sofort, oder ich rufe die Polizei per Telefon!" Ich horchte ungläubig aus dem letzten Winkel der Küche ihren Drohrufen zu. „Ob das hilft? Wir haben doch gar kein Telefon", dachte ich mit höchstem Bedauern. Doch, siehe da, es wurde still. Aber an Schlafen war in dieser Nacht nicht mehr zu denken. Und ich war froh, als unsere Küchenuhr geräuschvoll aber sicher den Morgen anzeigte. Jelena Paulowna schaute mich vielsagend an, als am Tage eine der Sanitärinnen beim Teeholen erzählte, daß man in der letzten Nacht einen Betrunkenen, nicht weit von der Küche entfernt, halb erfroren aufgefunden habe. Er liege jetzt im Krankenhaus. Seit jenem Zwischenfall war meine Köchin vorsichtiger geworden.

Eines Abends im frühen Herbst, ich näherte mich der Küche, um meine Schicht anzutreten, da bemerkte ich einen schlafenden Mann. Er lag dicht an der Eingangstür. „Ist wohl betrunken?" fragte ich Jelena Paulowna beim Eintreten. „Ja, hoffentlich wird er noch wach, bevor es dunkel wird", entgegnete sie. Doch er wurde nicht wach. Er schlief in aller Ruhe weiter. In den Nächten wurde es schon empfindlich kalt, und der Mann trug zu einer dünnen Hose nur ein feines weißes Hemd. „Wir wollen ihn hereintragen!" befahl meine Köchin mürrisch. Dann schleppten wir den schweren Mann in die Küche und legten ihn auf den Fußboden, wo er ohne Unterbrechung weiterschlief. Mit gemischten Gefühlen verbrachten wir diese Nacht. Am frühen Morgen, ich hatte schon den Tee gekocht, und Jelena Paulowna stand im weißen Kittel am Tisch, wog Butter und Zucker für die Kranken zum Frühstück, da öffnete er ganz plötzlich die Augen. Er glaubte sich wohl in einer Gaststätte, denn mit heißerer Stimme bat er flehentlich: „Dai sto gramm!" (Gib mir 100 Gramm Wodka!) Nun war die Köchin alles andere als freundlich zu ihm. Auf dem Fußboden sitzend, mußte er sich eine anständige Moralpredigt anhören. Aber beim Abschied zeigte sie ihm doch den kürzesten Weg zur nächsten Kneipe, zum „Rekord".

Eines Nachts erlebten wir eine höchst unerwünschte Unterbrechung beim Teetrinken. Es war im Hochsommer. Ich war einer anderen Köchin zugeteilt worden. Sie hieß Maria Potapowna, war mittelgroß und schlank, konnte nicht fluchen und war noch nie in einem Straflager gewesen. In ihrem Zimmer hing eine Ikone. Sie war auch im übrigen das ganze Gegenteil von Jelena Paulowna.

Es war zwei Uhr in der Nacht. Wir hatten unsere Vorbereitungen für den nächsten Tag beendet. Bevor wir uns für einen kurzen Schlaf niederlegen wollten, holte Maria Potapowna einen Brocken von dem bläulich weißen Zucker, zerklopfte ihn mit dem Rücken des großen Küchenmessers in ihrer Handfläche und gab auch mir ein Stück davon. Wir setzten uns zum erholsamen Teetrinken nieder. Die großen Fenster der Küche waren mit feinem Fliegengitter bespannt. Die kühle Nachtluft, die durch die geöffneten Fenster strömte, erfrischte den überhitzen Raum ein wenig. Es war eine stille Sommernacht, und nur das genüßliche Schlürfen aus unseren „Pialki" (Teeschalen) war zu hören und ab und zu das Knacken des harten weißen Zuckers. Plötzlich ein gefährliches Trapp! Trapp! Schwere Schritte ganz dicht an unserem Fenster. Und da! Der Arm eines Mannes! Er stützte sich von außen auf das Fenstersims. Unsere Küche war hell erleuchtet wie immer. Maria Potapowna stürzte zu den Lichtschaltern und knipste das Licht aus. Dann schnappte sie unseren berühmten großen Feuerhaken, und wir verriegelten uns in Windeseile in einem kleinen Nebenraum. Die Schritte trabten beängstigend ums Haus. Die Krankenhausküche stand ganz allein, etwa hundert Meter von dem Krankenhaus entfernt. Etwa 20 Meter von uns weg war die Wäscherei, und dort in einem Nebenzimmer hielt sich meistens der alte Nachtwächter auf, Djadja André (Onkel André), wie ihn alle liebevoll nannten. „Steig durchs Fenster und hol den Nachtwächter!" hörte ich meine Köchin mit zitternder Stimme neben mir sagen. Viel Mut hatte ich nicht, aber immer besser, als hier zu sitzen und zu warten, bis der Räuber kommt. Ich öffnete das Luftfenster, eine kleine Scheibe in der Mitte des großen Fensters. Zuerst streckte ich den Kopf hindurch. Es war mondhell und kein Mensch weit und breit zu sehen. Dann mußte ich den Kopf zurückziehen, denn so ging es nicht. Jetzt steckte ich zuerst ein Bein durchs Fenster. Ein gruseliges Gefühl überkam mich, und ich mußte immer wieder denken: „Wenn mich nun einer von draußen festhält?" Doch es geschah nichts. So zog ich auch das andere Bein nach. Und nach ein paar Verrenkungen stand ich schließlich ganz im Freien. Nun sprang ich auf die Erde und rannte, so schnell ich konnte, zur Wäscherei hinüber. Zum Glück wurde mein Trommeln an der Tür sofort gehört. Mit Eisenstangen bewaffnet und mit lautem Geschrei, marschierten wir nun gemeinsam, der Nachtwächter, der Heizer und ich, zur Küche zurück. Wir durchsuchten alle Küchenräume und den Kohlenstall. Nein, es war niemand reingeschlüpft. Während die Köchin in der Küche zurückblieb, wanderten wir zu dritt um den Bau. Nirgends eine Spur von Räubern. Nur in der Ferne hörte man das laute Grölen eines Betrunkenen. Und dann klang ganz deutlich das Lied von der einsamen Vogelkirsche zu uns herüber: „Schto stoisch kotschajesch, tonkaja rjabina?" (Was stehst du da und schaukelst, schlanke Vogelkirsche?) Und mit einem Schlage hatte sich unsere nächtliche Angst in ein übermütiges Lachen verwandelt. Als ich beim Morgengrauen die Asche aus den Herden hinaustragen mußte, blieb ich einen Augenblick lang stehen und schaute mir noch einmal den Weg an, den ich in der letzten Nacht voller Furcht gerannnt war. Doch was leuchtete da so weiß auf der grauen Erde? Freudig entdeckte ich, daß es mein Zucker war. Ich hatte ihn in der Nacht krampfhaft in die Faust gepreßt, war mit ihm durchs Luftfenster gestiegen, über den Hof gerannt und hatte ihn dann unterwegs unbemerkt verloren. Jetzt lief ich hinüber, holte meinen kostbaren Zucker zurück, ging in die Küche, schöpfte eine Schale Tee und beendete mein Teetrinken, das in der Nacht so unverhofft unterbrochen worden war.

Eines Tages um die Mittagszeit öffnete sich ganz leise die Küchentür, und eine alte Kasachin in langen, dunklen Gewändern betrat den Raum. Die Oberköchin, Tjotja Polja (Tante Polja), wie wir sie alle nannten, schaute uns fragend an. Doch plötzlich ging ein Leuchten über ihr Gesicht, und dann sagte sie im Flüsterton zu uns: „Das kann nur die Mutter des neuen Chirurgen sein. Man sieht es ganz deutlich, diese Ähnlichkeit!" Der neue Chirurg war der einzige Kasache unter all den russischen, jüdischen, koreanischen und deutschen Ärzten. Der einzige „chosjain sstrany" (Herr des Landes von Kasachstan), wie die Köchinnen zu sagen pflegten. Deshalb mußte man ihm besondere Ehre und Aufmerksamkeit entgegenbringen. Dazu kam, daß er sofort zum Stellvertreter des Chefarztes ernannt worden war und außerdem viele Orden aus dem Krieg mitgebracht hatte. „Was wünschen Sie?" fragte nun die Oberköchin sehr höflich die alte Kasachin. Ein verständnisloses Lächeln war die einzige nichtssagende Antwort. Versteht kein Russisch, was tun? Zuerst einmal etwas zum Essen anbieten, das kann nie verkehrt sein. Ein emsiges Treiben begann. Ein Teller wurde mit den leckersten Speisen gefüllt, das beste Besteck aus dem Schrank geholt. „Kommen Sie mit ins Nebenzimmer!" gab ihr die Köchin mit Winken zu verstehen. Dort wurde auch für die Ärzte serviert. Nein, die alte Asiatin wollte nicht mitkommen, sie schüttelte energisch den Kopf. Die Köchin hielt ihr nun den gefüllten Teller hin. Ein zufriedenes Lächeln bedeckte jetzt ihr breites Gesicht. Sie griff hastig nach dem Teller und marschierte mit laut hallenden Schritten bis zur äußersten Ecke der Küche. Dort ließ sie sich im Schneidersitz nieder und verzehrte schmatzend die festliche Mahlzeit. Vom Besteck machte sie wenig Gebrauch. Als der Teller leer war, füllte sie ihr mitgebrachtes Gefäß mit Tee und verschwand so lautlos und grußlos, wie sie gekommen war.

Später erfuhren wir von Sanitärinnen des Krankenhauses, daß wir eine fremde Kasachin bewirtet hatten. Sie war an jenem Tag bei einem Schwerkranken zu Besuch und wollte für ihn Tee holen. Noch lange lachten wir über dieses ungewöhnliche Mißverständnis.

Nicht selten erschien der kleine Kutscher des Chefarztes in der Küchentür. Er trug im Winter einen Schafpelz, der so lang war, daß man von den Filzstiefeln nicht mehr viel sehen konnte, die Pelzmütze in der einen Hand und in der anderen einen weißen Zettel, auf dem die violette Tinte kaum getrocknet war. Er sollte diesen Zettel der Oberköchin selbst übergeben. Auf dem Zettel stand jedesmal der gleiche Text, vom Chefarzt eigenhändig geschrieben und unterschrieben: „Komme heute nicht zum Mittag, geben Sie mein Essen meinem Kutscher!" Und dieser Kutscher war mein dreizehnjähriger Bruder. An solchen Tagen dachte ich mit besonderer Dankbarkeit an unseren von allen sehr verehrten Chefarzt, Nikolai Pawlowitsch.

Der erste Brief

Kanonendonner, Flucht, tiefste Armut, sibirische Kälte, glühende Hitze, Läuse und Krankheit, durch alles waren wir lebend durchgekommen. Böse Menschen hatten wir kennengelernt und gute waren uns begegnet, in unserem jetzigen Leben, das in jener Nacht am 15. Januar 1945 mit einem Telefonanruf begonnen hatte und nun schon dreißig Monate (2 ½ Jahre) dauerte. Wir fragten uns oft: Wie lange wird es noch andauern? Wie viele Monate? Wie viele Jahre? War dies unser Leben für immer?

Was war aus jener anderen Welt geworden, in der wir weiche Federbetten hatten und duftende Seife, in der wir ein Radio mit vielen Sendern besaßen und in der uns der Briefträger täglich mehrere Zeitungen und Briefe ins Haus brachte, ein Leben, in dem wir viele Verwandte und Freunde hatten und einen Vater? Jetzt waren wir allein. Noch nie waren wir einem Menschen aus unserem früheren Leben begegnet. Vielleicht gab es jene Welt nicht mehr? Vielleicht lag sie in Schutt und Asche? Doch wo sind alle die Menschen geblieben, wo ihre Schwüre und all ihre gläubigen Lieder? Wie sangen wir damals? „Eh' der Fremde dir deine Krone raubt, Deutschland, fallen wir, Haupt bei Haupt!" Sind sie alle gefallen, die tapferen und die weniger mutigen Männer und Frauen? Nein, sie konnten nicht alle tot sein! Gibt es nicht auch hier Kriegsgefangene? Doch, wo ist unser Vater? Ist er tot? Oder lebt er auch in Gefangenschaft? Lebt heute das ganze deutsche Volk in Gefangenschaft?

Oft dachte ich an alle diese Dinge, und oft sprachen wir mit Mutter darüber. Doch nie bekamen wir eine Antwort auf unsere Fragen, bis zu jenem Junitag im Jahre 1947. Da geschah ein Wunder. „Deine Mutter ist da!" rief die Köchin mir zu, und ich rannte in den Vorraum der Krankenhausküche. Mutter stand atemlos vom schnellen Laufen, an das braune Fenstersims gelehnt und hielt mir in ihrer ausgestreckten Hand einen weißen Brief entgegen. „Von Papa!" las ich auf ihren Lippen. Ihre Stimme war leise und tonlos. Ich griff ungläubig nach dem Papier, und mein Blick fiel auf die vertraute Handschrift mit den gleichmäßigen, klaren Zügen. Ich wußte selbst nicht, was ich tat, denn ich fiel ganz einfach auf die Knie. Doch gleich darauf griff ich nach dem Fensterbrett und zog mich unsicher und etwas beschämt in die Höhe. „Vater lebt! Vater lebt!" so jubelte es ununterbrochen in mir.

Mutters Schreiben war nicht umsonst gewesen. Seit wir in der Stadt Karaganda lebten, schrieb Mutter Briefe, obwohl sie nie eine Antwort bekam. Sie schrieb an die vereinbarte Adresse in Leipzig. Auch Vater hatte diese neutrale Adresse mit sich in den Krieg genommen. Heute nun hatte diese Verbindung geklappt über viele Tausende von Kilometern hinweg. Neue grenzenlose Hoffnung erfüllte nun unser Leben, und wir erzählten unseren jetzigen Bekannten, Freunden und Vorgesetzten von unserer Freude. Immer wieder bekamen wir von Deutschen und Russen zu hören: „Jetzt dürft ihr bald nach Hause!" Arbeiter des Krankenhauses liefen zum Chefarzt und ließen sich für unseren Wohnraum vormerken, doch bei uns blieb alles beim alten.

Es wurde Winter, es wurde Sommer, und wir lebten immer noch in der „Ssrednaja ulitza 47" (Mittleren Straße 47). Mutters Briefe blieben wieder ohne Antwort und kamen auch nicht zurück. Was tun? Eine ältere Dame überredete mich, persönlich beim höchsten Natschalnik von Karaganda vorzusprechen. Vermutlich war diese hohe Persönlichkeit ein Fremdsprachenschüler von ihr; denn Frau B. beherrschte vier Sprachen: Deutsch, das war ihre Muttersprache, Russisch, Englisch und Französisch. Sie hatte eine Zeitlang versucht, mir die russische Sprache näherzubringen. Sie war auch der Meinung, daß unsere Verschleppung nur ein tragischer Irrtum war, und wenn man an der richtigen Stelle vorsprechen würde, sich vielleicht alles wieder in Ordnung bringen ließe. Eines Tages sagte sie zu mir: „Ich kenne einen Mann, einen hohen Politoffizier unserer Stadt, Tschaikowski ist sein Name. Leicht zu merken, nicht wahr?" „Er heißt wie der weltberühmte Komponist Tschaikowski!" sagte sie noch einmal sehr langsam und deutlich. „Ich werde diesen Namen bestimmt nicht vergessen", versprach ich ihr und dachte dabei an „Tschai", das russische Wort für Tee. Daß es einen Komponisten mit diesem Namen gab, hörte ich bewußt in diesem Moment zum erstenmal. Mag sein, daß ich schon früher einmal von ihm gehört hatte, sehr wahrscheinlich sogar. Doch dieser Name war an meinem Bewußtsein vorbeigeschwommen und hatte keine Erinnerung zurückgelassen. Ab jetzt wußte ich für immer und alle Zeiten, daß es zwei bedeutende russische Männer gab, die diesen Namen tragen. Den einen von ihnen kennt die ganze Welt, er hat wunderbare Melodien geschrieben und ist im letzten Jahrzehnt des 19. Jahrhunderts verstorben. Und der andere? Er war ein bedeutender Politoffizier der Stadt Karaganda. Man konnte nur durch mehrere Vorzimmer zu ihm gelangen, von einem uniformierten Diener begleitet, und das nur, wenn es die Wache am Eingang erlaubte. Doch welch ungeheuerlichen Rat gab mir die alte Dame? Ich solle energisch und mit fester Stimme dem ersten Soldaten, der mich aufhalten wird, folgende Worte sagen: „Ich möchte ‚towarisch Tschaikowski' sprechen!" Diese Redewendung lernte ich so lange auswendig, bis ich sie fließend in Russisch sprechen konnte. Damals war Russisch für mich noch eine recht zungenbrecherische Fremdsprache.

Mit meinen besten Sachen angetan, ging ich an einem kühlen Herbsttag in die Richtung, wo der große Säulenbau lag. Dort war der Sitz des MWD. (Ministerium für innere Angelegenheiten). Mein dunkler Mantel war nicht zerlumpt, und mein buntes Kopftuch war heil, vielleicht alles ein wenig zu leicht für die Jahreszeit, doch was mich am meisten genierte, waren meine Schuhe. Ich empfand sie als einen schmutzigen Schandfleck. Wenn mich meine Erinnerung nicht täuscht, so waren es noch die hohen Schuhe von meinem Großvater, die ich auf der Flucht angezogen hatte.

Die Knie zitterten, und mein Herz pochte an die Rippen, als ich die breite Treppe hochstieg und mich der wuchtigen Eingangstür näherte. Wie erwartet, ein Soldat trat mir energisch in den Weg. Ich sprach meinen auswendig gelernten Satz: „ Ich möchte towarisch Tschaikowski sprechen!" Er wirkte zu meinem höchsten Erstaunen wie eine Zauberformel, denn der Mann in Uniform öffnete die Tür und begleitete mich über Treppen und Flure und mehrere Räume bis zu einem großen hellen Vestibül mit Parkettfußboden. Kein Mensch außer mir. Auf einen Wink hin blieb ich ein paar Schritte im Raum zurück. Der Soldat schritt weiter und verschwand dann hinter einer großen weißen Tür. Wie wird mein kühnes Unternehmen enden? Im Kerker oder in der Freiheit? Meine Aufgabe war es, dem Gewaltigen zu erklären, daß meine Mutter, mein Bruder und ich vollkommen unschuldig und durch einen traurigen Irrtum, wie wir glaubten, nach Kasachstan gebracht worden waren. Ich hatte nur eine Bitte: „Lassen Sie uns nach Hause!" Doch wie wird er aussehen, der andere Tschaikowski? Ich wünschte mir in jenem Moment, er hätte die Natur seines Namensvetters, des Musikers. Ich fühlte mich in jenen Sekunden an einem Scheideweg meines Lebens, dicht an einem gefährlichen Abgrund. Ich sah nur zwei Wege vor mir: Entweder der Offizier hilft mir zum Gipfel, läßt uns nach Hause, oder er stürzt mich in die dunkle Schlucht, viel tiefer noch, als ich mich zu jener Zeit befand, er schickt mich ins Gefängnis. Wer wußte nicht von den Verhaftungen in den letzten Jahren vor dem Krieg, als oft nur wegen eines Briefwechsels mit dem Ausland eine Kerkerstrafe von acht oder zehn Jahren verhängt wurde?

Mitten in meine trüben Gedanken hinein öffnete sich die hohe weiße Tür, und mit raschen, energischen Schritten in glänzenden schwarzen Rohrstiefeln näherte sich mir der Politoffizier Tschaikowski. Etwa zwei Schritte vor mir blieb er mit einem Ruck plötzlich stehen. Ich bedaure aufrichtig, daß ich damals die russische Sprache nur mangelhaft beherrschte. Von den wenigen kurzen Sätzen, die Tschaikowski zu mir sprach, blieb nur ein unbestimmter Eindruck in mir zurück, den ich mir aus seinem Mienenspiel, kombiniert mit seiner Gesamterscheinung und den wenigen Worten, die ich verstand, zusammenreimte. Ich meinerseits kann nur in Stichworten gesprochen haben. Das hat sich vermutlich so angehört: „Vater Germania, Krieg! Mutter, Bruder, ich Rußland. Krieg aus. Wann nach Hause?" Meine Worte kamen stockend und ungeschickt über meine Lippen. Die Umstände zwangen mich, ihm direkt in die Augen zu sehen. Vielleicht konnte ich an seinem Blick erkennen, ob er mich verstanden hatte. Sein Gesichtsausdruck war streng. Ich suchte vergeblich nach einem milden Zug, nach einem Lächeln. Seine Haare waren dunkel, leicht gewellt und sorgfältig frisiert, sein Gesicht glatt rasiert, die Uniform tadellos in Ordnung, und auf den Schulterklappen glänzten goldene Sterne. Er selbst war eine große, sportliche Erscheinung um die dreißig.

Daß ich von seinen kurzen Sätzen nichts verstanden hatte, sah er mir wohl an, denn plötzlich hob er seine weiße gepflegte Hand und berührte damit fast meine Schulter, als er mit milder Stimme einige sehr einfache Worte sprach, die ich alle verstehen konnte: „Wsjo budit choroscho! (Alles wird gut werden!) Geh zu Mutter und Bruder zurück. Noch ist nicht überall Ordnung in unserem Land nach dem großen Krieg!"

Ich verließ unbeachtet das große Haus und wußte nicht recht, ob ich froh oder traurig sein sollte, denn der hohe Offizier hatte mich weder in die Freiheit geschickt noch in den Kerker werfen lassen. Es war alles beim alten geblieben.

In den folgenden Jahren haben sich die Kontrollen über die verschleppten und zwangsevakuierten Deutschen eher verschärft als gelockert. Unsere Meldekarten, auf denen wir einmal im Monat unsere Unterschrift abgaben, mußten jetzt ein Lichtbild haben. Im Juli 1950 mußten wir ein Dokument unterschreiben, in dem wir uns verpflichteten, 20 Jahre in Kasachstan zu bleiben. Alle, die unterschrieben hatten, waren mutlos geworden und aller Hoffnung beraubt. Ich kannte niemanden, der es gewagt hätte, nicht zu unterschreiben. Auf Mutters hoffnungslose Worte: „Nun ist alles aus!" fiel mir ein Satz aus dem Schreiben ein, der lautete: „Änderungen dem hohen Sowjet vorbehalten."

In jenen Tagen schrieb ich in mein Tagebuch:

den 29. Juli 1950

Als wäre der Jüngste Tag gekommen, so tobt der Sturm. Die Bäume schwanken hilflos in dem kochenden Strudel. Die ganze Luft ist eine tobende Staubwolke. Durch alle Fugen dringt der feine Staub in die Wohnungen. Man glaubt, ersticken zu müssen... Weinend liegt Mama auf dem Bett. Besorgt lege ich ihr eine Wärmflasche auf den schmerzenden Magen. Würde jetzt das Nichts die Erde verschlingen, mir wäre es recht. Ende aller Bemühungen, Ende aller Hoffnungen! Wir sind lebendig tot.

Das „grüne Herz Deutschlands" war seine Heimat

Es war ein dunkler herber Abend im Frühling. Ich rannte über den breiten Hof und stand nach einigen Minuten in dem kleinen, finsteren Flur, der zu dem Wohnraum von Tante Sonja führte. Auch sie war Sanitärin des Krankenhauses wie Mutter, und auch bei ihr hatten wir einige Nächte auf dem Fußboden geschlafen, bevor man uns einen eigenen Raum zugeteilt hatte.

Noch bevor ich anklopfen konnte, vernahm ich Männerstimmen von drinnen. Sie sprachen deutsch! Es war nicht mühsam gesprochen. Nach den paar Worten, die ich durch die geschlossene Tür verstehen konnte, wußte ich sofort: So spricht man nur in Deutschland! Voller Erwartung klopfte ich an die Tür. Auf ein russisches „sachaditje" hin, trat ich ein. (Sachaditje entspricht dem deutschen „bitte", heißt aber wörtlich übersetzt: „Treten Sie ein !").

Der kleine Raum war vom Nebenzimmer her nur spärlich beleuchtet. Zwei Männer saßen da, doch ich konnte weder ihre Gesichter noch ihre Kleidung erkennen. Tante Sonja sagte sofort: „Das ist Lucie, ein deutsches Mädchen." Zuerst stand der eine der Männer auf, reichte mir mit einer knappen Verbeugung seine Hand und murmelte seinen Namen. Dann erhob sich der zweite. Er überragte mich um mehr als einen Kopf. Auch er beugte sich über meine Hand und murmelte seinen Namen. Zum ersten Mal in meinem Leben wurde ich fremden Herren vorgestellt. Aber diese vornehme Sitte wirkte unter diesen Umständen in der düsteren Semljanka sonderbar und wie fehl am Platze. „Kommen Sie aus Deutschland?" fragte ich ungeniert. Nach einer kurzen Pause sagte der zweite, etwas zögernd, wie mir schien: „Ja, aus Thüringen." „Er kann nur Kriegsgefangener sein", schoß es mir durch den Kopf. Zivilisten aufzusuchen, ist diesen streng verboten. Daher sein kurzes Zögern. „Aus Thüringen, dem grünen Herzen Deutschlands?" fragte ich erstaunt und sprach damit die Worte unseres Geographielehrers aus. Etwas Passenderes fiel mir im Moment nicht ein. Doch meine Worte hatten ihn sichtlich erregt. Hier gab es einen Menschen, der wußte, wo Thüringen lag. Und er erzählte begeistert von seiner Heimat. Meine zweite Frage war: „Wo kamen Sie in Gefangenschaft?" Er sagte nur ein Wort, doch dieses war so gewaltig für mich, daß ich eine Weile verstummte: „Stalingrad!"

Ich mußte an einen Abend im Schülerheim denken. Es war zu Beginn des Jahres 1943. Wir Schüler hatten uns wie an jedem Abend zum Gutenachtlied im Aufenthaltsraum versammelt. Mit ernstem Gesicht betrat der Rektor und Heimleiter den Raum. Er sagte: „Stalingrad ist gefallen!" und hielt eine kurze Ansprache über den

Heldentod der Stalingradkämpfer. Wir sangen an jenem Abend an Stelle eines Abendliedes:

„Rot scheint die Sonne, fertig gemacht!
Wer weiß, ob sie morgen uns auch noch so lacht?"

Unsere Stimmen waren belegt, und schweigend gingen wir zu unseren Schlafräumen. Eine nie gekannte Traurigkeit kam über mich. Ich legte mich unausgezogen auf mein Bett und schluchzte in meine Kissen. Plötzlich stand der Rektor neben meinem Bett und fragte: „Ist dein Vater in Stalingrad oder dein Bruder?" Ich schüttelte beschämt den Kopf und hörte auf zu weinen.

Jetzt, viele Jahre später, saß ein Mann vor mir, der in Stalingrad gekämpft hatte. Während sich die anderen unterhielten, schaute ich verstohlen zu ihm hinüber. Sein Profil hob sich deutlich gegen den matten Schein des Nebenzimmers ab. Genau so hatte ich mir einen Helden aus Stalingrad vorgestellt: die hohe Stirn, die gerade Nase, das energische Kinn und die tiefe Stimme. Fast außer Atem hörte ich mich fragen: „Und Sie sind am Leben geblieben?" Doch er blieb stumm. Ich glaube, er hat gelächelt. Und ich bemerkte, daß meine Frage eigentlich überflüssig war.

Ich bat um ein Tonschüsselchen von Tante Sonja, denn deshalb war ich eigentlich gekommen. Dann verabschiedete ich mich schnell und sagte ohne viele Bedenken: „Bitte, besuchen Sie uns! Wir hatten noch nie Gelegenheit, mit deutschen Kriegsgefangenen zu sprechen."

Es vergingen einige Tage. Doch eines Abends klopfte es an unsere Tür. Ein fremder Mann trat ein. Er mußte sich bücken, um seinen Kopf nicht an den niedrigen Türrahmen zu stoßen. Er trug einen kurzen Schafpelz, eine Fellmütze, hohe Filzstiefel und eine graugrüne Hose, wie sie die deutsche Wehrmacht getragen hatte. Plötzlich wußte ich, wer vor mir stand. „Guten Abend, bitte legen Sie ab!" Langsam zog er seinen Pelz aus und hing ihn an den Nagel in dem weißgetünchten Balken, der die Decke unseres niedrigen Raumes stützte. Ich schob ihm unseren einzigen Hocker hin, und er setzte sich. Doch seine Fellmütze behielt er fest auf seinem Kopf. Ein struppiger roter Haarschopf lugte hervor. Plötzlich riß er die Mütze entschlossen herunter, zeigte auf seine Glatze und sagte: „Entschuldigen Sie, aber man hat uns allen die Haare kurz geschoren. Der rote Schopf ist nur das langhaarige Futter meiner Pelzmütze. Ich habe es sorgfältig nach außen gekämmt." Ein herzhaftes Männerlachen erfüllte den düsteren Raum unserer Semljanka. Und ich konnte nicht anders, ich stimmte fröhlich mit ein.

Manchmal gingen wir Hand in Hand weit in die menschenleere Steppe hinein, nach Westen, nach Westen, der untergehenden Sonne entgegen. Aber Deutschland war für uns im Sommer 1947 unerreichbar.

Mächtig, groß und zielbewußt
das Sonnenrad nach Westen geht.
Über ihm im Abendlicht
zwei Wölkchen zieh'n
vom Wind verweht,
rundum mit Gold umrandet.

Die stumme Steppe wird nun grau,
das dürre Gras wirft rosa Schatten.
Wir beide wissen ganz genau,
gleich wird der Abendstern erwachen,
dann wird die Steppe grenzenlos:
Der Horizont fließt in den Himmel.

Das Lehmhaus, uns, das Kreuz am Grab,
dies alles wird die Nacht verschlingen.
Lucie K.

In meinen Träume, die sich bis jetzt fast ausschließlich um zu Hause gedreht hatten, mischte sich ein neues Gesicht, das Gesicht des Soldaten, dessen Heimat „das grüne Herz Deutschlands" war.

Ich entsinne mich genau, wie mich meine Träume zurückführten zu einem öffentlichen Liederabend, den ich, vierzehnjährig, mit meinen Großeltern besuchen durfte. Ich saß neben Oma zwischen vielen festlich gekleideten Menschen. Auf der Bühne stand eine Sängerin im weiten Reifrock. Ihr Puppengesicht war von weichen, schwarzen Locken umrahmt. Ihre klangvolle Stimme schickte eine beschwingte Melodie in den Raum: „Schenkt man sich Rosen in Tirol, weiß man, was das bedeuten soll..." Ihren Partner, der auch zugegen war, habe ich in meine Träume nicht mitgenommen. Stattdessen drängte sich der Stalingradsoldat in diese Bilder. Er öffnete seinen Pelz und nahm sehr behutsam ein Sträußchen hervor. „Blumen!" rief ich erstaunt und konnte es nicht fassen. Es waren eine Art wilder Krokusse in zarten Pastellfarben. „Noch nie habe ich hier Blumen gesehen", gestand ich ehrlich. Er reichte mir den kleinen Strauß und sagte: „Ich habe sie für dich in der Steppe gesucht." In seinen Bewegungen und in seiner Stimme lagen alle Zärtlichkeiten der Erde, doch seine Augen hatten einen feuchten Glanz. Tränen! Nein, das paßte nicht zu meiner Vostellung vom „Stalingradhelden". Und doch war es gerade diese Geste, die alles Fremde von ihm nahm.

Über all diesen Bildern schwebte unaufhörlich die klare Stimme der Sängerin. Auch als meine Gedanken immer schärfer wurden und ich schon genau wußte, daß alles nur Traumbilder waren, klang die Melodie noch immer in mir nach. Und als ich meine Augen langsam öffnete, fiel mein Blick auf unser vergittertes Fenster. Dort stand mein Sträußchen in der Morgendämmerung, unwirklich und zart in einem billigen Wasserglas. Seine sonnengelben und blaßlila Blüten träumten mit geschlossenen Kelchen den ersten Sonnenstrahlen entgegen, Eisenstäbe und Blumen in sonderbarem Kontrast.

Ein großes Ölgemälde

Mit viel Ausdauer und Geduld hatte auch ich eine Kinokarte erwischt. Der Platz lag etwa in der Mitte und kostete drei Rubel. Das Gedränge an der Kasse war fürchterlich. Ein Polizist in dunkelblauer Uniform war da, um bei einem Handgemenge einschreiten zu können. Schließlich ging ich siegesbewußt durch die breite Glastür und ließ mir von der Platzanweiserin meine Karte abreißen. Bald darauf stand ich in dem festlich erleuchteten hohen Vorraum des Filmtheaters „Oktober" in der Neu-Stadt Karaganda. Es war ein gewaltiger Unterschied zwischen der Semljanka, in der wir wohnten, und diesem Bau. Ich kam mir vor wie in einem kleinen Schloß. Gleich links neben der Tür war eine hübsche Nische mit einer gewölbten Kuppel, in der spielte eine kleine Kapelle zum Tanz. Besonders in Erinnerung blieb mir eine ältere schlanke Dame. Sie saß am Flügel, trug ein schwarzes Kleid und hatte silbrig glänzendes weißes Haar. Auf der rechten Seite des Flügels stand ein dunkelhaariger Herr mit einer Baßgeige. Zwei breite Treppen führten nach oben, und bald entdeckte ich eine Empore, die den ganzen Raum umfaßte. Ich stieg eine der Treppen hinauf. Oben drehten sich die Paare im Tanz. In der einen Ecke befand sich ein Büfett mit kalten Speisen, Getränken und Süßigkeiten. Es war dichtumdrängt von kauflustigen jungen Leuten. In einer anderen Ecke entdeckte ich plötzlich einen Menschenknäuel. Als ich mich näher heranwagte, sah ich, daß da ein Bücherstand war. Ich drängelte mich so weit vor, daß ich einige der Buchtitel lesen konnte. Zu meiner großen Überraschung gab es unter den vielen russisch geschriebenen Büchern auch einige in deutscher und englischer Sprache. Überwiegend waren es russische und deutsche Klassiker wie: Tolstoi, Goethe, Puschkin. Einige Zeit später hatte ich Gelegenheit, in diesen deutschen Büchern zu lesen. Auch an ein kleines englisch geschriebenes Buch habe ich mich herangewagt. Diese Bücher waren vermutlich für Studenten und Schüler gedacht, denn in jeder Ausgabe war auf den letzten Seiten eine Verzeichnis der schwierigsten Wörter, ins Russische übersetzt, nach den Kapiteln des Buches aufgeführt und sehr leicht zu finden. Bei den deutschen Büchern mußte ich natürlich von diesem Wörterverzeichnis keinen Gebrauch machen, aber bei dem englischen Büchlein war es mir eine große Hilfe. Da die Wörter vom Englischen ins Russische übersetzt waren und ich zu jener Zeit nur sehr lückenhaft russisch verstand, mußte ich außerdem noch ein Wörterbuch Russisch-Deutsch zu Hilfe nehmen.

Deshalb war mir das Lesen in englischer Sprache nicht zum Vergnügen geworden, sondern zur reinsten Schwerstarbeit. Ich habe es trotz allem bis zum Ende durchgeackert. Ich glaube, daß der interessante Inhalt mir die Kraft dazu gegeben hat. Es handelte sich um einen Waisenknaben, der von einem italienischen Geistlichen erzogen wurde. Der Junge liebte diesen über alles, respektierte und befolgte seine Lehren und die Lehren der Kirche. Doch eines Tages verkündete ihm sein geistlicher Vater, daß er auch sein leiblicher Vater sei. Eine Welt brach für den jetzt schon jungen Mann zusammen, und seine große Liebe verwandelte sich in bitteren Haß. Der Titel dieses Buches lautete im Englischen: „The Gadfly". Im Russischen hieß dieses Buch: „Owod", was man mit Bremse oder Stechfliege übersetzen kann.

Mein Wörterbuch (Russisch-Deutsch) aus Karaganda

Nach einiger Zeit wurden die Türen zum Kinosaal geöffnet, die Kapelle verstummte, und alles strömte die breiten Treppen hinab.

Die Karten waren bis zum letzten Platz ausverkauft. Doch zum Glück waren die Plätze numeriert, so konnte man sich auf den Stuhl setzen, den die Eintrittskarte auswies. Deshalb brauchte man sich nicht sonderlich zu beeilen.

Als ich den Kinosaal betrat, war er noch hell erleuchtet. Gegenüber vom Eingang an einer hohen weißen Wand hing ein riesengroßes Ölgemälde. Ich blieb vor Staunen einige Sekunden stehen und starrte auf das farbenfrohe Bild. Im ersten Moment glaubte ich zu träumen, denn was hier zu sehen war, kam mir äußerst bekannt vor: Kinder und Jugendliche jubelten mit freudestrahlenden Gesichtern und mit Armen voller Blumen ihrem Führer zu! Nur ein Unterschied bestand zwischen diesem Bild und den Bildern, die ich früher schon gesehen hatte: Ihr Führer, der ihnen liebevoll die Hände entgegenstreckte, war nicht Hitler sondern Stalin!

Ich stellte fest, daß auch der Führer des russischen Volkes kinderlieb und von der Jugend umjubelt dargestellt wurde. Auch in den russischen Kriegsfilmen begegnete ich dem gleichen patriotischen Heldentum und den gleichen klugen und tapferen Kämpfern wie einst in den deutschen Filmen.

Unsere Bekannten und ich bevorzugten im allgemeinen alte deutsche Filme.

Sie wurden Kriegstrophäen genannt und waren nach dem Krieg von Deutschland hierher gebracht worden. Ich sah auf diese Weise den Film: „Der weiße Traum". Ich habe ihn als alten Bekannten wiedererkannt. Ich hatte ihn einst mit meinen Schulfreundinnen zusammen gesehen. Außerdem sahen wir in Karaganda „Die Frau meiner Täume" mit Marika Rökk, „Das Indische Grabmal" mit Theo Lingen, auch einige uralte Filme mit Paul Hörbiger. Hörbiger war darauf so jung, daß ich ihn kaum wiedererkannt habe. Die Filme liefen in deutscher Sprache. Jedes Bild war nur mit einem kurzen russischen Untertitel versehen. In der letzten Zeit ging ich immer öfter in russische Kriegsfilme, heimlich auf der Suche nach einer neutralen Darstellung. Aber es war immer dasselbe: die deutschen Soldaten stumpfsinnig, schmutzig und feige; die russischen Soldaten dagegen tapfer, sauber und witzig. Sie hatten sogar die gleiche schlanke Gestalt, die gleichen klugen Augen und das gleiche bezaubernde Lächeln mit lückenlos weißen Zähnen wie einst die Helden in den deutschen Filmen. Ich war verblüfft und überrascht. Ich kann nicht anders sagen, ich fühlte mich betrogen und hintergangen.

Ich fing an, den Rednern bei Kundgebungen zu hohen Feiertagen aufmerksam zuzuhören. Auch hier das gleiche Ergebnis: Es ging um Brot für alle Werktätigen, um Bildung für die Jugend, um die Ehre, um die Sorge für den alten Menschen und um viele andere humane Dinge, die ich alle schon einmal gehört hatte. Ich brauchte nur die Hauptfigur auszutauschen, alles andere blieb.

Das Ölgemälde im Filmtheater war mir zum Symbol geworden.

Mir fehlte natürlich die politische Bildung und die tiefe Einsicht, um zwei verschiedene Weltanschauungen genau vergleichen zu können. Auch maßte ich mir nicht an, ein Urteil darüber abgeben zu können. Ich konnte nur von dem Wissen her urteilen, das ich von der deutschen Schule her besaß, das der breiten Masse in jedem Land durch Film, Funk, Bücher und sonstige Medien beigebracht wird. Mir wurde immer klarer, daß es ungerecht ist, eine Staatsform zu verfluchen und die andere in den Himmel zu heben. Auch fehlte mir damals der weitreichende Blick eines Erwachsenen, der Blick zurück in die Geschichte, um mein Urteil über die

Diktatoren meiner Epoche mildern zu können. Ich ließ vollkommen außer acht, daß auch Reichspräsidenten, Könige und Kaiser von Kindern und Blumen umgeben gezeigt wurden. Ja, selbst die Religion macht da keine Ausnahme. Im Neuen Testament lautet ein bekanntes Jesuswort: „Lasset die Kindlein zu mir kommen!" Ich konnte zu jener Zeit nur die beiden Systeme vergleichen, mit denen ich unmittelbar in Berührung gekommen war.

Mit großer Achtung schaute ich auf eine ehemalige russische Militärärztin. Sie arbeitete damals in unserer Poliklinik und war lange Zeit meine Vorgesetzte. Eines Tages mischte sie sich in das Gespräch einiger Schwestern und Sanitärinnen ein. Es ging um einen Kriegsfilm, der zur Zeit mit großem Erfolg in der Stadt lief. Die russischen Mädchen erzählten mit leuchtenden Augen, wie klug und wie tapfer die sowjetischen Soldaten waren und wie dumm und feige die „njemzi" (die Deutschen). Ich stand schweigend dabei, dachte an das große Ölgemälde im Kino und wußte, daß ich nicht in der Lage war, ihnen darüber zu berichten. Plötzlich schaute die Ärztin von ihren Akten auf und sagte mit gedämpfter, doch bestimmter Stimme: „Und dem deutschen Volk sagte man, seine Soldaten seien die tapfersten der Welt!" Ein verständnisloser Ausdruck lag auf den Gesichtern der jungen Sowjetbürgerinnen, und sie verstummten. Aber in mir war ein unerschütterliches Vertrauen zu dieser Ärztin erwacht.

Einige Jahre später: Der fünfjährige Sohn eines Sowjetoffiziers wurde in meiner Gegenwart von einer mir gut bekannten jungen Ärztin gefragt: „Was willst du werden, wenn du mal groß bist?"

Der Knirps antwortete mit froher Kinderstimme: „Offizier, ich will Deutsche schießen!" Die Ärztin und der Vater des Jungen lächelten verlegen und wichen meinen Blicken aus. Ich hätte am liebsten gesagt: „Geniert euch nicht, deutschen Kindern wurde das gleiche gelehrt!", denn ich erinnerte mich an einen Vorfall in meiner Schulzeit genau. Da war ein vierjähriges Mädchen in unserer Gegend. Dieses antwortete jedesmal auf die Frage „Wo ist dein Vater?" mit den Worten: „In Rußland, Partisanen schießen." Wir fragten es lachend immer wieder, und wir bekamen mit Sicherheit jedesmal dieselbe Antwort. Jetzt hörte sich eine solche Antwort ganz anders an, und es war geradezu lebenswichtig für mich, daß die Ärztin verlegen wurde und mich nachher umso liebenswürdiger behandelte. Und ich habe mir geschworen, nie mehr leichtfertig über eine Nation oder einen einzelnen Menschen ein Urteil zu fällen.

Viele Jahre später begegnete ich in einem Buch des Schriftstellers Stefan Zweig folgenden Zeilen, die mich beeindruckten und meine Sympathie für ihn begründeten:

„Es gehört ein gewisser Mut dazu, einen Menschen anzupacken und in Vertretung Gottes Justiz zu spielen: diesen Mut habe ich nie gehabt, einen Menschen anzupacken und anzugehen. Denn ich weiß genau, wie zerbrechlich die Gerechtigkeit ist und welche Überheblichkeit es ist, von einem problematischen Einzelfall das Recht ableiten zu wollen in unserer verworrenen Zeit."

Die unerwünschten Verehrer

Freunde trommelten mit Fäusten an seine Tür, doch es rührte sich nichts. Sie lugten durch das Schlüsselloch, und dann sahen sie die Sohlen seiner großen Stiefel. Sie drangen mit Gewalt in sein Zimmer ein und entdeckten dann, daß er erdolcht in seinem Bett lag, der hünenhaft große Mann, der Tschetschene war. Ich hatte seinen Namen ein paarmal flüchtig gehört, doch längst wieder vergessen. Die unerwünschten Begegnungen mit ihm waren mir aber ganz deutlich in Erinnerung geblieben. Der Flur der Poliklinik war angefüllt mit wartenden Patienten. Plötzlich ein Radau! Ein junger Mann, etwa 1,90 m groß, wollte nicht länger warten. Er bahnte sich mit Ellbogengewalt den Weg zur Tür des Sprechzimmers und drang ein, ohne anzuklopfen. Bald darauf stürzte eine Ärztin leichenblaß aus dem Raum. „Er hat mich mit einem Messer bedroht, wenn ich ihn nicht sofort behandle!" jammerte sie. Ärzte und Schwestern liefen zusammen, der eigenwillige Patient wurde schleunigst abgefertigt. Es kehrte wieder Friede ein in den Sprechzimmern und in dem breiten Korridor mit den wartenden Patienten.

Wie groß war mein Schreck, als ich dem „Hünen" eines Tages bei hellem Sonnenschein mitten auf der Straße begegnete. Er blieb direkt vor mir stehen, reichte mir seine Hand und sagte: „Guten Tag!" so, als wären wir gute alte Bekannte. Ich hatte ganz einfach Angst, seinen Gruß nicht zu erwidern und streckte ihm zögernd meine Rechte entgegen. Ohne ein weiteres Wort zu verlieren, setzte er seinen Weg fort. Und ich bog, so schnell ich konnte, um die nächste Häuserecke. Doch wenn wir uns von da an zufällig begegneten, grüßte er mich jedesmal. Und ging er auf der anderen Straßenseite, so winkte er freudig zu mir herüber. Mir war nicht wohl bei der ganzen Sache. Doch was sollte ich dagegen tun?

Und dann kam jener Sommerabend. Es war schon ganz dunkel geworden. Mein Weg führte über den Basar. Aus einer Kneipe drangen Licht und Lärm, und mir fiel ein, daß man hier manchmal auch noch abends Brot kaufen konnte. Kurz entschlossen stieg ich die wenigen Stufen hinauf. Zu spät bemerkte ich den großen Tschetschenen schwer betrunken vor der Tür. Mit der ganzen Masse seines wuchtigen Körpers lehnte er an der weißen Wand dicht neben dem Eingang. Ich huschte vorbei, als hätte ich ihn nicht bemerkt, doch er winkte mir freundschaftlich zu.

Ich bekam tatsächlich das gewünschte Brot, zahlte, stürzte zur Tür hinaus, die Treppe hinunter. Mit eiligen Schritten überquerte ich den Marktplatz. Und dann hörte ich schwere Schritte hinter mir. Ich ging schneller, doch auch die Schritte hinter mir beschleunigten sich. Ich rannte, die Schritte hinter mir drohten, mich einzuholen. Ich wagte mich nicht mehr umzudrehen. Die gegenüberliegende Häuserfront war schon ganz nahe, und mit Erleichterung stellte ich fest, daß eine Tür offen stand. Es war der Eingang zur „Kommandantura", ein Büro vom MWD, zur Kontrolle der verschickten Deutschen eingerichtet. „Vielleicht ist die Putzfrau bei der Arbeit?" konnte ich gerade noch denken, während ich im Laufschritt die Schwelle zu dem kleinen Vorraum überquerte. Die Tür zum Sprechzimmer des Kommandanten war weit geöffnet, und hinter seinem großen Schreibtisch saß zu meiner großen Bestürzung der Natschalnik, ein asiatischer Politoffizier. Es gab kein Zurück mehr. Ich ging einige Schritte weiter und stand dann, schwer atmend, direkt vor seinem Tisch. „Was wünschen Sie?" fragte er mich sichtlich erstaunt. „Wann muß ich zur nächsten Kontrolle erscheinen?" fragte ich zurück und war selbst erstaunt über meinen schnellen Einfall. „Oh", lächelte er zufrieden über mich, die eifrige Bürgerin, „Ihr djäßjatnik (Zehntelmann) wird es Ihnen rechtzeitig bekanntgeben." „Ja, gut", stotterte ich verlegen und hätte am liebsten gesagt: „Ich habe Angst, ich werde von einem Betrunkenen verfolgt!"

Aber ich sagte nichts, denn der Mann vor der Tür konnte jedes Wort mithören. Zögernd und schweigend verließ ich den Raum. An die Tür gelehnt, erwartete mich der Tschetschene. Er faßte mich wie selbstverständlich unter dem Arm und sagte dann: „Ich werde dich begleiten!" Mir blieb keine Wahl. Ob er mein Zittern spürte? Ich mußte ruhiger werden. Schweigend schritten wir nebeneinander. Das war fast unerträglich. Ich faßte einen Entschluß. Ich mußte ein Gespräch beginnen, und zwar so, als hätte ich den wohlerzogendsten Europäer neben mir. „Wie geht es Ihnen gesundheitlich?" fragte ich scheinbar unbekümmert. Er erzählte eifrig von seiner Krankheit. Doch als ich immer mehr wissen wollte über Dinge, die seine ganze Person betrafen und nur die guten Seiten eines Menschen berühren, blieb er plötzlich stehen, zog langsam seinen Arm unter dem meinen hervor, reichte mir seine rechte Hand und sagte mit gedämpfter Stimme: „Auf Wiedersehn, und kommen Sie gut nach Hause!" Ich konnte es noch nicht fassen, doch er hatte mir den Rücken zugekehrt und ging schweren Schrittes wieder dem Marktplatz zu. Als ich aus meiner ersten Verblüffung erwacht war, rannte ich, so schnell ich nur konnte, unserer Straße zu. Noch immer schien es mir unfaßbar, daß man allein mit guten Worten einen gefährlichen Raudi loswerden konnte. Es wurde in Zukunft meine Waffe gegen lästige Personen, und ich hatte immer Glück damit. Ich hatte auch keine andere Wahl, denn mit Körperkraft oder mit Härte sich zu wehren, war für mich ganz ausgeschlossen. Diese Erfahrung gab mir zu denken. Ist dies nicht der beste Beweis dafür, daß in jedem Menschen auch gute Kräfte verborgen sind und daß es im Grunde nur darauf ankommt, sie anzusprechen und zu fördern?

Auch die Bekanntschaft mit dem Tschetschenen Sultan, dem Kinder- und Mädchenschreck, blieb mir nicht erspart. Sah man ihm ins Gesicht, so war er geradezu zum Fürchten. Seine Haut war von Pockennarben bedeckt, und seine Augen quollen hervor und erinnerten an einen Frosch. Alle kannten ihn, denn er war nicht zu übersehen. Er marschierte mit offenem Mantel wie ein Räuberhäuptling durch die Straßen. Erblickte ich ihn, so machte ich einen großen Bogen. An einem lauen Sommerabend überredeten mich meine Freundinnen, mit ihnen zum öffentlichen Tanz zu gehen. Am Tage war mir die Tanzfläche schon aufgefallen, die mitten in dem angelegten Birkenwäldchen lag. Doch am Abend sah das ganze viel einladender aus, und eine kleine Tanzkapelle spielte auf einer überdachten Bühne. Nachdem man uns die Eintrittskarten abgerissen hatte, mischten auch wir uns unter die tanzfreudigen jungen Leute, die die etwas erhöhte hölzerne Tanzfläche dicht umdrängten. Verlockende Walzerklänge erfüllten die sommerliche Nacht. Plötzlich stand ein junger Mann vor mir und machte eine leichte Kopfbewegung: ich solle mitkommen! Als ich ihm ins Gesicht schaute, vergaß ich zu atmen, denn es war der häßliche, furchterregende Sultan. Mir fehlte ganz einfach der Mut, ihm einen Korb zu geben und bald drehten wir uns mit den vielen anderen Paaren zu den Walzerklängen. Ich war erstaunt, wie leicht er tanzte. Seine Haltung war tadellos und sein Benehmen äußerst korrekt. Als der Tanz zu Ende war, brachte er mich auf meinen alten Stehplatz zurück.

Ich begegnete ihm ein zweites Mal. Es war mitten im Winter. Frierend stand ich in einer langen Schlange vor einem Brotladen. Während die weniger Mutigen zähneklappernd in der Schlange ausharren mußten, schlüpften die Draufgänger an der Seite immer wieder in den Laden, um auf diese Weise schneller und sicherer zu Brot zu gelangen. Was half es, daß in der Reihe geschimpft und geflucht wurde. Ob für uns das Brot überhaupt noch ausreichen würde, wurde immer fraglicher. Plötzlich marschierte Sultan daher, natürlich geradeaus auf den Eingang zu. Doch da entdeckte er mich in der Schlange und kam direkt auf mich zu. „Dai djengi!" (Gib Dein Geld!) sagte er befehlerisch. Ich schob ihm wortlos meine drei Rubel in die Hand. Er zwängte sich fluchend durch den Menschenknäuel an der Tür und kam nach kurzer Zeit zu mir zurück. Mit einem scheuen Lächeln auf seinem vernarbten Gesicht übergab er mir ein frisches, warmes Kastenbrot. „Bolschoi spasiba!" sagte ich und rannte nach Hause. Er hatte sich auf seine Weise für den Tanz im letzten Sommer bei mir bedankt. Begegnete ich ihm jetzt auf der Straße, so machte ich keinen Bogen mehr um ihn, und er grüßte mich stets mit großem Eifer und sichtlichem Ernst.

Ein Mädchen kam aus Moskau

Es waren schon einige Tage vergangen, seitdem sie hier war, doch niemand von uns hatte sie gesehen: Lenuschka, das fünfzehnjährige Mädchen.

Es war eigentlich nicht ganz korrekt, daß wir sie Lenuschka nannten, denn sie hieß Lena, und die Koseform davon heißt im Russischen: Ljenotschka. Aber für unsere deutschen Zungen war es bequemer so, und deshalb sprachen wir schon seit langer Zeit von Lenuschka. Als ich mich bei Lotte Karlowna, ihrer Mutter, nach ihr erkundigte, bekam ich etwas bekümmert zur Antwort: „Sie steht schweigend am Fenster und schaut hinaus. So geht es Tag für Tag von morgens bis abends." Ich versuchte, sie mir vorzustellen, doch ich wußte nicht viel von ihr. Nur, daß sie als fünfjähriges Kind, als ihre Mutter verhaftet und verschickt wurde, ein niedliches Mädchen war mit dunkelbraunen Locken. Das Zimmer mit dem kleinen Fenster, an dem sie stand, das kannte ich genau, denn es gehörte zu unserer Semljanka. Es war eine Art Vorraum. Wir hatten dieses Ende des Flurs vor einigen Jahren als Ziegenstall benutzt. Unsere Ziege Katja war damals in der Nähe dieses Fensterchens angebunden, an dem jetzt das Mädchen aus Moskau stand. Im Winter bei starkem Frost hatten wir unsere Ziege Katja bei uns im Raum. Als ich eines Abends von der Schicht nach Hause kam, hatte sie ein Zicklein bekommen. Motja, die ehemalige Strafgefangene, die mit uns im Zimmer wohnte, und Mutter waren die Hebammen gewesen. Jetzt kam die Zeit, in der wir auf Katja große Hoffnungen setzten. Jetzt sollten sich endlich die 350 Rubel, das war damals mehr als ein Monatslohn von Mutter, die sie uns auf dem Basar gekostet hatte, bezahlt machen. Doch es kam alles ganz anders: Das Junge ging ein, und Katja mußte vom Totengräber und Heizer des Krankenhauses notgeschlachtet werden. Er nahm sie mit sich, und wir waren froh, als wir endlich von ihrem Stöhnen und Jammern in den Nächten befreit waren. Unser Traum von fetter Ziegenmilch, von Ziegenwolle und ab und zu von einem zarten Braten hatte sich in nichts aufgelöst. Der Ziegenstall und Vorraum stand wieder leer. Plötzlich, es muß im Jahre 1948 gewesen sein, wurde eine Zwischenwand gezogen, und aus dem ehemaligen Ziegenstall entstand ein kleiner Wohnraum. Es war in der Zeit, als die vielen jungen Frauen die Arbeit in den Krankenhäusern von Karaganda aufnahmen. Sie hatten fast alle eine zehnjährige Gefängnisstrafe hinter sich und mußten nun noch für eine unbestimmte Zeit in einem begrenzten Gebiet leben. Viele von ihnen waren Deutsche. Doch höchst erstaunt waren wir alle, als wir erfuhren, daß die Frau, welche in das neue Zimmerchen neben uns einzog, Lotte hieß, mit Vatersnamen Karlowna und daß sie eine Lehrerstochter aus Stuttgart war. Sie war nach der Machtübernahme Hitlers aus Deutschland emigriert. Ihr Töchterchen Lena war 1934 in einem Sanatorium in der Schweiz zur Welt gekommen. Sie wurde wie viele Politemigranten in Moskau mit offenen Armen aufgenommen und landete, wie die meisten von ihnen, nach einigen Jahren im Gefängnis, in der Verbannung.

Seitdem Lotte Karlowna sich wieder mehr oder weniger frei bewegen konnte, hatte sich Lenuschka, ihre Tochter, entschlossen, zu ihr zu kommen. Und nun war sie seit einigen Tagen hier und konnte den Mut nicht finden, sich mit ihrer neuen Umgebung anzufreunden. Es war eine vollkommen andere Welt, in die sie plötzlich gelangt war, denn der Schriftsteller und Freund ihres Vaters, in dessen Haus sie bis jetzt gelebt hatte, war Inhaber des Stalinpreises und gehörte zu der bevorzugten Schicht des Landes. Das bedeutete, daß es in diesem Haus an nichts fehlte. Es gab auch ein Radio, mit dem man gleichzeitig in die Ferne sehen konnte. Lenuschka nannte es Televisor. Es war ein Fernsehapparat, von dem sie sprach. Ich hörte zum erstenmal davon.

Doch jetzt stand das Mädchen, das aus Moskau gekommen war, an dem Fensterchen unseres ehemaligen Ziegenstalles, an dem man ganz deutlich sehen konnte, wie dick die Lehmwand der Semljanka war.

Eines Tages aber reichte sie mir ihre schlanke Hand zum Gruß und lächelte mir freundlich zu, so als wären wir gute alte Bekannte. Sie war groß und schlank. Ihr dunkelbraunes welliges Haar hing in zwei locker geflochtenen Zöpfen auf ihrem weißen Leinenkleid. Das weiße Kleid war mit einer feinen Kreuzstichstickerei verziert, in gut aufeinander abgestimmten blauen Tönen. Alles, was Lenuschka trug, verbreitete die Atmosphäre einer andern Welt. Ihre Kleider waren farbenfroh und lebendig, ihre Röcke bunt und aus weicher Wolle, die Pullover geschmackvoll dazu ausgewählt.

Ich gab mir alle Mühe, ihr beim Einleben in unser bescheidenes Dasein zu helfen. Einmal, es war ein grimmiger kalter Wintertag, Lotte Karlowna war bei der Arbeit, und das Feuer in Lenuschkas Herd war ausgegangen, kam ich gerade dazu, als sie ziemlich mutlos und rußverschmiert zum so und sovielten Mal ein neues Feuer anzuzünden versuchte. Doch es wollte nicht gelingen. Ich konnte ihr mit Rat und Tat zur Seite stehen, denn schließlich war ich seit vier Jahren schon „opytnyj kotschegar" (erfahrener Heizer), wie ich mich lachend betitelte.

Ab und zu gingen wir gemeinsam ins Kino. Eines Abends erlebten wir eine böse Überraschung. Als wir kurz nach zehn Uhr nach Hause kamen, war das kleine Zimmer aufgebrochen, und alle Sachen waren durchwühlt. Beim näheren Betrachten entdeckte Lenuschka, daß all ihre Kleider, die sie aus Moskau mitgebracht hatte, gestohlen waren. Ich war fassungslos und hatte vor Schreck die

Sprache verloren, doch Lenuschka lächelte nur verächtlich und winkte gelassen ab. Ich weiß nicht genau, ob ich ihre Gedanken erraten habe, aber mir schien es so, als wolle sie sagen: „Diese armen Toren, glauben durch ein paar Kleider glücklicher zu werden." Es wäre ihr auch nicht im Traum eingefallen, über eines der verlorengegangenen Dinge zu klagen oder gar Tränen zu vergießen. Und ich begriff ganz deutlich, wie hoch sie über all diesen Dingen stand und wie sehr sie unser Leben hier belastete. Eines Tages saß ich über meine Handarbeit gebeugt in unserem Zimmer. Plötzlich klopfte es an die Tür, und dann stand Lenuschka vor mir. Unter den Arm geklemmt, trug sie ein weißes Buch. Das eine Wort, das ich gerade noch lesen konnte, hieß „Häschen", in deutsch geschrieben. Sie neigte sich zu mir herab, und die Locken ihres Zopfes streiften meinen Arm. „Würden Sie mir bitte etwas aus diesem Buch vorlesen?" bat sie mich. Sie sprach mich immer mit „Sie" an, obwohl ich nur einige Jahre älter war. Ich nahm das Buch in meine Hände und wollte sofort damit beginnen. Doch sie flüsterte weiter: „Nicht hier, kommen Sie mit!" Bald saßen wir auf einer grauen Bank aus rohem, verwittertem Holz vor unserem Lehmhaus. Ein kleiner ängstlicher Hase war auf dem Deckel des Buches zu sehen, und dann las ich, daß es ein Fabelbuch sei, geschrieben von Friedrich Wolf. „Aber das ist ja von deinem Vater!" Es war mir wohl bekannt, daß er sozialrevolutionäre Stücke geschrieben hatte, der Vater von Lenuschka war Frauenarzt und Schriftsteller in Stuttgart. Heute noch ist er in jedem Lexikon zu finden. Seine Bühnenstücke wie „Cyankali", „Paragraph 218" und andere mehr werden auch jetzt noch in Deutschland gespielt, aber ein Kinderbuch? Lenuschka antwortete ruhig: „Ja, er hat es für mich geschrieben. Die Hauptfigur, das Häschen, bin ich, es ist meine Lebensgeschichte."

Ich las sehr langsam und deutlich. Jedesmal, wenn ein schwieriges deutsches Wort kam, übersetzte ich es ins Russische, so gut ich es vermochte. Doch sie winkte jedesmal ab und sagte leise: „Lesen Sie weiter!" „Lenuschka", und ich hielt im Lesen inne, „lernst du nicht die deutsche Sprache in der Schule?" (Sie ging in Karaganda in die neunte Klasse.) „Nein, nein!" entgegnete sie rasch, „ich habe Englisch als Fremdsprache, Deutsch verstehe ich nicht besonders gut und Sprechen fällt mir ausgesprochen schwer. Das war vielleicht spaßig, als ich in Berlin in der überfüllten Tram fuhr, zufällig jemanden auf den Fuß trat und mich entschuldigen wollte, da zerbrach ich mir fast die Zunge. Hören Sie doch selbst. Im Russischen heißt es ganz einfach ‚iswenitje' und im Deutschen ‚entschuldigen Sie bitte'!" In der Tat, die deutschen Worte kamen ihr zäh und unbeholfen über die Lippen. „Wann warst du denn in Berlin?" fragte ich erstaunt. „Gleich nach dem Krieg mit meinem Vater", erzählte sie unbekümmert weiter, „aber es hat mir dort nicht sonderlich gefallen, die vielen Ruinen, und dazu verstand ich die deutsche Sprache so schlecht. Man brachte mich bald wieder zu meinen Pflegeeltern nach Moskau zurück." Sie sah sehr glücklich aus, als sie mir erzählte, daß nur sie allein auf dem Schreibtisch des Schriftstellers Staub wischen durfte, denn es mußte alles an einem ganz bestimmten Platz liegen.

„Und niemand wußte so genau Bescheid wie ich, das war vielleicht ein...", sagte sie, nachdenklich vor sich hinlächelnd, „nastojaschtschi chudoshestwenny besporjadok" (eine beliebte russische Redewendung, die übersetzt lautet: ein richtiges künstlerisches Durcheinander).

Als ich eines Abends von der Arbeit nach Hause kam, herrschte in unserer Semljanka große Aufregung. Was war geschehen? „Lenuschka hat sich vergiftet!" flüsterte man mir zu. Ich lief in das kleine Zimmer. Dort lag sie bewegungslos und leichenblaß, die Augen geschlossen. Ich trat zaghaft näher an das schmale Bett, auf dem sie lag. „Es wird alles wieder gut", flüsterte mir die Schwester zu, die neben ihr saß, „wir konnten die Schlaftabletten noch rechtzeitig aus ihrem Magen entfernen." Und dann bewegten sich ihre schwarzen Wimpern, und unter halbgesenkten Lidern hervor blickte mich Lenuschka an. „So etwas macht man nicht!" sagte ich in sehr ernstem Ton und erschrak vor meiner eigenen lauten Stimme. Sie schloß die Augen wieder, und ich verließ den Raum. Ich wußte nur zu gut, wie unerträglich und hoffnungslos sie das Leben hier empfand. Doch ich war der Überzeugung, daß sie für diese Tat kein Bedauern sondern einen strengen Verweis verdient hatte.

Aber auch dieses traurige Ereignis ging vorüber, und Lenuschka mußte sich wieder in den Alltag finden. Im Moment galt es für sie, in der Schule allerhand nachzuholen, und Lotte Karlowna, ihre Mutter, hatte bei einer Fremdsprachenlehrerin Nachhilfestunden verabredet. Diese waren bei einer älteren Dame, von der ich schon früher erzählte, die auch mir die russische Sprache ein wenig nähergebracht hatte. Sie war eine gebürtige Stuttgarterin und gehörte wohl auch zu der Gruppe der deutschen Politemigranten. Auch sie war nach Kasachstan verschickt worden und hatte in den ersten Jahren auf einer Kolchose gearbeitet, zeitweise sogar als Schweinehirtin. Später gelang ihr die Flucht in die Stadt. Und jetzt verdiente sie sich ihren Lebensunterhalt mit Nachhilfestunden. Ihre Schüler waren größtenteils Erwachsene: Ingenieure, Parteifunktionäre und andere höhergestellte Persönlichkeiten, die eine Bildungslücke schließen wollten oder mußten. Es waren alles zahlungskräftige Schüler, die wahrscheinlich oft mit seltenen Lebensmitteln bezahlten. So kam es, daß unsere Lehrerin uns zuerst ein Honigbrot vorsetzte, bevor sie mit dem Unterricht begann. Ja, ich begleitete Lenuschka zum Englischunterricht. Lotte Karlowna hatte mich darum gebeten, und ich tat es sehr gerne. Ich überlegte: Als meine Schule unterbrochen wurde, war ich so alt wie Lenuschka heute. Da wir beide ab der fünften Klasse Englisch lernten, müßte sie auf derselben Stufe stehen wie ich vor fünf Jahren. Ich ließ mir ihr Englischbuch geben. Tatsächlich, es war der gleiche Wortschatz, den auch ich beherrschte, obwohl das Buch aus der russischen Schule stammte. Aber ich war nur Zaungast und lernte ganz alleine für mich, ohne abgefragt zu werden. Um unser Englisch zu festigen, schrieben wir uns manchmal Briefe in dieser Sprache.

Eines Tages war Lenuschkas Schulzeit beendet, und sie arbeitete nun als technische Zeichnerin in einem der größten Betriebe der Stadt, im „Schachta-Projekt". Dies war ein großer neuer Bau, vollgestopft mit Ingenieuren und technischen Zeichnern, die ihr Können für die Bergwerke in der Gegend von Karaganda einsetzten. Ich war deshalb etwas ratlos, als Lenuschka eines Tages zu mir sagte: „Kommen Sie mit mir zu einem bunten Abend ins Schachta-Projekt! Es wird fein werden, mit einem künstlerischen Programm und anschließendem Tanz." Meine Einwände wie: „Ich war noch nie in meinem Leben in einem Tanzsaal, und ich bin doch nur eine Heizerin und Geschirrwäscherin," und schließlich und endlich, „Was soll ich denn anziehen?" halfen alle nicht, ich mußte mit. So zog ich meinen roten Sarafan (Trägerrock) an mit der weißen Bluse, die mir Mutter vor kurzem genäht hatte.

Der vollbesetzte Festsaal war hell erleuchtet, als wir vor einer der weitgeöffneten Flügeltüren stehenblieben. Wir suchten mit den Augen alle Reihen nach einem freien Platz ab, doch wir konnten keinen entdecken. Lenuschka stand vorne und ich mit klopfendem Herzen hinter ihr. Plötzlich erhob sich ein Herr mitten im Saal. Er war groß und schlank und trug einen gutsitzenden dunkelbraunen Anzug, hatte feingeschnittene Gesichtszüge, und alles an ihm wirkte elegant. Dann lächelte er in unsere Richtung und winkte uns zu. Das mußte wohl eine Verwechslung sein. Doch schon faßte mich Lenuschka bei der Hand und flüsterte: „Kommen Sie!" Etwas zaghaft folgte ich ihr. Ein Platz war noch frei. Doch der elegante Herr überließ uns auch seinen eigenen Platz und sagte freundlich lächelnd: „Setzen Sie sich, ich finde schon was anderes!" Ich atmete erleichtert auf, als bald darauf die Lichter ausgingen und ein schwerer Vorhang eine erleuchtete Bühne freigab. Nach einer Festrede zum bevorstehenden Feiertag und nach einem gemeinsam gesungenen Lied vom Frieden wurde Tschechows Lustspiel „Der Bär" von der Laienspielgruppe des Betriebes aufgeführt. Ich war ganz eingenommen von der Hauptdarstellerin, der jungen Witwe. Sie trug ein langes schwarzes, bauschiges Seidenkleid, wie es vor etwa hundert Jahren Mode war. Ihre honigblonden Zöpfe, die zu einer Krone aufgesteckt waren, sowie ihre großen ausdrucksvollen Augen wirkten auf mich geradezu märchenhaft. Nach der Vorstellung, die mit großem Applaus bedacht wurde, räumte man die meisten Stühle aus dem Saal, und der Tanz begann. Wie erstaunt war ich, als die blonde Witwe aus dem Lustspiel lachend auf uns zukam. Sie schüttelte Lenuschka freundschaftlich die Hand, und mir wurde sie mit dem Namen Tatjana vorgestellt. Mehr als ein scheues Lächeln brachte ich nicht zustande. Die Mädchen wurden zum Tanz geholt, und plötzlich verbeugte sich auch vor mir ein wohlgenährter Herr in mittleren Jahren. Wir tanzten nach Walzerklängen durch den Raum. Als ich einen scheuen Blick nach oben wagte, merkte ich, daß er Kasache war. Er lachte übermütig und winkte nach allen Seiten seinen Bekannten zu. Als ich einmal seinen Blicken folgte, schaute ich direkt in das Gesicht einer bekannten Chirurgin unseres Krankenhauses. Sie stand mit ihrem Mann, welcher auch im Schachta-Projekt tätig war, am Rande der Tanzfläche in einem langen Abendkleid und winkte schelmisch und mit dem Zeigefinger drohend meinem Tanzpartner zu. Als der Tanz zu Ende und ich wieder glücklich neben Lenuschka gelandet war, fragte sie: „Wissen Sie auch, mit wem Sie da getanzt haben?" „Es war ein Kasache", entgegnete ich arglos. „Ja, und der zweite Mann in unserem Betrieb, der Stellvertreter unseres Direktors", sagte Lenuschka mit respektvoller Miene. Auch hier war der Stellvertreter des Leiters ein Kasache wie im Krankenhaus, „ein Herr des Landes", wie meine Köchinnen sagen würden. Noch einigemal an diesem Abend verbeugte sich mein prominenter kasachischer Tanzpartner vor mir zum Walzer. Ich hatte meine Unsicherheit fast ganz überwunden, nur eines dämpfte meine festliche Stimmung: Ich hatte neue Schuhe an, und meine Fersen waren total aufgerieben. Müde und erschöpft humpelte ich neben Lenuschka her, als wir spät in der Nacht nach Hause gingen. Noch lange Zeit schwärmte ich von meinen ersten Ballerlebnissen und von der festlichen Atmosphäre, die uns in jener Nacht umgeben hatte. Zu meinen wunden Füßen, dem einzigen Schatten jenes gelungenen Abends, sagte Frau K., eine Berliner Politemigrantin (Sie war ungefähr sechzig Jahre alt, lebte etwa 20 Jahre in der Sowjetunion, hatte schon viele Höhen und Tiefen eines politisch tätigen Menschen durchwandert und ihren unverwüstlichen Berliner Humor trotzdem behalten.): „Ja, Ja!

Am Anfang wollt ich gar verzagen,
Ich glaubte, ich ertrüg es nie.
Schließlich hab' ich 's doch ertragen,
Aber frag mich ja nicht wie!

Heinrich Heine! Auch er soll zu kleine Schuhe getragen haben, als ihm dieses Verschen eingefallen ist." Alle Anwesenden lachten. Nur ich beteuerte mit ernster

Miene: „Das kann ich wohl glauben, denn jede Zeile ist mir wie aus dem Herzen gesprochen."

Manchmal auf unseren Spaziergängen durch die Grünanlagen am „Kino-Theater Oktober" oder auf den gelben Sandwegen im Pionierpark, der ausschließlich mit jungen Birkenbäumchen bepflanzt war, schwärmten Lenuschka und ich von einem Häuschen im Schwarzwald, in dem wir uns ein märchenhaftes Leben vorstellten: unendlich viele schattige Wege und silberhelle Quellen. Und wenn man Glück hatte, würde man Rehen und Hasen begegnen. Doch das waren nur Phantasieträume, angeregt durch die anschaulichen Schilderungen von Lenuschkas Mutter, denn sie war im Schwabenland geboren und kannte die reizvollen bewaldeten Höhen und die sattgrünen Täler. Ein Schwarzwaldhäuschen stellte ich mir so vor wie das kleine braune Haus einer Kuckucksuhr, die ich irgendwann in meinen Kindertagen einmal gesehen hatte. Doch niemand von uns beiden glaubte im Grunde an die Verwirklichung unserer Träume, denn alles, was uns umgab, war anders. In dem kleinen Birkenhain, durch den wir gingen, war jeder Baum von Menschenhand in die Erde gepflanzt worden. Durch die schlanken, jungen Stämme sah man eine fahle, sonnenverbrannte Ebene. Die sumpfige Niederung, an die sich der Pionierpark anschloß, der die Birken ihr Leben zu verdanken hatten, war die Heimat einer malariaverseuchten Mückenbrut. Von all den Menschen, die uns auf den schattigen Wegen begegneten, und es waren manchmal so viele, daß man sich mit den Ellbogen berührte, vernahm man kein deutsches Wort. Selbst wir beide, die wir von Deutschland erzählten, unterhielten uns nur in russischer Sprache.

Am Anfang glaubte ich, diese für mich so fremd klingenden Worte nie erlernen zu können, obwohl ich mir größte Mühe gab und fleißig auswendig lernte. Aber im Umgang mit den Menschen traten immer neue Schwierigkeiten auf. Einmal trieb es mir die Tränen in die Augen, als zwei Frauen ganz laut hinter mir sagten: „Gluchaja, schto ili?" (Das Mädel ist wohl taub? Wörtlich: Taub, oder was?). Aber ich hatte nur ihre Worte zuvor nicht verstanden und deshalb nicht darauf reagiert.

Doch in Wahrheit war es ganz anders. Ohne daß ich es selbst spürte, vergrößerte sich mein Wortschatz ständig. Man könnte es vielleicht mit dem Wachstum einer Pflanze vergleichen, der man auch beim Größerwerden nicht zuschauen kann. Es war wie ein allmähliches Erwachen. Besonders dankbar empfand ich dies beim Verstehen des Inhaltes der russischen Volkslieder. Ihre Melodien kannte ich schon längst und sang sie in der Krankenhausküche mit den Köchinnen um die Wette. Doch eines Tages fiel mir auf, wie wunderbar die Worte zu den Tönen paßten, zum Beispiel bei dem Lied vom Gewitter. Es beginnt mit den Worten: „Rewela burja, grom gremel." (Es heulte der Sturm, der Donner brach los). Ein gewaltiges Lied für mein Empfinden. Seitdem ich die Worte verstand, wußte ich, warum man nur an einer ganz bestimmten Stelle motiviert war, mehrstimmig zu singen, an der Stelle nämlich, an der im Text der Donner losbricht. Oder: das traurige Liebeslied von der zarten Eberesche und dem starken Eichenbaum, von ihrem unerfüllbaren Sehnen nacheinander. Ein breiter Fluß lag zwischen ihnen, und sie waren festgewurzelt in der Erde. Seitdem ich die einzelnen Worte verstand, konnte ich erst die ganze Kraft der volkstümlichen Melodien erfassen. Ich erzählte auch Lenuschka von meiner neuen Entdeckung. Aber sie winkte nur lächelnd ab und sagte: „Diese Lieder, die Sie mir hier nennen, sind alles alte Bauernlieder mit abgedroschenen Phrasen. Die Betrunkenen grölen sie an jeder Straßenecke." „Mag sein, daß es für Menschen, denen die russische Sprache angeboren ist und die in ihr leben und denken, abgedroschene Phrasen sind, doch für mich sind diese Ausdrücke neu und voller Kraft und die Melodien, von den tiefsten bis zu den höchsten Tönen, alle an ihrem wirkungsvollsten Platz." Ich führte einige Beispiele an. Lenuschka lauschte sehr aufmerksam und sagte dann: „Ich glaube, Sie haben recht. Für uns sind diese Ausdrücke zu alltäglich, und darum wirken sie fad." Vielleicht war ich dem Geheimnis auf die Spur gekommen, weshalb sich fremdsprachige Lieder besonders großer Beliebtheit erfreuen. Übersetzt man ihren Text jedoch in die eigene vertraute Sprache, so ist er oft flach, um nicht zu sagen kitschig.

Lenuschka fuhr nach einigen Jahren wieder zurück nach Moskau. Dort beendete sie das pädagogische Institut und wurde unter anderem auch Lehrerin für Englisch. Sie heiratete einen Pädagogen.

Es war im Jahre 1962, ich lebte nun im Schwabenland, von dem wir einst geträumt hatten, da erhielt ich ganz überraschend eine Ansichtskarte vom Roten Platz in Moskau. Lotte Karlowna, Lenuschkas Mutter, hatte sie bei einem Besuch dort geschrieben. Die letzten Worte waren von Lenuschka in Russisch beigefügt, und ich las ganz langsam: „Wspominali was, u menja stalo kak-to grustno na dusche." (Frei übersetzt: Wir erinnerten uns an Sie, und ich wurde tief traurig in meiner Seele.) Die letzten Worte sind eine geläufige Redewendung im Russischen, doch ich bin sicher, daß Lenuschka wußte, daß ich diese Worte nicht als abgedroschene Phrase empfinden würde.

Aida, die Oper von Verdi, in der Gefangenschaft

Es war an einem der vielen sonnigen, wolkenlosen Sonntage des Jahres 1949. Zum erstenmal in meinem Leben war ich in die Oper eingeladen. Aida von Verdi stand auf dem Programm zur Eröffnung des neuen Sommertheaters. Das neue und erste Theater der Neu-Stadt Karaganda war aus Holz gebaut.

Das Sommertheater in Karaganda, von deutschen und von japanischen Kriegsgefangenen erbaut.

Es war nicht zu heizen und deshalb nur ein Sommertheater. Doch es sah aus wie ein richtiges Schloß mit Säulengängen und kunstvollen Verzierungen. Grünanlagen und ein großes Wasserbecken mit einem silberhellen Springbrunnen zierten den Vorplatz. Im Hintergrund breitete sich der mit jungen Birken bepflanzte Pionierpark aus.

Viele festlich gekleidete Menschen strömten dem Eingang zu. Uniformen und blankgeputzte Stiefel hoher russischer Offiziere blinkten in der späten Nachmittagssonne. Ich stand allein und etwas ratlos in einer Ecke der Anlagen und wartete mit höchster Spannung auf Hans, den Hannoveraner. Er war Kriegsgefangener. Diese Einladung war eigentlich eine riskante Sache. Doch ich wollte kein Feigling sein, und hatte er mir nicht versichert, daß nichts schiefgehen könne? Denn sie, die Kriegsgefangenen, hatten dieses Theater gebaut. Ganz genau entsinne ich mich, als Hans eines Tages freudestrahlend zu mir sagte: „Jetzt kann ich Ihren Namen auch in Japanisch schreiben." Dann kramte er ein Fetzchen Papier aus seinen Taschen, und darauf standen für mich rätselhafte Schriftzeichen der japanischen Sprache. „Und woher können Sie das?“ fragte ich ungläubig. „Von den japanischen Kriegsgefangenen“, sagte er, „mit denen wir zusammen am Sommertheater arbeiten.“ Lange Zeit stand an dieser Stelle ein unübersehbarer Zaun mit hohen Wachtürmen an jeder Ecke. Doch jetzt lag alles frei, und heute, am ersten Spieltag, durfte eine Gruppe Kriegsgefangener zur Belohnung ins Theater. Hans war auch dabei.

Während ich mit gemischten Gefühlen meinem Abenteuer entgegensah und noch nicht recht wußte, ob ich bleiben oder doch lieber heimgehen sollte, marschierte ein Trupp deutscher Kriegsgefangener, von Wachposten mit Gewehren begleitet, auf das Theater zu. So hatten wir uns den Theaterbesuch nicht vorgestellt!

Die Gefühle, die der Anblick deutscher Kriegsgefangener in mir auslöste, waren mit nichts vergleichbar. Manchmal drückten sich diese in unsagbarem Mitleid aus, manchmal in einer unwiderstehlichen Anziehungskraft und geradezu heldenhaften Kameradschaft, der zuliebe ich bedenkenlos bereit war, das Risiko einer harten Strafe auf mich zu nehmen. Es war wohl die Unbekümmertheit meiner jungen Jahre, gepaart mit dem Patriotismus und der Vaterlandsliebe von einst, deren Spuren ich immer noch in mir trug, was mich manchmal so bedenkenlos handeln ließ.

Ich erinnere mich noch genau an einen frostig kalten Wintertag. Wir lebten erst kurz in der Stadt, und Brot gehörte damals noch zu den größten Kostbarkeiten des Lebens. Auf dem Schwarz-Markt kostete in jenen Jahren ein Brot mehr als hundert Rubel, das war der halbe Monatslohn eines Arbeiters. Ich hatte stundenlang in der Schlange vor einem Brotladen gestanden und war nun glücklich über mein Brot, ein Vollkornbrot von etwa 1000 Gramm, das mich im Geschäft nur drei Rubel gekostet hatte. Es war bitter kalt, ich preßte das warme Kastenbrot fest an meinen Körper und fühlte dabei seine behagliche Wärme. Mit schnellen Schritten eilte ich über die schneebedeckten Straßen. Aber dann mußte ich an dem hohen Stacheldraht mit den Wachtürmen vorüber. Dahinter bauten deutsche Kriegsgefangene an einem Häuserkomplex. Verstohlen schaute ich durch das Gitter. Da! Einer von ihnen hatte mich entdeckt. Dann fiel sein Blick aus großen tiefliegenden Augen auf mein Brot. Er kam auf mich zugerannt, seine knochige Hand ganz dicht an dem stachligen Draht. Was sollte ich tun? Hat es der Wachposten vom Turm bemerkt? Und wenn er es sieht, wird er dann schießen? Ich hatte keine Zeit mehr zu verlieren, denn die bettelnde Hand war jetzt ganz dicht neben mir. Mit einem energischen Ruck brach ich ein dampfendes Stück aus dem frischen Brot und schob es hastig in die ausgestreckte zitternde Hand. In sein Gesicht habe ich nicht gesehen. Ich lief schnell weiter und glaubte, die Blicke des Wachposten brennend auf meinem Rücken zu spüren.

Da! Noch eine bittende Hand! Wieder brach ich mit steifen Fingern einen Brocken aus meinem Brot und steckte ihn eilig durch den Gefangenenzaun. Meine Schritte wurden immer schneller. Schließlich rannte ich in verzweifeltem Dauerlauf am Zaun entlang. Doch die knochigen Hände verfolgten mich, und ich konnte nicht anders, ich brach immer neue Stücke aus meinem kostbaren Brot. Dann war ich am Ende des Zaunes angelangt, der mir kilometerlang erschienen war, in Wirklichkeit aber wohl nur knappe hundert Meter maß. Von der brennenden Kälte spürte ich nichts mehr. „Der Wachposten!" konnte ich nur immer und immer wieder denken. Doch es blieb alles still an diesem kristallklaren Tag, kein Schuß durchbrach die eisige Luft. In meiner Hand trug ich den kläglichen Rest von einem Kastenbrot. Mutter schaute mir entsetzt entgegen, als ich unsere Stube betrat. „Was hast du mit dem Brot gemacht?" fragte sie verwundert. Ich erzählte, was ich erlebt hatte. Schweigend verbrachten wir diesen Nachmittag bei Strickarbeiten am warmen Ofen.

Oder ein anderes Mal: Es war an einem heißen Sommertag. Ich ging gerade auf der „Ssrednaja uliza" (Mittleren Straße), in der wir wohnten, da überholte mich ein Lastwagen. Dichtgedrängt, Kopf an Kopf saßen deutsche Kriegsgefangene darauf, zwei russische Wachsoldaten mit Gewehren mit dem Rücken zu mir. Die Gesichter der Gefangenen waren alle mir zugewandt. Ich konnte nicht anders, ich hob die Hand und winkte ihnen zu. Sie konnten nicht zurückwinken, doch viele Augenpaare schickten mir grüßende Blicke zu. Nie zuvor und nie mehr danach habe ich einen Lastwagen mit Kriegsgefangenen durch unsere Straßen fahren sehen.

Mit den Jahren muß die Bewachung der deutschen Kriegsgefangenen lockerer geworden sein. Wie wäre es sonst möglich gewesen, daß zwei Männer unbewacht dasselbe „Magazin" (Kaufladen) betraten, in dem ich Zucker kaufen wollte? Sie trugen den graugrünen Soldatenrock der deutschen Wehrmacht, der inzwischen seine Bedeutung vollkommen verloren hatte. Ich stand in einer langen Reihe mit alten Mütterchen, Frauen, Mädchen und Kindern nach Zucker an. Wir standen schon Stunden dicht hintereinander an der weißgetünchten Wand. Die Schlange zog sich am Ofen vorbei, zur Tür hinaus und lief auf der Straße der Wand entlang weiter. Die beiden Männer, die mir durch ihre außergewöhnliche Kleidung verraten hatten, daß sie Deutsche waren, standen mit dem Rücken an die gegenüberliegende Theke gelehnt, an der es Wodka und teure Fischkonserven zu kaufen gab, und beobachteten uns. Ja, ich wurde den Verdacht nicht los, als beobachteten sie mich. Plötzlich rief die Verkäuferin im weißen Kittel in den Raum: „Der Zucker ist gleich alle, ihr wartet umsonst!" Aber niemand rührte sich von der Stelle. Auch ich blieb hartnäckig auf meinem Platz stehen, denn ich hatte bis zur Waage nur noch zwei Personen vor mir. Ich konnte es noch nicht fassen. Alle Mühe war umsonst gewesen. Für mich gab es keinen Zucker mehr. Alle stürzten nun mit Murren und Schimpfen dem Ausgang zu. Der dicke Menschenknäuel blieb in der weitgeöffneten Tür stecken. Diese Situation nützten die beiden Kriegsgefangenen aus und mischten sich unter die Menge. Plötzlich hörte ich ganz dicht hinter mir eine Männerstimme: „Fräulein, wo wohnen Sie?" Diese deutschen Worte drangen deutlich an mein Ohr, unverkennbar durch all das russische Gemurmel, das mich umgab. „Weit von hier", entgegnete ich halblaut und hastig und eilte, als ich mich schließlich durch den Ausgang gequetscht hatte, ohne mich umzusehen, unserer Semljanka zu. Doch woher wußten sie, daß ausgerechnet ich unter all den vielen Menschen eine Deutsche war? Vielleicht war das mit dem Ansprechen nur ein Versuch? Und ich hatte darauf reagiert. Ohne daß ich es merkte, fanden sie heraus, wo ich wohnte. Sie ahnten damals nicht, daß meine Spur in die Gesellschaft vieler deutscher Menschen führte. Denn es lebten damals, im Sommer 1949, in unserer „Obschtscheshitije" (Gemeinschaftswohnung), die aus drei Räumen bestand, zehn Personen: eine Russin, die ehemalige Strafgefangene, und sonst deutsche Frauen mit Kindern, aus der Krim, von der Wolga, aus Bessarabien, aus Stuttgart und Berlin. Unsere Wohnräume lagen im ersten Eingang einer langen Semljanka. Dieser niedrige Bau mit Wohnräumen für Arbeiter des Krankenhauses hatte insgesamt sechs Eingänge.

Als ich an einem ganz gewöhnlichen Abend, von der Schicht kommend, die Semljanka betrat, bot sich mir ein außergewöhnliches Bild: Etwa zehn Mann, deutsche Kriegsgefangene, saßen dichtgedrängt um den kleinen Tisch und oben, mit erröteten Wangen und ganz in ihrem Element, Frau König, die über sechzigjährige Frau aus Berlin. Sofort stellte sie mir jeden persönlich vor. Zwei von ihnen kannte ich schon, es waren die beiden aus dem „Magazin" (Laden). Und nun erfuhr ich ihre Namen. Der eine hieß Gustl und war aus Wien, der andere, ein Witzbold durch und durch, stammte aus dem Saarland. Es gab noch einen großen Blonden aus Düsseldorf und einige andere. Besonders interessant für Frau König war es, deren Heimatstadt zu erfahren, denn sie kannte sich fast überall aus. Ihre Reden waren gewürzt mit Gassenhauern aus Berlin aus der Kampfzeit vor 1933. Und so ertönte plötzlich mitten im Gespräch:

„Licht aus! Messer raus! Runter vom Balkon!
Haut sie, daß die Fetzen fliegen!
Straßen frei! usw..."

Übermütiges Lachen erfüllte den Raum, denn der Ernst jener Kampfzeit gehörte längst der Vergangenheit an. Auch Zitate bekannter Politiker fehlten nicht. Verse von Schiller, Goethe und Heinrich Heine waren ihr genauso geläufig wie die Texte der weltbekannten Materialisten. So war es kein Wunder, daß sie für die deutschen Kriegsgefangenen geradezu ein Magnet war. Und immer wieder tauchte eine neue Schar auf. Doch es waren immer nur so viele, wie an dem kleinen Tisch bei ihr Platz hatten.

Einmal schob sie mir augenzwinkernd ein Brieflein zu, das jemand von ihren „Gästen" für mich abgegeben hatte. Ich lachte nur darüber. Außerdem schien mir die Sache nicht ganz geheuer. Was würde passieren, wenn irgend jemand die Besuche der Kriegsgefangenen bei dem MWD meldete? Doch eines Tages kam jene Einladung in das neue Sommertheater, und ich konnte ihr nicht widerstehen.

So stand ich dann vor dem Theater und schaute dem Trupp deutscher Kriegsgefangener entgegen, der sich mit schnellen Schritten dem Springbrunnen näherte. Die Haltung der Männer war stramm. Sie waren alle ohne Kopfbedeckung, aber mit sorgfältig gekämmtem Haar. Demnach war in den Kriegsfangenenlagern auch die Sitte mit den kahlgeschorenen Köpfen abgeschafft worden. Ihrer Kleidung sah man den deutschen Soldatenrock aus weiter Ferne an. Nicht selten war die grüngraue Jacke von der Infanterie und die blaugraue Hose von den Fliegern oder umgekehrt. Ich suchte mit den Augen nach Hans. Es war nicht schwer, ihn zu finden, denn er war einer der größten und überragte seine Nebenmänner deutlich. Es muß kurz vor Beginn der Vorstellung gewesen sein, denn nur noch vereinzelt eilten Besucher dem Eingang zu. Der Trupp der Kriegsgefangenen löste sich auf, und kurz darauf stand Hans mit bekümmerter Miene vor mir. „Es tut mir ja so leid, doch wir werden die ganze Zeit unter Bewachung bleiben. Ob ich Sie unter diesen Umständen mitnehmen kann, weiß ich nicht", sagte er entschuldigend. Er bat mich aber, noch einen Moment zu warten, dann lief er wieder zu den anderen. Nach ein paar Minuten tauchte er freudestrahlend wieder auf. „Kommen Sie, es geht alles in Ordnung!" rief er mir zu. „Sie dürfen mit uns auf den Balkon. Allerdings ist der Aufstieg etwas beschwerlich."

Tatsächlich, es übertraf alle meine Erwartungen. Wir betraten das Theater durch einen Nebeneingang und standen plötzlich in einem dunklen kleinen Raum, der nur von der Decke her Licht bekam. Ich traute meinen Augen nicht, denn ein Mann baumelte in der Luft und verschwand dann in der Luke, aus der das fahle

Licht strömte. Gleich darauf erschienen zwei Köpfe in der Öffnung an der Decke und riefen mit gedämpfter Stimme in Deutsch: „Der Nächste!" Ein Strick kam herunter, der nächste Mann hielt sich fest und verschwand dann gleichfalls in der Luke. Nun entdeckte ich, an die Dunkelheit schon etwas gewöhnt, eine viel zu kurze Leiter. Ich stand schon direkt davor. Die theaterfreudigen Herren hatten mir als einziger weiblichen Person höflich Platz gemacht. Und schon stand ich auf der untersten Sprosse, zu spät, um umzukehren! Ich tastete mich unsicher im Dunkeln von einer Sprosse zur anderen. Da, der Strick! Jetzt baumelte er direkt vor meiner Nase. „Anfassen! Anfassen!" rief man mir von allen Seiten ermunternd zu. Eine Sekunde schweben, und schon faßten starke Männerhände meine Oberarme und zogen mich hinauf. Mit einem Ruck stand ich mit beiden Beinen auf festem Boden. Über mir wölbte sich die Kuppel des Theaters: ein dunkelblauer Nachthimmel, vollbesät mit künstlichen goldenen Sternen. Der blaue weichglänzende Samtvorhang hielt die Bühne noch geheimnisvoll verborgen. In Regenbogenfarben funkelnde Kristalleuchter spendeten dem großen Raum eine festliche Beleuchtung. Ich wußte im ersten Moment nicht recht, ob ich träumte oder wachte, denn durch die Luke hindurch war ich in eine Märchenwelt gelangt. Und dann fing ich an zu begreifen. Der Aufstieg zu dem Balkon, auf dem ich jetzt stand, war nicht mehr fertig geworden. Deshalb durften die deutschen Gefangenen ihn belegen. Ich konnte keinen freien Platz entdecken. Plötzlich stand Hans hinter mir. Ich atmete erleichtert auf. Wir gingen einige Reihen vor, doch vergebens, alles war besetzt. Dann erhob sich in den ersten Reihen einer der Männer und sagte auf Deutsch zu mir: „Bitte, nehmen Sie Platz!" Was mich am meisten irritierte, war, daß jedes Wort, das ich hier oben hörte, deutsch gesprochen war. Aber wie konnte es auch anders sein? Ein Mann neben mir erhob sich und drückte Hans auf seinen freien Platz. Es wurde nun dunkel im Saal. Der Bühnenvorhang glänzte in geheimnisvollen Farben. Ganz leise begann das Orchester mit weichen, zarten Tönen das Vorspiel zur Oper Aida.

Atemlose Stille in den Reihen, nur die gedämpfte Musik erfüllte den hohen Raum und drang bis zu uns auf die oberen Ränge der Gefangenen. Plötzlich ein Poltern an der Leiter unseres Aufstiegs. Hastende Schritte, aufgeregtes Getuschel, und dann schlich eine gebückte Gestalt an uns vorbei und setzte sich auf den Fußboden, direkt vor meine Füße. Der Neuangekommene drückte sein Gesicht an die gedrechselten Stäbe der Balkonabschirmung und schaute hinunter auf die Bühne. Während wir aufmerksam in den Saal hinablauschten, fing die geheimnisvolle Gestalt vor mir in der Hocke an, unbekümmert zu schimpfen und zu fluchen, auch auf Deutsch natürlich. Ich fand es belustigend, doch mein Begleiter war anderer Meinung, denn er kam ganz dicht an mein Ohr und flüsterte: „Das ist Heinz, ein prima Kerl, doch heute leider betrunken!" Und aufs neue mischten sich deutsche Flüche mit Verdis klassischen Tönen: „Dieser Scheißkerl, muß er auch im Theater hinter uns stehn?" Das war also der Grund seiner Aufregung: ein Wachposten! Vorsichtig drehte ich mich um. Tatsächlich ganz hinten stand ein Wachsoldat. Ein unangenehmes, fast bedrückendes Gefühl hatte sich in meine festliche Stimmung gemischt, und immer wieder schwebten die Gedanken weg von der Bühne, hin zu dem russischen Posten.

Es war schon sehr spät in der Nacht, als die letzten Töne verklungen waren. Der Abstieg mit Strick und Leiter verlief ohne Zwischenfälle. Ich hatte etwa 1,5 Kilometer bis nach Hause. Ich rannte den ganzen Weg. Um taumelnde Betrunkene machte ich einen großen Bogen. Und Hans, mein Begleiter, wurde mit den anderen Kriegsgefangenen wieder abgeführt.

Ermutigt duch diesen ersten geglückten Theaterbesuch, versuchten es meine Freunde ein zweites Mal. An einem strahlenden Sonntagnachmittag standen plötzlich Hans, der Hannoveraner, und Gustl, der Wiener, in unserer Semljanka. „Dürfen wir Sie ins Theater einladen?" war ihre direkte Frage. „Heute wird Goethes Faust gegeben." „Wieder auf den Balkon?" fragte ich etwas unsicher. „Nein, leider ist die Treppe schon fertig, aber wir haben Beziehungen zu den Leuten vom Theater!" sagte der kleine Gustl augenzwinkernd.

Kurze Zeit darauf schlichen wir zu dritt um das Sommertheater. Dann verschwanden wir in einem unscheinbaren Seiteneingang, der wohl für Schauspieler und Kulissenschieber bestimmt war. Ein sehr langer und dunkler Flur nahm uns auf. Von irgend jemandem wurde ich schließlich in die Falten des blauen Samtvorhanges gestellt, meine beiden Begleiter in nächster Nähe hinter mir. Die Bühne war in helles Licht getaucht, und laute russische Worte hallten in den Raum, von grellgeschminkten Künstlern mit großem Pathos vorgetragen. Der Blickwinkel, aus dem ich die Bühne sah, war äußerst ungewöhnlich und ungünstig. Das Scenenbild blieb ohne Wirkung. Dasselbe muß wohl auch der furchterregende Mephisto, der Teufel der Faustsage, empfunden haben, der plötzlich als geheimnisvolle Gestalt vor mir stand. Ich muß ihn wohl sehr erschrocken angeschaut haben, denn er legte ganz behutsam seine Hand auf meine Schulter, zeigte seine weißen Zähne, was wohl ein Lächeln sein sollte und schob mich ganz sanft in einen Position mit besserer Übersicht. Der blaue Samtvorhang berührte jetzt trocken und kühl meine bloßen Arme. Mephisto hatte mich so weit nach vorne gedrückt, daß ich mühelos die ersten Reihen der Theaterbesucher sehen konnte. Das Rampenlicht der Bühne brachte die Orden und Stiefel der russischen Offiziere zum

Blitzen. Ein Unbehagen erfüllte mich. Als ich mich hilfesuchend nach meinen Begleitern umschaute und diese mir befriedigt und arglos zulächelten, steigerte sich mein Unbehagen zur panischen Angst. Ich konnte es nicht länger hier drinnen aushalten. Ein Fingerzeig der Offiziere hätte genügt, um uns verhaften zu lassen. „Bringt mich weg von hier!" flüsterte ich Hans zu, der in nächster Nähe stand. Bald darauf schlichen wir durch den dunklen schmalen Flur wieder zurück und standen nach einigen Minuten im weißen Sonnenlicht. Noch fünfzig Schritte, und der schattige Pionierpark würde uns schützend aufnehmen. Aber dem war nicht so. Auch hier war für uns kein sicherer Platz. Alle Wege waren überflutet von sonntäglichen Spaziergängern, und meine beiden Begleiter im deutschen Soldatenrock erregten Aufsehen. Wir entfernten uns schleunigst vom Zentrum des Parks und gelangten schließlich auf halbverwilderte Wege. Nun glaubten wir uns in Sicherheit, denn es war weit und breit kein Mensch mehr zu sehen. Wir fingen an, uns in deutscher Sprache laut zu unterhalten. Vollkommen unerwartet tauchte ein Pärchen in unserer Nähe auf. Der Mann trug die Uniform des russischen Sicherheitsdienstes (MWD). Eine fast unertägliche Atmosphäre verbreitete sich um uns. Zuerst wurden die beiden Männer an meiner Seite zu ihm beordert. Ich blieb allein zurück und wagte mich nicht von der Stelle. Davonlaufen? Nein, es war sinnlos, ich war wie gelähmt. „Kommen Sie näher!" Diese Worte, in Russisch gesprochen, galten mir. Der Mann in der olivbraunen Uniform empfing mich mit ernster Miene und sagte dann in barschem Ton: „Wissen Sie nicht, daß Sie für Ihr Verhalten 10 Jahre Gefängnis bekommen?" Schweigend führte uns der MWD-Mann ab. Seine Begleiterin blieb unbeachtet im Park zurück. „Wohin werden wir gebracht?" fragte ich mich. Wir marschierten zurück durch den ganzen Park. Passanten, die uns begegneten, schauten uns verwundert nach. Schließlich machten wir unter einem hölzernen Turm halt. Ein russischer Soldat mit Gewehr hielt darauf Wache. Und jetzt bemerkte ich, daß ganz in der Nähe deutsche Kriegsgefangene einen Graben aushoben. Ich mußte auf der Stelle stehenbleiben. Mit meinen beiden Begleitern ging der MWD-Mann einige Schritte weiter. Dann zog er sein Notizbuch und fragte nach den Namen. Ich konnte jedes Wort verstehen und war sehr erstaunt, als Hans, der Hannoveraner, mit „Schulze" antwortete. Das stimmte nicht, sein Name war doch ganz anders. Doch noch mehr verwundert war ich, als Gustl, der Wiener, den Namen „Lehmann" angab. „Lehmann und Schulze!" Ich mußte trotz allem lächeln, aber die Furcht war größer. Und dann mußte auch ich meine Personalien angeben. Ich wich um kein Haar von der Wahrheit ab. Es endete damit, daß unsere Personalien dem Wachposten übergeben wurden. Ich durfte vorläufig nach Hause gehen, Hans und Gustl kamen unter Bewachung. Als ich in unsere Semljanka zurückkam, versteckte ich all unsere Briefe und Bilder aus Deutschland und wartete von Stunde zu Stunde auf eine Hausdurchsuchung. Der Abend verging, die Nacht verging, es geschah nichts.

Es vergingen Tage und Wochen. Es blieb alles ruhig. Eines Abends schließlich, als ich von der Schicht nach Hause kam, überreichte mir Frau König einen kleinen Brief. Er war von Hans und Gustl und hatte etwa folgenden Wortlaut: „Machen Sie sich keine Sorgen wegen des Zwischenfalles von neulich im Theater. Es ist wieder alles in Ordnung. Wir konnten den Zettel mit Ihrem Namen für einige Rubel dem Wachposten abkaufen."

Ich atmete erleichtert auf. Wir waren noch einmal mit einem blauen Auge davongekommen.

Pferde und Kühe verstanden den Dialekt der Wolgadeutschen

Alle, die wir Kopf an Kopf, Körper an Körper, dicht gedrängt auf dem Lastwagen saßen, waren deutsche Mädchen aus Karaganda. Die breiten Gummiräder wühlten sich durch den grauen Staub der Straße, und unter meinen Zähnen knirschte der Sand und schmeckte nach heißer Erde.

Forschend betrachtete ich ein Gesicht nach dem anderen: „Nein, ich kannte keines!" Und doch wußte ich ganz genau, daß man uns alle aus einer großen Kartei, die beim MWD (Ministerium für Innere Angelegenheiten) für alle verschickten Deutschen angelegt war, herausgefischt hatte. Der monatliche Gang zur Kommandantur war für uns längst zur Gewohnheit geworden. Man kam und schrieb seinen Namen auf die Karteikarte, die mit einem Lichtbild versehen war. Der Kommandant in der olivgrünen Uniform des MWD sagte zum Schluß ernst und sachlich: „Do sswidanija!" (Auf Wiedersehn!), was man auch wörtlich nehmen konnte, und ging dann wieder seiner Arbeit nach. Dann waren da noch die Zehntelmänner, Djäßjatniki genannt. Sie überbrachten uns dringende Nachrichten vom Kommandanten. Sonst sind sie mir nie zu Gesicht gekommen. Dieses Mal lautete der Befehl: „Zur Erntehilfe auf die Kolchose!" Ich war die einzige aus unserem Bekanntenkreis, und ich war zuerst sehr erschrocken darüber. Doch man versicherte uns immer wieder: „Nur für einige Wochen, über die Erntezeit, dann dürfen alle wieder zurück an die alte Arbeitsstelle." Das beruhigte mich ein wenig, konnte meine Bedenken aber nicht vollkommen zerstreuen.

Die Sonne brannte vom wolkenlosen Himmel, und immer mehr Staub legte sich auf unsere Gesichter und auf unsere Kleider. Wir waren uns alle fremd, und wir schwiegen. Langsam kam uns zum Bewußtsein, daß wir alle die gleiche Muttersprache hatten. Als eines der Mädchen ein deutsches Volkslied anstimmte, sangen fast alle mit. Wir versuchten es mit einem zweiten Lied. Zu unserer freudigen Überraschung klappte auch dieses. Und so sangen wir ein Lied nach dem anderen, als hätten wir schon immer zusammen gesungen. Bald ging das große Fragen los. Es stellte sich heraus, daß die meisten der Mädchen Deutsche aus der Ukraine waren. Sie hatten lange Irrfahrten hinter sich gebracht, bis sie schließlich hier in Kasachstan, in dem großen Sammelbecken der Verschickten, gelandet waren. Sie wußten aus der Zeit, als die deutsche Wehrmacht in der Ukraine stationiert war, viele interessante Erlebnisse zu berichten. Eines der Mädchen erzählte: „Eines Tages fuhr eine Kutsche mit deutschen Offizieren durch unseren Ort. Es war zu der Zeit, als die Rote Armee schon weit nach Rußland hineingedrängt war. Die Kutsche hielt an, und einer der Offiziere rief einen kleinen Buben aus unserem Dorf zu sich an den Wagen. Er fragte ihn nach seinem Namen, nach seinen Geschwistern und allen möglichen alltäglichen Dingen. Der Junge antwortete in kindlicher Aufrichtigkeit in seinem schwäbischen Dialekt. Er schaute dabei dem Offizier unbekümmert und sehr aufmerksam ins Gesicht. Plötzlich stellte der kleine Kerl eine kurze Frage: ‚Bisch du d'r Hitler?' Der Offizier zog seine Mütze tiefer in die Augen und antwortete: ‚Junge, du bist mir zu schlau!' Auf seinen Wink hin schlug der uniformierte Kutscher auf die Pferde ein, und die Kutsche fuhr in schneller Fahrt zum Dorf hinaus."

Das Mädchen, das neben mir saß, erzählte von einem deutschen Offizier, der mit vielen anderen in ihrem Dorf Unterkunft gefunden hatte und große Liebe zu schönen Pferden zeigte. Er fütterte sie mit Zucker und streichelte ihr Fell, wann immer er Gelegenheit dazu hatte. Doch er konnte auch sehr böse werden, wenn jemand seine Tiere vernachlässigte oder gar mißhandelte. „Alle Bauern gemeinsam schenkten ihm dann ein Pferdchen," berichtete sie weiter. „Kennst du den Namen dieses Mannes?" fragte ich sie. Ja, sie kannte den Namen. Meine leise Vermutung bestätigte sich. Sie sprach von meinem Onkel, dem Bruder meiner Mutter. Nach Karaganda zurückgekehrt, führte ich sie zu uns, und wir schlossen eine Freundschaft, die auf Jahrzehnte hinaus erhalten blieb.

Als 1944 die Rote Armee die Ukraine wieder zurückeroberte, übersiedelten alle Deutschen von dort kurz vor den sowjetischen Truppen nach Deutschland. Doch die meisten von ihnen gelangten am Ende des Krieges wieder in russische Hände.

Wir waren schon eine lange Zeit unterwegs und wußten immer noch nicht, wohin die Reise eigentlich gehen sollte, als plötzlich der Wagen stehenblieb, der Fahrer die schwere Tür des Führerhauses aufstieß und seinen Platz hinter dem Lenkrad verließ. Jetzt, da die Räder stillstanden und der Motor abgeschaltet war, vernahmen wir ein Rauschen. Es hörte sich an wie das Rauschen eines Wasserfalles. Doch das schien mir ganz unmöglich hier in der versengten Steppe. Als ich meinen Blick nach rechts wendete, erblickte ich einen rostigbraunen Hügel. Der Fahrer und einige von unseren Mädchen waren schon auf dem Wege dorthin. Ich kletterte auch vom Lastwagen und lief in dieselbe Richtung. Ein gewaltiger Anblick bot sich uns: ein Stauwerk. Die Wassermassen prasselten geräuschvoll in die Tiefe und versprühten einen sauberen kühlen Regen, der so fein war wie Staub. Wir traten so dicht wie irgend möglich an die Absperrung heran und ließen uns von dem glitzernden „Staub" berieseln. In der Ferne sah man eine Stadt. „Das ist Temir-Tau," sagte der russische Fahrer. „Diese Stadt trägt einen kasachischen Namen und heißt ‚Eiserner Berg'". Vermutlich wurden in dieser Gegend Eisenerze gefunden. Auch Kupferminen gab es hier. „Ist es noch weit bis zur Kolchose?" fragten wir ungeduldig. „Sskoro, sskoro!" war seine knappe Antwort (Bald, bald!)

„Schwarze rom!" befahl energisch ein kecker Tschetschenenjunge einer schwarzgescheckten Kuh in dem akzentfreien Dialekt der Wolgadeutschen, wie ich staunend feststellte. Aufmerksam beobachtete ich das Tier. Würde es auf diese Worte reagieren? Doch siehe da! Schwerfällig und breitbeinig schob sich die Kuh zur Seite und ließ den Jungen durchschlüpfen. Also hatte er nur der Kuh zuliebe deutsch gesprochen. Kaum zu fassen! Nicht umsonst hatte diese Kolchose, auf der wir nun für unbestimmte Zeit arbeiten sollten, einen deutschen Namen. Sie hieß schlicht und einfach: „Naidorf." Dieser Name war aus den deutschen Worten „neues Dorf" entstanden, denn diese Siedlung war Anfang der dreißiger Jahre von verschickten wolgadeutschen Bauern gegründet und erbaut worden. Es war ein ganz gewöhnliches Dorf in der asiatischen Steppe und bestand aus vielen Lehmhäusern. Auch hier bearbeitete man das Land nach derselben Methode wie in Wolynka, dem Dorf, in dem wir den ersten Sommer 1945 zugebracht hatten. Auch hier lebten die Arbeiter kilometerweit verstreut in der Steppe in ein paar primitiven Semljanki und bearbeiteten das umliegende Land. Wir lernten das Dorf „Naidorf" nur bei der kurzen Rast im Kontor der Kolchose kennen und wurden dann sofort an unseren Bestimmungsplatz in der Steppe gefahren. Wir waren alles Deutsche bis auf ein paar Tschetschenen, die aber auch die meiste Zeit den wolgadeutschen Dialekt sprachen.

Hoch geschätzt von uns allen war die Küche, die von einigen Frauen sauber geführt wurde. Zu den Mahlzeiten gingen wir in das große Lehmhaus, in dem Küche und Eßraum untergebracht waren. Sehr beliebt waren bei uns die kleinen Strudeln aus Hefeteig, mit gedämpften Mohrrüben gefüllt. Dazu gab es frische Milch zu trinken. Sehr oft bekamen wir einen kräftigen Borschtsch (Krautsuppe). Beim Borschtschessen saß ich einmal neben einem bärtigen älteren Traktoristen. Bedächtig rieb er mit einer Knoblauchzehe „seinen Brotkanten" ein. Schweigend, doch mit einem aufmunternden Lächeln reichte er die Zehe mir. Auch ich rieb mein Schwarzbrot damit ein und reichte die zerquetschte Zehe meiner Nachbarin. Und so wanderte sie von einem zum andern, bis sie schließlich ganz zerrieben war.

Der rotblonde dreizehnjährige Heiner war unser aller Liebling, denn er war unser Postillion und somit die einzige Verbindung zur Stadt Karaganda. Ungeduldig warteten wir jeden Tag auf den Moment, bis am Horizont ein Reiter auftauchte und in wildem Galopp auf unsere Brigade zugeritten kam. Das war dann Heiner mit seiner Umhängetasche aus grobem Sackleinen. Sehr oft war auch für mich ein

Brief dabei. Ich schrieb fleißig, und Mutter ließ mich nie lange auf Antwort warten. Zu meinem zwanzigsten Geburtstag, den ich auch hier in der Steppe verbringen mußte, war sogar ein Brief von Hans, dem Hannoveraner, mit in Mutters Umschlag gesteckt. Wer kann es mir da verdenken, daß ich ins Träumen geriet, wenn ich stundenlang mit meinen Gedanken allein vor der Putzmühle saß und mit einer abgewetzten Holzschaufel die reifen gelben Weizenkörner zu einem großen Berg hinter mich scharrte.

Die Tage verbrachten wir die meiste Zeit schweigsam, jeder auf seinem Arbeitsplatz, geplagt von der brütend heißen Sonne oder von dem monotonen Heulen des Windes, der an manchen Tagen pausenlos über die Ebene fegte und unseren Kopf schmerzen ließ. Doch am Abend in der Semljanka, da war alles vergessen. Wir setzten uns nach der Abendsuppe auf unsere strohbedeckten Holzpritschen und sangen ein deutsches Volkslied nach dem anderen. Die hier ansässigen Wolgadeutschen hörten uns sehr gerne zu.

Der Brigadier unserer Arbeitsgruppe war ein kräftiger Mann über vierzig. Seine Stimme war polternd tief und zum Fürchten. Ich hörte ihn niemals anders als in seiner wolgadeutschen Mundart seine Befehle erteilen. Trotz allen Respektes, den wir vor ihm hatten, scheuten wir uns nicht, auch seine Person in unser selbstgebasteltes Kolchosenlied einzubeziehen. Unser Lied hatte unzählige Strophen, und jeder, der Lust dazu verspürte, reimte eine neue dazu. Gesungen wurde das ganze auf eine alte Volksweise, die sich gut mehrstimmig singen ließ. Eines Abends, wir waren gerade mitten im schönsten „Volkskonzert", als der Brigadier unsere Semljanka betrat. Erschrocken verstummten wir. Doch er rief: „Singt nur weiter!" und ein gutmütiges Lächeln lag auf seinem sonst immer ernsten Gesicht. Jetzt wirkten seine groben, strengen Züge fast sympathisch. Mit seinen großen Stiefeln durchschritt er den ganzen Raum, legte sich schließlich auf die letzte Pritsche dicht an die Wand und verschränkte die Arme unter seinem Kopf. Unser erster Schreck hatte sich bald gelegt, und ganz behutsam sangen wir vom „schönsten Wiesengrunde" und von der „Mühle im Schwarzwäldertal". Wir wurden immer kecker und sangen: „Des Baurabüble mag i net!" und schließlich unser Kolchosenlied, auch die Strophen, in denen vom Brigadier die Rede war. Da hieß es zum Beispiel in einem Vers:

„Und voll Schreck vernahmen wir,
die Donnerstimm' vom Brigadier!"

Und an einer anderen Stelle:

„Der Wind blies durch bis auf die Knochen.
Oft wir uns im Stroh verkrochen.

Kam der Brigadier gefahren,
alle schnell zur Stelle waren.
Und der Wind half uns dabei,
bei der Tennenkehrerei!"

Der Brigadier schlug sich ab und zu vor Vergnügen auf die Oberschenkel und lachte schallend in den Raum.

Als das letzte Lied verklungen war, setzte er sich auf und schaute uns der Reihe nach kritisch ins Gesicht. Schließlich fragte er: „Wer von Euch hat das über mich zusammengedichtet?" Einige Mädchen zeigten mit dem Finger auf mich. Verwundert schaute er mir in die Augen und sagte dann nachdenklich: „Du??? Sprichst doch sonst kein Wort! Ich dachte, du kannst nicht bis drei zählen!"

Ja, das stimmte, ich redete nicht viel, denn die grenzenlose Ebene versetzte mich immer wieder aufs neue in hoffnungslose und traurige Stimmung. Wir waren uns nie so ganz sicher, ob wir Karaganda jemals wiedersehen würden. Zu sehr erinnerte mich vieles an die erste Zeit in Wolynka, obwohl es uns jetzt viel besser ging. Wir hatten genug zu essen, hatten Seife und ein kleines Badehaus. Auch von Läusen und sonstigem Ungeziefer wurden wir in Ruhe gelassen. Am Anfang unseres Aufenthaltes machten uns zwar die Flöhe in den Nächten das Leben schwer. Doch nachdem wir den Rat der wolgadeutschen Frauen befolgt und ein besonders starkriechendes Steppengras in unser Stroh auf der Pritsche gemischt hatten, blieben auch wir davon weitestgehend verschont.

Es verging eine Woche nach der andern, und es wurde Herbst. Die wogenden Kornfelder um uns waren inzwischen zu Stoppelfeldern geworden. Manchmal trieb jetzt der Wind dunkle Wolken an den Himmel und ein fast gespensterhaftes Spiel von Licht und Schatten breitete sich über die weite Steppe. Besonders gut konnte ich dies einmal beobachten, als ich auf einem mit Stroh beladenen Leiterwagen stand. Ich suchte mit den Augen die von Licht und Schatten überspielte Ebene ab und tastete mich mit den Blicken den riesengroßen Himmelsring entlang. Doch nirgends war auch nur ein Baum oder ein Haus zu sehen, abgesehen von unseren beiden Semljanki zu meinen Füßen.

In jenen Tagen schrieb ich in einem Brief an meine Mutter folgende Zeilen:

Ich steh' auf hochgefülltem Wagen
und schaue weit ins Land hinein.
Am Himmel dunkle Wolken jagen,
nur spärlich strahlt der Sonne Schein,
und weithin bis zum Himmelsrand
dehnt sich Asiens Steppenland.

Vergeblich suchen meine Blicke
nach einem Dorf im grünen Tal
mit einer Kirche in der Mitte,
nach Baum und Strauch am Wasserfall,
nach einer blonden Bauernmaid
im buntgeblümten Dirndlkleid.

Eintönig öd' die weite Steppe.
Kein einz'ger Baum das Land belebt.
Nur eine graue Dornenhecke
dort in der sumpf'gen Nied'rung steht.
Zwei Hütten, die aus Lehm gemacht,
halten in der Einöd' Wacht.

Von Tag zu Tag blies der Wind kälter über die Steppe. Das Fell der Pferde und Kühe war an manchem Morgen mit feinem Schnee bedeckt, denn sie verbrachten die Nächte im Freien. Unter den donnernden Kommandorufen des Brigadiers mußten wir einen Stall aus Stroh errichten. In einem großen Rechteck wurden hohe Strohschober aufgebaut, Stangen und Geäst darüber gedeckt und dann so viel Stroh darauf gehäuft, wie die dornigen Karaganikzweige tragen konnten. Nun hatte das Vieh einen warmen, schützenden Stall. Der Wind fegte immer mehr Schnee über die Ebene. An manchen Tagen war das Treiben so stark, daß wir nicht zur Arbeit hinausgehen konnten. Immer dann war unsere Stimmung auf dem Nullpunkt angelangt. Wir glaubten uns schon für immer von allen hier draußen vergessen. Unser Kolchosenlied bekam noch eine Strophe dazu, die mit den Zeilen endete:

„Laßt uns doch nach Haus', Ihr Leut',
denn es ist schon höchste Zeit!"

Schließlich dann in den ersten Tagen im Oktober (1949) durften wir unser Bündel schnüren. Und wieder kletterten wir auf einen Lastwagen und saßen ganz dicht nebeneinander auf den harten Brettern. Doch jetzt war diese Nähe angenehm und wärmend, denn die Nacht war empfindlich kühl. Wir träumten verschlafen vor uns hin, von dem gleichmäßigen Summen des Motors eingewiegt. Plötzlich der Jubelschrei von einem der Mädchen: „Die Lichter von Karaganda!" Es war zuerst nur ein glitzerndes Flimmern am Horizont. Doch wir alle wußten: Das ist sie, die Stadt! Alle Müdigkeit und aller Schlaf waren wie weggefegt. Voll

Übermut und Freude fingen wir an, unsere alten, inzwischen gut eingesungenen Volkslieder zu singen. Sie hallten über die dunkle leere Steppe, von keinem Menschen gehört, wie wir damals glaubten. Wir ahnten nicht, daß unser Singen ein ganzes Gefangenenlager aus dem Schlaf gerissen hatte. Dies erfuhr ich am nächsten Tag, als Hans plötzlich vor mir stand. Das Lager der deutschen Kriegsgefangenen lag etwa zehn Kilometer vor der Stadt, in derselben Richtung, aus der wir gekommen waren. „Und ihr habt uns singen gehört?" fragte ich ungläubig zum wiederholten Male. „Ja!" sagte er unbeirrbar, „woher hätte ich sonst gewußt, daß du wieder hier bist."

Herbststimmung

Voll Sonne und Licht sind die herbstlichen Tage,
es strahlet die Welt in dem goldenen Schein.
Den Zauber von Glück im Herzen ich trage;
doch bald wird es Winter, und ich bin allein.

Diese fallenden, leblosen Blätter
nehmen die Liebe, die Hoffnung mir fort.
„Haltet inne, Ihr grausamen Götter,
laßt sie von neuem grünen am Ort!"

Vergebens mein Rufen, mein Flehen und Beten,
die Bäume steh'n trostlos und blätterleer da.
Du mußt zum Abschied die Hand mir nun geben.
Durch Tränen ich dann ihn fortgehen sah.

Hörst du des Herbstwindes Heulen und Toben?
Sieh, wie die Bäume dort ringen mit ihm!
Äste krachend im Kampfe zerstoben
und kreischend die Vögel von dannen ziehn.

Lucie K.

Karaganda im Herbst 1949

In der Poliklinik

Bis zum Herbst 1949 waren die meisten deutschen Kriegsgefangenen in ihre Heimat entlassen worden. Jene Männer, die noch bis über die fünfziger Jahre hinaus in Rußland bleiben mußten, haben wir nie zu Gesicht bekommen.

Es war im selben Jahr 1949, als ich auf den Straßen der Alt-Stadt Karaganda einem langen Zug japanischer Kriegsgefangener begegnet bin. Sie trugen ein großes Stalinbild in ihren ersten Reihen und marschierten dem Bahnhof zu. Kein Zweifel, auch sie durften nach Hause.

So entstand für uns Zivilverschleppte der Eindruck, daß man uns fünf Jahre nach dem Krieg vergessen oder übersehen oder ganz einfach eingegliedert hatte in die vielen Völkerschaften der großen Union der Sowjetisch Sozialistischen Republiken, ein unbedeutender Federstrich im weiten Weltgeschehen. Doch uns erfüllte dieses Nichtbeachtetwerden mit wachsender Sorge.

Auf den großen Baustellen hinter den hohen Bretterzäunen und hinter dem Stacheldraht arbeiteten nun keine „Plenni" (Kriegsgefangene) mehr, es waren wohl „Sakljutschonnie" (russische Strafgefangene). Die Stadt Karaganda wuchs stetig weiter, und eine Poliklinik im Zentrum reichte längst nicht mehr aus. In unserem Stadtteil Groß-Michailowka wurde eine zweite Poliklinik eröffnet. Man brauchte dringend neue Arbeitskräfte, und man fragte mich, ob ich Lust hätte, als Sanitärin dort zu arbeiten.

Meine Köchinnen rieten mir ab. In der Küche des Krankenhauses, in der ich zu jener Zeit noch als Heizerin und Geschirrwäscherin arbeitete, hätte ich immer ein Stück Brot zu essen, und vielleicht könnte ich später einmal als Köchin angelernt werden. Doch alle unsere Bekannten redeten mir zu, mich endlich von der Küche zu lösen und eine saubere Arbeit in der Poliklinik anzutreten. Meine russischen Sprachkenntnisse seien schon recht gut, und mit der Ernährung ginge es im allgemeinen auch schon viel besser.

Es war im Mai 1950, als ich in der Poliklinik von Groß-Michailowka meine Arbeit als Sanitärin aufnahm. Ich durfte nun meinen grauen Kittel ablegen und bekam einen weißen dafür. Die Arbeit als Aschenputtel war für mich beendet.

An der Tür unseres „Kabinetts" (Sprechzimmers) stand die Nummer 8 und die Aufschrift „Augenarzt" und in einem kleinen Abstand darunter: „Ohren, Hals, Nase".

Am Vormittag behandelte hier eine Augenärztin ihre Patienten und am Nachmittag eine Ohrenärztin. Wurde ich von Bekannten gefragt, bei welchem Arzt ich denn arbeite, so machte es mir immer einen Riesenspaß, vier Sinnesorgane der

Reihe nach aufzuzählen. Das hörte sich dann so an: „Ich arbeite beim Arzt für Augen, Ohren, Hals und Nase." Meine vorgesetzten Ärzte und Schwestern behandelten mich freundlich und behutsam, und ich bemühte mich redlich, alles zu ihrer Zufriedenheit auszuführen. Viel zu sprechen, wagte ich allerdings nicht, denn mir war aufgefallen, daß die anderen verstohlen schmunzelten, wenn ich das eine oder andere Wort auf meine Weise aussprach. Ich merkte mir verschiedene Wörter und fragte, wenn ich heimkam, Frau Stoll, eine ehemalige Lehrerin, die schon längere Zeit mit uns im Zimmer wohnte.

Frau Stoll „mein lebendes Lexikon" (links) und Lucie Kämmler

Sie erklärte mir stets mit großem Ernst, was ich falsch ausgesprochen hatte und wie es richtig heißen mußte und warum. Was ich sprach, war ein einfacher bäuerlicher Dialekt, den ich von meinen Köchinnen gelernt hatte, mit deutschem Akzent und zum Teil grammatikalisch unmöglich. Es mußte zum Lachen reizen, ich sah es ein. Fast jeden Tag kam ich mit neuen Fragen, und Frau Stoll klärte mich bereitwillig auf. Das geschah folgendermaßen: Ich saß stets lauschend auf meinem Bett. Wir saßen immer auf unseren Betten, denn wir hatten nur einen Hocker für Besucher. Es war auch nicht viel mehr Platz für Möbelstücke. Frau Stoll war um die Abendzeit meistens mit „Kaschakochen" (Breikochen) beschäftigt. Sie ging dann im Zimmer auf und ab, einmal im Brei rührend und einmal mit dem Löffel in der Luft erklärende Bahnen ziehend. Ihr Gang war aufrecht, ihr Schritt gemessen und gleichmäßig, ihr Blick in unbestimmte Ferne gerichtet, so als hätte sie eine ganze Klasse von Zuhörern vor sich. Sie machte mir den Unterschied zwischen „wer" und „was" ernsthaft klar, und ich konnte mich im Imperfekt allmählich richtig ausdrücken. Es ist ein großer Unterschied, ob eine Frau sang, tanzte oder lachte oder ob das Ganze eine männliche Person tat. Die Endungen der Zeitwörter, der Verben, sind da verschieden. Verwechselt man dies, so führt es unwillkürlich zu einem Scherz. Kaum glaubte ich, mich in einer Sache richtig auszukennen, da tauchten neue Sprachschwierigkeiten auf. Kurz gesagt: Frau Stoll war mein lebendes Lexikon. Unsere Unterrichtsstunden, ganz zufällig entstanden zwischen Handarbeiten und Kochen, waren sehr interessant und kein bißchen langweilig. Manchmal erzählte Frau Stoll von der Zeit vor dem Krieg, als sie noch in der russischen Schule die deutsche Sprache unterrichten durfte. „Da kam es manchmal zu den unmöglichsten Fehlern in der russischen Rechtschreibung," begann sie eines Abends, „wir hatten ein Lesestück, das hieß: der Schießstand. Alle möglichen und unmöglichen Dinge über das Schießen und den Schießstand kamen darin vor, zum Beipiel: Wer schießt am weitesten? Doch das Verhängnisvolle an der Sache war, daß die russischen Kinder das ‚ei' und das ‚ie' oft nicht auseinanderhalten konnten, und so wurde aus ‚schießen' immer wieder ‚scheißen'. Ich konnte verbessern, so viel ich wollte, es passierte immer wieder. Und ich als einzige Deutsche im Klassenraum hatte schwer mit einem Lachkrampf zu kämpfen." Als ich sie fragte, ob es für sie denn möglich war, in Rußland Lehrerin zu werden, (Ich wußte, daß Frau Stoll aus einer wohlhabenden Familie von der Krim stammte), da erzählte sie mir in kurzen Zügen ihre Lebensgeschichte:

Als die große Enteignungswelle in Rußland losbrach (einige Zeit nach der Oktoberrevolution 1917), wartete ihr Vater sein Schicksal nicht ab, sondern verließ sein Eigentum auf der Krim und fuhr mit der Frau und der einzigen Tochter in den Kaukasus. Dort kannte sie niemand. Ihr Vater arbeitete in einem Büro, und Frau Stoll – sie war damals zwölf Jahre alt – durfte die Schule weiterhin besuchen. Sie wurde Lehrerin für Chemie und deutsche Sprache und unterrichtete in den letzten Jahren vor ihrer Verhaftung in einer großen Schule in Moskau. Es war scheinbar alles gut gegangen. Doch im Jahre 1937 wurde der Vater verhaftet und ging elend zugrunde. Auch die Mutter starb in diesen Jahren. Frau Stoll verbüßte eine Strafe von acht Jahren Straflager im hohen Norden. 1947 wurde sie entlassen und arbeitete nun im Krankenhaus in Karaganda. Ihren Beruf als Lehrerin durfte sie nicht mehr ausüben, auch war ihr nicht gestattet, ins europäische Rußland zurückzukehren. Sie bewarb sich bald um einen Platz in der abendlichen Schwesternschule und legte ihr Staatsexamen mit der Note „ausgezeichnet" ab, ohne viel Mühe, wie mir schien. Sie war damals vierzig Jahre alt.

Manchmal erzählte mir Frau Stoll von ihrer Zeit in Moskau und von ihren Besuchen im „Bolschoi Teatr", das im Deutschen nichts anderes als das „Große Theater" heißt. Sie beschrieb mir die Wirkungsgkraft des „Großen Theaters" folgendermaßen: „Wenn ich irgend eine gute Sache lese oder zum Beispiel die Musik von Tschaikowski höre, so habe ich in meiner Phantasie eine bestimmte Vorstellung davon. Vor meinen Augen entsteht ein bestimmtes Bild. Ging ich dann in irgend ein Theater und sah mir das betreffende Stück an, so war es nie so vollkommen wie in meiner Phantasie. Doch die Aufführungen, die ich im ‚Bolschoi Theater' erlebt habe, ließen keine Wünsche offen."

Von der Zeit ihrer Verbannung erzählte sie nur selten. Und wenn sie etwas erzählte, so waren es Anekdoten, die das Leben selbst geschrieben hatte. Wie folgende: Viele Frauen waren in einem engen Raum zusammengepfercht und warteten auf ihr weiteres Schicksal. Plötzlich wurde die Tür aufgerissen und der Wachposten, ein junger, derber Bauernsohn, brüllte in den Raum: „Maschinistinnen werden gesucht, ist hier jemand?" Es meldete sich eine stattliche Zahl. Mit einem Seufzer der Erleichterung „Endlich wieder Büroarbeit!" kletterten sie auf einen Lastwagen. Man fuhr mit ihnen kilometerweit aufs freie Feld. „Absteigen!" lautete das Kommando. Was war nun los? Eine Menge Traktoren hatten vergeblich auf ihre Fahrer gewartet. Das Mißverständnis war dadurch entstanden, daß das Wort „Maschinistin" (maschinistka) im Russischen zwei Bedeutungen hat: Einmal kann es eine Frau sein, die eine Schreibmaschine bedienen kann, und zweitens kann es eine Frau sein, die eine große Maschine bedienen kann, zum Beispiel einen Traktor.

Meine Arbeit als Sanitärin machte ich mit großem Interesse. Ein wenig Aschenputtelarbeit war allerdings noch übriggeblieben, doch sie beanspruchte nur einen geringen Teil meines achtstündigen Arbeitstages.

Bis um neun Uhr morgens die Sprechstunde begann, mußte das Zimmer sauber sein, der Fußboden gescheuert und der Raum gewischt. Der große Lehmbau, in dem die Poliklinik bis zur Fertigstellung des neuen zweistöckigen Baues vorläufig noch untergebracht war, war alt, und der Bretterboden schien mir noch älter zu sein. Er war einst rotbraun mit Ölfarbe gestrichen worden, doch jetzt längst abgelaufen. Nur noch am Rande konnte man seine ursprüngliche Farbe erkennen. Die abgetretenen Stellen scheuerte ich täglich mit einem Drahtschrubber und mit Seifenlauge. Der Fußboden war so sauber, daß man auf ihm hätte essen können. Der Drahtschrubber gehörte zur Ausrüstung einer jeden Sanitärin. Fast jeden Morgen machte die Oberschwester einen Rundgang und überprüfte mit einem weißen

Wattebausch die Sauberkeit. Ich trat meine Arbeit meist sehr früh an, denn wir hatten einen großen sonnigen Raum als Sprechzimmer. So hatte ich in den Sommermonaten immer noch eine Stunde oder mehr Zeit für mich allein bis zum Beginn der Sprechstunde. Ich nützte diese Zeit mit Handarbeiten oder mit Eintragungen in mein Tagebuch. Ich schrieb ganz einfach das auf, was mich am Tage zuvor am meisten beeindruckt hatte. So steht zum Beispiel am 28. Juli 1950 darin:

Der erste Apfel!

Mama schnitt heute einen kleinen Apfel in zwei Teile, für meinen Bruder und für mich. Ich nahm meine Hälfte, beroch sie zuerst und schaute sie mir dann rundherum an: das Kernhaus, die hellgrüne Schale, das braune Stielchen, das an meiner Hälfte hängengeblieben war. Dann biß ich ganz leicht hinein, um ja nicht zu viel auf einmal abzubeißen. Ich mußte die Augen schließen, denn zu stark war das Aroma! Ich glaubte mich zu Hause im Garten: Apfelbaum an Apfelbaum und darunter im feuchten Gras Haufen reifer Äpfel. Ich sah mich als Schulmädchen im Garten herumlaufen, Blumen pflücken und Äpfel aussuchen. Mein buntes Dirndlkleid fiel mir ein und meine Puppen Rosemarie und Ingeborg, von denen ich glaubte, mich niemals trennen zu können. Wo seid ihr jetzt, Rosemarie und Ingeborg? Spielt ein artiges Kind mit euch, oder wurdet ihr von Bomben zerfetzt?

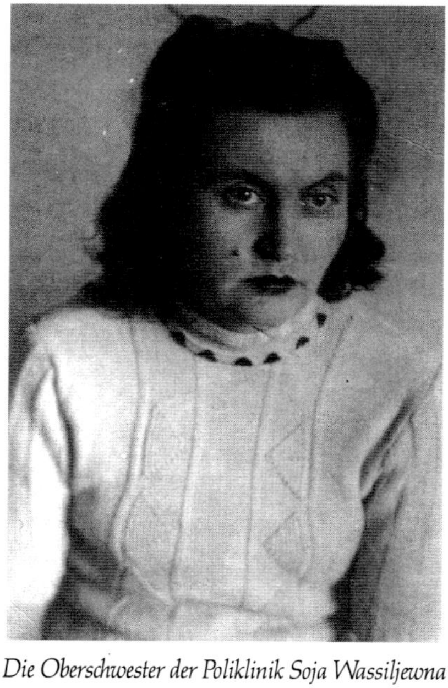

Die Oberschwester der Poliklinik Soja Wassiljewna

Soja Wassiljewna, die Augenärztin, zeigte mir, wie man gelbe Salbe vorsichtig unter die Augenlider bringt und wo die richtige Stelle ist, heilende Flüssigkeiten auf den Augapfel zu tropfen. Es kam einige Male vor, daß die Ärztin die Diagnose „Trachoma" stellte. Dann herrschte Alarmstufe eins in unserem Kabinett. Da diese Krankheit sehr ansteckend ist, mußte, wenn der Patient das Zimmer verlassen hatte, alles desinfiziert werden, Instrumente, Möbel, die Türklinke und vor allem unsere Hände. Ich kannte mich schon gut aus in meinem Revier und wünschte mir im Grunde, daß es immer so bliebe.

Eines Tages betrat die Chefärztin der Poliklinik unser Kabinett. Sie war Chirurgin von Beruf. Doch zur Zeit waren ihr alle neun Fachärzte unterstellt, dazu kam ihre Tätigkeit in unserem Betrieb. Sie kam freundlich lächelnd direkt auf mich zu. „Ich möchte, daß Sie im Kabinett des Chirurgen arbeiten!" war ihre knappe, aber sehr deutliche Anweisung an mich. Ich muß gestehen, mir wurde etwas unbehaglich in meiner Haut, und im Geiste sah ich Blut, Eiter und abgesägte Glieder. Ganz kleinlaut brachte ich hervor: „Ich glaube, ich kann kein Blut sehen! Mir wird vielleicht schlecht!" „ Sie glauben es?" wandte sie lachend ein, „Sie werden sehen, man gewöhnt sich an alles. Die Frau, die jetzt dort als Sanitärin arbeitet, hält in der einen Hand die Schale mit Eiter und in der anderen ihr Frühstücksbrot." Mir drehte sich der Magen um. Vielleicht bin ich blaß geworden. Doch die Ärztin wandte sich plötzlich zum Gehen und rief mir noch von der Tür aus zu: „Überlegen Sie es sich und sagen Sie mir dann Bescheid!" Ich überlegte sehr lange und konnte mich nicht dazu entschließen. Doch eines Tages führte mich die Chefärztin selbst in das Kabinett des Chirurgen. Es trug die Nummer 1 und bestand aus zwei Räumen, aus einem Sprechzimmer und einem Verbandsraum. Was mich am meisten beeindruckte, war ein hochbeiniges Tischchen. Es stand in der äußersten Ecke des Raumes. Ein gelbliches Laken war doppelt darüber gedeckt. An den beiden äußeren Zipfeln hingen zwei scherenartige Zangen. Die Schwester sagte „Gornzang" zu dieser komischen Schere. Dieses Wort konnte ich mir gut merken, und ich dachte: „Im Deutschen heißt es vielleicht ‚Hornzange'". Die Ärztin und die Schwester behandelten dieses Tischchen wie ein Heiligtum. Sie berührten es nie mit den Fingern und streiften nie mit ihren Kittelschürzen daran. Mußten sie das Laken zurückschlagen, so faßten sie nur an den Gornzangen an. Zwischen den Laken waren keimfreie Instrumente und Verbandsmaterialien sorgfältig ausgebreitet. Als erstes sagte die Schwester zu mir: „Hier darfst du nie mit den Fingern anfassen, nur mit einer sauberen Pinzette, denn alles, was hier liegt, ist steril und kommt mit offenen Wunden in Berührung." Ich nickte ernst, ich hatte verstanden. Ab jetzt schaute ich jeden Morgen zu, wenn die Schwester das sterile Tischchen neu deckte. Sie holte dann eine große, glänzende, runde Dose aus einem weißgestrichenen Schrank, öffnete sie vorsichtig und nahm mit den Fingerspitzen ein dunkelgelbes Laken heraus. Dieses breitete sie behutsam über das Tischchen, das jetzt, nachdem es leer war, eine Glasplatte zeigte. „Warum ist das Laken so dunkel und unansehnlich?" fragte ich erstaunt. „Das kommt vom vielen Sterilisieren", belehrte mich die Schwester. „Das geschieht bei sehr hoher Temperatur, und je öfter das geschieht, um so dunkler werden die Laken." Zu der runden glänzenden Dose sagte die Schwester „bix". Auch in diesem Wort glaubte ich das deutsche Wort

„Büchse“ zu erkennen. Ich begegnete immer neuen medizinischen Fachausdrükken, die ich mir wegen ihres deutschen Klanges leicht merken konnte. Da gab es zum Beispiel ein chirurgisches Instrument, das wurde zum Ausschaben von vereiterten Knochen gebraucht und sah aus wie ein winziges Löffelchen. Es hieß: „loshetschka Folkmanna“, ins Deutsche übersetzt: Folkmanns Löffelchen. Diesen Namen, der vermutlich der Name des Erfinders war, stellte ich mir im Deutschen mit „V“ geschrieben vor. Eine besonders gebräuchliche Methode, sich die Hände vor der Operation zu waschen, war die nach der Art von Fürbringer. So gäbe es noch viele Beispiele zu nennen.

Auch in diesem Kabinett war meine oberste Aufgabe, diese beiden Räume in Ordnung zu halten, den Fußboden nach bewährter Art zu schrubben, den Staub von Tischen und Bänken zu wischen. Meine Arbeitszeit begann um acht Uhr, eine Stunde vor Beginn der Sprechstunde. So war ich mit dem Saubermachen fertig, bis der Arzt und die Schwester kamen. Nun galt es, immer zur Stelle zu sein und mitzuhelfen, wo ich nur konnte. Die meiste Zeit war ich im Verbandsraum. Hier wurden auch kleine Operationen gemacht. Sie reichten vom Öffnen eines Geschwürs bis zur Amputation eines Fingers. Mit der Zeit wurden mir die Benennungen der Salben und Lösungen vertraut, und das Lesen der Etiketten machte mir keine Schwierigkeiten, waren sie doch alle mit lateinischen Buchstaben geschrieben. Ein Fläschchen ohne Aufschrift war undenkbar, und war nur „aqua destillati“ (destilliertes Wasser) darin. Ab und zu kamen unangemeldete Kontrollen, und es war höchst peinlich für die Schwester, wenn ein unbeschrifteter Behälter gefunden wurde. Es kam vor, daß wir ein Fläschchen ohne Aufschrift in der Schürzentasche herumschleppten, bis die Gefahr vorüber war. Ich hatte mich recht bald an den Anblick von Wunden und Geschwüren gewöhnt, und mir war auch nie schlecht geworden, wie ich befürchtet hatte. Allerdings zum Frühstücken im Verbandsraum habe ich nie Lust verspürt wie meine Vorgängerin.

Es war an einem klaren Sommermorgen, als mir Dusja, die Donkosakin und meine Vorgesetzte, ein Halbliterglas, ein paar Gummihandschuhe, eine Pinzette und eine Schere in die Hände legte. So ausgerüstet trat ich den Weg an zu dem einzigen großen Entbindungsheim, das mitten in der neuen Stadt lag. Ich entdeckte den langgestreckten, zweistöckigen Bau erst, als ich dicht vor ihm stand, denn er war von hohen Bäumen und schattigen Sträuchern schützend umgeben. Die große Steinplastik „Mutter und Kind“ vor dem Eingang bestätigte mir, daß ich richtig war. Im „Rod-dom“ (Geburten-Haus) herrschten strenge hygienische Sitten, um von den Neugeborenen und den jungen Müttern jede unnötige Infektion fernzuhalten. So durfte zum Beispiel das medizinische Personal erst seine Arbeit antreten, nachdem es ein frisches Bad direkt im Entbindungsheim genommen und die Kleider gewechselt hatte. Die Patientinnen trugen Krankenhauswäsche, Bademäntel und Hausschuhe, was übrigens auch in allen anderen Krankenhäusern Vorschrift war. Ein frischgebackener Vater sah seinen Sprößling erst am Tage der Entlassung, etwa am neunten Tag, denn im Rod-dom waren keinerlei Besuche gestattet. Die neugeborenen Babies wurden aus Sicherheitsgründen nicht sofort nach der Geburt gebadet, sondern an empfindlichen Stellen mit Lebertran eingerieben und in braune sterile Tücher gewickelt. Die Bekanntschaft mit einem Bad und mit freundlicher Babywäsche machten sie erst kurz vor ihrer Entlassung.

Ich betrat durch eine große Glastür das Vestibül des Entbindungsheimes, ging dann direkt auf ein kleines Fenster zu, hinter dessen Scheibe die Diensthabende im weißen Kittel saß. Ihr brachte ich meine Wünsche vor: „Ich komme aus der Poliklinik Groß-Michailowka und möchte auf Anweisung des dortigen Chirurgen einige frische Plazenten abholen." (Plazenten = Mutterkuchen) Von einer Sanitärin wurde ich durch einen Nebeneingang in einen kleinen Raum geführt. Man stellte zwei große weißemaillierte Behälter mit Klappdeckel vor mich auf den Fußboden. „Alle von heute nacht!" war der kurze aber bestimmte Kommentar der Sanitärin. Ich streifte die dünnen gelben Gummihandschuhe über, nahm Pinzette und Schere zur Hand und trennte nun vorsichtig die dünne Schleimhaut von dem schwammigen Mutterkuchen. In die Poliklinik zurückgekehrt, bearbeiteten Schwester Dusja und ich die mitgebrachte „jungfräuliche" Haut mit kleinen Bürsten unter fließendem Wasser. Anschließend wurde die gelbliche Schleimhaut in eine desinfizierende Lösung gelegt. Mehr als eine Woche lag sie darin, während die Lösung einige Male gewechselt wurde. Schließlich kam der große Tag der Operation, aber nicht in unserem Verbands- und Operationsraum, sondern in einem dafür eingerichteten Zimmer, um jeder unnötigen Infizierung vorzubeugen.

Die Patientin, die für diese Operation vorgesehen war, war eine kräftig gebaute Frau von etwa fünfzig Jahren, von Beruf Lehrerin. Ihre Beine waren dauernder Belastung ausgesetzt, und sie litt unter einer schweren Venenentzündung am Bein mit einer offenen Stelle, die seit langer Zeit nicht mehr zuheilen konnte. Schon oft hatte ich auf Anweisung der Ärztin ihren Verband erneuert. Die Wunde wurde mit einer nahrhaften Emulsion behandelt, die auf Lebertranbasis hergestellt war. Doch alle Bemühungen blieben umsonst: grau und leblos die Wunde und ihre Ränder blau und undurchblutet mit einer weiten Zone im Umkreis. So ging das schon Wochen und Monate. Endlich war der große Tag gekommen. Ich war äußerst gespannt darauf, was nun geschehen würde und hatte mich auf eine lange und komplizierte Operation vorbereitet. Doch es kam ganz anders.

„Machen Sie bitte das rechte Schulterblatt frei!" befahl die Ärztin. Nachdem die Patientin sich entblößt und auf den neuen Operationstisch gelegt hatte, wurde in die muskulöse Stelle über dem Schulterblatt eine örtliche Betäubungsspritze gegeben mit einer Lösung Novacaini. Nach einigen Sekunden war eine runde Stelle von etwa zehn Zentimetern Durchmesser vollkommen gefühllos. Nun machte die Chirurgin mit einem sterilen scharfen Skalpell einen etwa zwei Zentimeter langen senkrechten Einschnitt und dann noch einen horizontalen darüber. Es war ein kleines Kreuz entstanden. Vor der Operation war die ganze Stelle mit einer Jodtinktur desinfiziert worden.

Mit zwei Pinzetten zog nun die Ärztin die Haut und das Gewebe auseinander und stopfte in die so entstandene Öffnung ein kleines Stückchen der sauberen Schleimhaut von der Plazenta. Die Haut des Rückens wurde wieder darübergezogen und mit zwei kleinen Stichen mit einer gebogenen Nadel und mit Operationsseide zugenäht. Wieder wurde das ganze Operationsfeld mit Jod bepinselt und mit einem trockenen keimfreien Pflaster versehen.

Ich war nicht weniger gespannt als die Ärztin und die Schwester: Wird die Wunde am Bein auf die Überlistung des Körpers reagieren? Das Prinzip war folgendes: Alle schlummernden Kräfte der Patientin mußten aktiv werden, um diesen kleinen Fremdkörper, den die Ärztin unter die Haut gepflanzt hatte, zu verarbeiten. Nun hofften die Erfinder dieser Methode, daß der Heildrang des Körpers so stark werde, daß auch die kranke Stelle nicht anders konnte und zuheilen mußte. Dies beruhte auf dem gleichen Prinzip wie eine „Autogemmotherapie", das war eine Blutspritze aus eigenem Blut. Oft hatte ich zugesehen, wie bei Patienten mit chronischer Furunkulose aus der Vene des Patienten einige Kubikzentimeter Blut entnommen und in Windeseile in die Muskeln der oberen äußeren Hälfte des Gesäßes wieder eingespritzt wurden. Auch in diesem Falle mußte der Körper viele Kräfte mobilisieren, um das eingespritzte Blut zu verarbeiten. Unter dieser Aktion heilten auch die Geschwüre.

Unsere Patientin mit der Venenentzündung kam fleißig zum Verbinden. Nach kurzer Zeit entdeckten wir das kleine Wunder: Die Wunde wurde rosig, der graue tote Rand bekam wieder Leben, verengte sich zusehends, und nach kurzer Zeit war die Wunde geschlossen. Die überglückliche Patientin wurde nicht müde, sich bei der Ärztin zu bedanken.

Zu meinen seltsamsten Erinnerungen im Kabinett des Chirurgen gehörte auch diese: „Einen trockenen, sterilen Verband anlegen!" tönte die Stimme der Ärztin in vertrautem, leicht befehlerischem Ton zu mir herüber. Gleich darauf wurde der weiße Vorhang zum Verbandsraum zur Seite geschoben und ein kräftiger Mann hüpfte laut lachend auf einem Bein über die Schwelle.

Einen seiner grauen Modellschuhe schwenkte er hoch in der Luft, das Gleichgewicht damit ausbalancierend. Er trug einen hellgrauen Anzug und ein weißes Hemd mit Krawatte. Ich schob ihm eilig einen Hocker hin, und er ließ sich fallen, dann streckte er mir seinen großen aufgeriebenen Zeh entgegen und schaute mich erwartungsvoll an. Jetzt erst bemerkte ich, daß er Asiate war, ein Kasache. Ich holte mit zwei Pinzetten sterilen Mull und legte ihn vorsichtig um seinen aufgescheuerten Zeh. „Bitte, nicht so viel!" sagte er in einer gewandten russischen Aussprache, was für einen Kasachen durchaus nicht selbstverständlich war. „Sonst kann ich meinen Schuh nicht mehr anziehen", ergänzte er, sich leicht entschuldigend. Nachdem er seinen Schuh wieder angezogen hatte, stand er auf, machte eine leichte Verbeugung zu mir hin, und ich glaubte meinen Ohren nicht zu trauen, denn „Thank you very much!" klang es in frohen englischen Worten durch den Raum. Darauf war ich nicht gefaßt: Ein großer gut russisch sprechender Kasache sprach auch noch englisch. Während er mir schon den Rücken zugewandt hatte, antwortete ich folgerichtig auch in Englisch: „Please!" Nun war das Staunen auf seiner Seite, denn darauf war er nicht gefaßt. Kurz drehte er sich um und fragte mich: „Wo haben Sie Englisch gelernt?" Diese Frage war so einfach, daß ich sie ohne viel Mühe wieder in Englisch beantworten konnte: „In the school, many years ago." (Vor vielen Jahren in der Schule.) „I'm an english teacher", (Ich bin ein Englischlehrer), sagte er darauf und verschwand hinter dem weißen Vorhang.

Eines Tages im Winter, ich ging an einem Spätnachmittag von der Stadt nach Hause, da war der „Buran" (Schneetreiben) so stark, daß ich alle Mühe hatte, auf dem richtigen Weg zu bleiben. Während ich aufs neue die Richtung fixiert hatte, stapfte ich mit gesenktem Kopf durch den Schnee. Ein Brausen und Tosen rings um mich. Plötzlich wurde ich von zwei kräftigen Armen in die Luft gehoben und in die Runde gewirbelt, daß ich verzweifelt nach Luft schnappte. Ein bekanntes Lachen mischte sich mit dem Brausen des Schneesturmes. Als ich wieder auf den breiten Sohlen meiner Filzstiefel gelandet war, schaute ich direkt in das asiatische Gesicht des kasachischen Englischlehrers. Als wäre nichts gewesen und ohne ein Wort zu sagen, setzte jeder von uns seinen Weg in die eigene Richtung fort. Für einige Augenblicke hatte ich die Kälte und den Schneesturm vergessen und mußte schmunzelnd denken: „Diese Asiaten, sie fühlen sich bei diesem unmenschlichen Wetter erst so richtig wohl."

Manchmal beobachtete ich verstohlen junge Mütter, wenn sie im Wartezimmer geduldig ihre unruhigen Säuglinge trösteten. Die erst einige Wochen alten Babies steckten in liebevoll gewaschenen, mit gestärkten Spitzen und zarten Schleifchen verzierten Steckkissen. Glücklich und zufrieden sahen diese Mütter aus. Die meisten waren so alt wie ich oder noch jünger. Es schien so, als seien sie vollkommen wunschlos, jedenfalls diejenigen, die meine Aufmerksamkeit auf sich zogen. Heimlich wünschte ich mich an ihre Stelle. Doch ich konnte es nicht beschwören, ob ich genau so ruhig und ohne Sehnsucht gewesen wäre wie sie, denn sie wußten nichts von der reinen klaren Aussprache der Hannoveraner. Sie hatten noch nie etwas von den grünen, schattigen Wäldern Thüringens gehört. Sie ahnten nicht, daß es auch in anderen Sprachen Liebeslieder gab. Und sollte ihnen jemand davon erzählt haben, so konnten sie mit ihrem Herzen diese fremden Lieder nicht wahrnehmen. Sie waren glücklich in der Welt, in der sie lebten, weil sie keine andere kannten. Doch wie war das mit mir?

Ich glaube, auch diese kurze Besinnung über junge russische Mütter hat mit dazu beigetragen, daß ich mehr als zehn Jahre später vor dem Zitat eines bekannten deutschen Dichters innehielt, es wieder und wieder las und nicht fassen konnte, daß schon damals ein Mensch ausgesprochen hatte, was ich schon lange fühlte, aber nie in Worte kleiden konnte:

Alles auf der Welt hat sein zweites Gesicht;
die Natur, die Kultur,
die Religion, die Kunst, die Politik,
die Liebe, alles, alles.
Wer das nicht weiß, ist glücklich.
Ich weiß es!

(Hermann Löns 1866 - 1914)

Anopheles, die Malariamücke

„Die Larve der Malariamücke lebt in seichten, sumpfigen Gewässern. Die Mücke hingegen hält sich mit Vorliebe in feuchten, dunklen Kellerräumen und in finsteren Korridoren auf." Gespannt lauschte ich den Ausführungen des Spezialisten der Malariastation der Alt-Stadt Karaganda.

Vor meinen Augen sah ich unseren Bach in der Steppe, dessen Namen wir nicht kannten und an dessen Ufer wir einen Sommer lang lebten. Sechs Jahre waren seitdem vergangen, und ich hatte es schon ganz vergessen, daß damals Tier, Mensch und Pflanze von diesem trüben Wasser lebten. Die beiden düsteren Erdhöhlen fielen mir wieder ein mit den primitiven Holzpritschen und den fiebernden Frauen und dann ebenso die vor Schüttelfrost hilflos zitternden Körper. Damals ahnte ich den Zusammenhang zwischen der Brut im Bach, den schwärmenden Mücken und der quälenden Krankheit noch nicht. Jetzt sollte ich genau erfahren, warum diese Fieberanfälle ihre Opfer in gleichmäßigen Abständen aufsuchten. Jetzt erst wurde mir klar, welch wichtige Rolle die Malariamücke dabei spielte. Ich ließ keinen Blick von den Lippen des Vortragenden, denn seine Sprache enthielt viele Wörter, denen ich bis jetzt noch nicht begegnet war. Er ergänzte seinen Lehrstoff mit Zeichnungen an der Tafel. Das war für mich eine merkliche Erleichterung. Sofort skizzierte ich mit, und zum Schluß war mein Notizblock ein einziges Bilderbuch, am Rande mit Pfeilen und Stichwörtern versehen. Auch waren diese russischen Wörter fast alle mit lateinischen Buchstaben geschrieben. Maria und Vera, die beiden Sanitärinnen aus unserer Poliklinik, die mit mir den Kursus besuchten, schüttelten verwundert und lachend den Kopf, als sie in mein Heft blickten.

Wir waren eine Gruppe von etwa dreißig Personen, die an dem Lehrgang zur Bekämpfung der Malaria teilnehmen mußten, von der Poliklinik nur wir drei, alle anderen waren uns fremd. Sie kamen aus den Kolchosen und Dörfern der Umgebung von Karaganda: Unter den Kursteilnehmern war ein Kasache, ein Tschetschene, Russen und einige Deutsche, in der Mehrzahl Frauen und Mädchen.

Wir hatten vier Lehrer, zwei davon waren Ärzte für innere Krankheiten. Wir drei, Maria, Vera und ich, fuhren jeden Morgen mit der Straßenbahn, an der ich 1946 auch mitgeschaufelt hatte, von der Neu-Stadt bis zur Alt-Stadt Karaganda sieben Kilometer. Immer aufs neue erschütterte mich der Anblick der alten Stadt: Erdhöhlen und alte verrußte Bretterhäuser, das war das übliche Bild, die Straßen breit, sandig, ohne Grünanlagen und Asphalt.

Unser Unterricht lief während der Arbeitszeit und auf Kosten der Poliklinik. Er dauerte nur einige Wochen, und die unvermeidliche Prüfung rückte rasch näher.

Teilnehmer des Lehrgangs zur Malariabekämpfung ganz rechts ein Tschetschene, Lucie Kämmler letzte Reihe Mitte

Am Examenstag lagen viele weiße Kärtchen auf dem Tisch des Vortragsraumes. Bald bemerkten wir, daß auf der Rückseite, die der Tischplatte zugewandt war, unsere Fragen standen. Zaghaft und mit viel Herzklopfen trat ich an den Tisch und nahm eines der Kärtchen auf. Da standen sie, meine Prüfungsfragen: 1, 2, 3, 4! Ich las sie ein paar Mal sehr langsam und aufmerksam durch. An einige kann ich mich noch sehr gut erinnern. Da hieß es zum Beispiel: „Was unterscheidet die Malariamücke Anopheles von der gewöhnlichen Stechmücke? Wo sind die Malariamücken zu finden und womit zu bekämpfen?" Ich jubelte, denn ich hatte Glück! Auf die meisten Fragen wußte ich die genaue Antwort. Und bei anderen? Na, da würde man schon sehen! Als ich den Unterschied der Larven und Mücken erklären sollte, malte ich sie auf die Tafel, so wie ich sie schon in mein Notizbuch gezeichnet hatte. Das war nicht schwer, und ich brauchte mir auf diese Weise meine Zunge mit den russischen Sätzen nicht zu zerbrechen. Bei den nächsten Fragen über die Niststellen und Brutstätten beschrieb ich, so gut ich konnte, immer unseren Bach in der Steppe und die Semljanki, die ich dabei vor Augen hatte. Der Prüfer nickte zufrieden und fragte mich zum Schluß, ob ich Lust hätte, in der Malariastation in der Alt-Stadt zu arbeiten. Doch ich hatte keine Lust. Unserem Chefarzt in der Poliklinik konnten wir alle drei Zeugnisse einer bestandenen Prüfung vorlegen. Nun bekam jede von uns, Vera, Maria und ich, je einen Straßenkomplex zur Betreuung Malariakranker zugeteilt. Erst jetzt lernte ich unseren Ort und seine Bewohner genauer kennen. Ein wenig verwundert war ich über die einfachen Straßennamen. Da gab es: die Untere Staße, die Mittlere Straße und die Obere Straße. Zu meinem Revier gehörten die erste, zweite und dritte Weststraße und die Linienstraße mit ihren Querstraßen. Das waren etwa einen Kilometer lange und parallel zueinander verlaufende Straßen.

Da der Malariaerreger sich jahrelang im Körper des Menschen halten kann, ohne daß die Betroffenen etwas davon merken, galt die Hauptaufgabe bei der Malariabekämpfung eben diesen Bazillenträgern. Ich habe oft viel Zeit und Mühe aufgewandt, um einen unfreiwilligen Bazillenträger von der Wichtigkeit einer Kur zu überzeugen. Wenn gar nichts mehr helfen wollte, so schluckte ich selbst eine Tablette mit, um zu beweisen, daß das Tablettenschlucken so schlimm nicht ist. Auf mich konnte dies nur vorbeugend wirken. Und in der Tat, ich bin nie an Malaria erkrankt. Die Adressen der Personen holten wir uns bei den betreffenden Ärzten in unserer Poliklinik.

In den ersten rauhen Frühlingstagen, bevor die Malariamücken ausgeschwärmt waren, machten wir uns auf den Weg, mit grasgrünen Tabletten, dem heilenden Gift, bewaffnet. Man mußte vorsichtig sein in dieser frühen Jahreszeit, denn Schnee lag da noch überall. Nur manchmal wehte ein lauer Wind, und an sonnenbeschienenen geschützten Stellen bildeten sich klare Schneewasser. Es war nicht ratsam, jetzt achtlos mit Filzstiefeln loszumarschieren, denn trat man in eine solche Pfütze, so saugte sich das kalte Schneewasser in den Filz wie in ein Löschblatt, und die Füße erstarrten in kürzester Zeit zu einem Eisklumpen. Doch es wurde rasch wärmer und dann fast unerträglich heiß. Im Sommer verlegte ich meine Gänge durch die Straßen auf die Abendstunden, kurz bevor die Sonne unterging. Da erlebte ich manchmal am Rande der Malariabekämpfung die sonderbarsten Dinge: Es war an einem der vielen Abende, die Sonne war schon längst untergegangen, und ich war auf dem Weg nach Hause. Es fing schon an, dunkel zu werden. Plötzlich stob mit viel Geschrei aus einer Seitengasse eine Horde wilder Buben. Sie waren mit langen Stöcken bewaffnet. Dann sahen sie mich, die einzige Passantin weit und breit, und kamen mit furchterregendem Geheul und mit knorrigen Stöcken, den Takt dazu klopfend, auf mich zu. Als ich ihnen ausweichen wollte, entdeckte ich mit Schrecken, daß sie mich in einen großen Kreis eingeschlossen hatten. Was sollte das bedeuten? Zuerst verlangsamte ich meinen Schritt, dann blieb ich ganz stehen. Instinktiv tat ich das, was ich auch machte, wenn mir ein bellender Hund entgegenrannte. Das Geheul der Buben wurde immer lauter, und der Kreis um mich wurde immer enger. Was würde geschehen, wenn sie mit ihren Knüppeln ganz bei mir waren? Als sie bis auf einige Meter herangerückt waren, schrie plötzlich einer der Größten, ein etwa vierzehnjähriger Tschetschenenjunge: „Doktor! Doktor!" und noch einige Worte in seiner Sprache, die ich nicht verstehen konnte. Und siehe da, der Kreis öffnete sich, und ich konnte ungestört meinen Weg fortsetzen.

Vermutlich hatte mich der Junge in der Poliklinik im weißen Kittel gesehen. Aber ich konnte mich an ihn nicht erinnern. Es war höchste Zeit, daß ich heimkam. Deshalb ging ich, so schnell ich konnte, in Richtung Mittlere Straße 47, wo wir wohnten. Doch jetzt fiel mir ein, daß vor kurzem der amerikanische Spielfilm „Tarzan" in Karaganda gezeigt worden war. Er hatte auf die Tschetschenen großen Eindruck gemacht. Kam nicht neulich ein Vater mit seinem kleinen Sohn zu uns, dem er den Namen Tarzan gegeben hatte? Und dann der verblüffend ähnliche Tarzanschrei der kleinen Tschetschenenjungen, der mich neulich lange Zeit durch die abendlichen Straßen begleitet hatte. Auch dies eben war nur eine Nachahmung der Wilden aus dem Film.

Eine weit angenehmere Bekanntschaft machte ich mit einem kleinen Tschetschenenmädchen. Sie hieß Romy, war etwa acht Jahre alt, hatte große braune Augen und dunkles lockiges Haar. Sie hatte wohl herausgefunden, an welchen Tagen ich für ihren Bruder die Malariatabletten bringen mußte, denn sie saß fast immer auf der Treppe des kleinen Hauses und wartete auf mich. Die Familie wohnte am Rande von Groß-Michailowka, und so war es oft schon dämmerig, bis ich zu ihr kam. Romy verstand kein Wort russsisch. Deshalb verstand sie mich nicht, wenn ich etwas zu ihr sagte. Ich setzte mich oft ein Weilchen zu ihr auf die Treppe und bewunderte mit Gesten ihr neues Kleidchen oder die frische Schürze. Verließ ich sie dann wieder, so trippelte sie eine ganze Weile neben mir her. Ich nahm dann ihre Hand, und wir gingen durch die staubigen Straßen. Manchmal blickte sie scheu zu mir empor und lächelte. Einmal brachte ich ihr bunte Glasperlen mit und eine glänzende Brosche. Da war die Freude groß.

Ich liebte es, an den Abenden, wenn die Sonne schon untergegangen war, durch die breiten Straßen Groß-Michailowkas zu schlendern. Nicht selten begegnete ich einem einsamen Gitarrenspieler auf einer Bank vor seinem niedrigen Lehmhaus, oder ich näherte mich einer ganzen Gruppe singender junger Leute vor einem neuen zweistöckigen Mehrfamilienwohnhaus. Ich blieb dann ganz einfach stehen und lauschte eine Weile den mir schon vertrauten Liedern. Die jungen Menschen ließen sich durch mich nicht stören. Oft winkten sie mir während des Singens freundlich nach, wenn ich mich schweigend wieder entfernte.

Durch meine Arbeit als Sanitärin in der Poliklinik und durch die täglichen Gänge zu den Malariapatienten, die zusätzlich bezahlt wurden, grüßten mich viele Erwachsene wie eine gute alte Bekannte. Manchmal rief ein Kinderstimmchen hinter mir her: „Sdrabßtwuijte tjotja Ljusja!" (Guten Tag, Tante Lucie!) Hinter einem Zaun versteckt oder hinter einer Gartenhecke hervorschauend, erkannte ich bald ein bekanntes Kindergesicht. Auch in Rußland haben die Kinder Angst vor dem „Onkel Doktor", aber ich war kein Arzt, und ich tat ihnen auch nicht weh. Mit den russischen Kindern konnte ich mich in ihrer eigenen Sprache verständigen, schwierig war es jedoch bei den kleinen Tschetschenenkindern. Mir blieb nichts anderes übrig, ich lernte ein paar wichtige Redewendungen von unseren tschetschenischen Putzfrauen in der Poliklinik. So heißt zum Beispiel: Hab keine Angst! „chumà chirdàz makìr!" und die Aufforderung: Setz dich! „wach à!" Gib deinen Finger „sabàpelk!" Bei Kindern wirkten ein paar Worte, die sie verstanden, wahre Wunder.

Manchmal wurde ich bei meinen Gängen durch die Straßen von Frauen in die Wohnung geholt, wenn ein Kind erkrankt war oder sie selbst irgend welche geheimnisvollen Beschwerden hatten. Sie überschätzten zweifellos meine medizinischen Kenntnisse. Doch es blieb mir nichts anderes übrig, als ihnen geduldig zuzuhören und am Schluß den schnellsten und einfachsten Weg zu einem Arzt zu zeigen.

Doch einmal, da war ich vollkommen ratlos und konnte beim besten Willen keinen Ausweg finden. Ein junger Mann, ordentlich gekleidet, klein und zierlich, führte mich in sein Zimmer. Im selben Haus hatte ich Tabletten ausgetragen, und er hatte auf mich im Flur gewartet. Sein Zimmer war sauber aufgeräumt. Wir nahmen beide Platz. Nach einer kleinen Pause fing er mit gedämpfter Stimme an zu reden: „Ich bin allein, meine Frau hat mich verlassen, ich möchte sehr gern wieder eine Gefährtin haben." Und dann kam die direkte Frage: „Wissen Sie niemanden, der auch einsam ist?" Blitzschnell griff er unter sein Bett, auf dem er saß, und brachte ein Paar schwarze „Walenki" (Filzstiefel) zum Vorschein. „Schauen Sie nur, und ein Paar neue „Walenki" hätte ich auch schon für sie!" rief er laut und schwenkte die Stiefel in der Luft. In der Tat, die „Walenki" waren nagelneu, klein und zierlich, mit ausgearbeiteter Hacke. Ich stand mit einem Ruck auf und sagte: „Es tut mir leid, aber ich kann Ihnen wirklich nicht helfen!" Schweigend und mit gesenktem Kopf begleitete er mich bis vor die Tür. Von der Treppe aus rief er mir noch nach: „Sollten Sie etwas finden, dann sagen Sie es mir bitte!"

Einmal wurde mir ein höchst unfreundlicher Empfang bereitet: „Besoffen, immer besoffen, das ist seine ganze Malaria! Der braucht keine Tabletten!" Diese

Wort schleuderte mir wutentbrannt die Ehefrau eines Patienten entgegen. Der Mann selbst war nicht zu Hause. Sollten sich die Ärzte wirklich getäuscht haben. Hatte er gar keine Malaria? Seine Frau weigerte sich strikt, die Tabletten in Empfang zu nehmen. Mit einem kleinlauten „Auf Wiedersehn!“ entfernte ich mich schleunigst und berichtete der zuständigen Ärztin von der neuen Diagnose, die die Ehefrau selbst gestellt hatte. Sehr erleichtert war ich, als mir erlaubt wurde, diese Adresse aus meiner Liste zu streichen.

Die geheimnisvollen alten Damen

Sie zogen mich an wie ein Magnet, und es gab für mich zu jener Zeit nichts Interessanteres als ein Plauderstündchen mit einer älteren Dame aus früherer Zeit. Beim flüchtigen Hinsehen unterschieden sie sich durch nichts von einer alten Kolchosbäuerin, die weder lesen noch schreiben konnte. Die alten, geheimnisvollen Damen trugen die gleichen ausgetretenen „Walenki" (Filzstiefel) und grauen abgetragenen „Fufaiki" (Wattejacken). Sie kamen aus den gleichen Lehmhütten wie ihre Altersgenossinnen, deren Horizont kaum über ihr Dorf hinausreichte. Sie standen in derselben Schlange nach Brot, und sie froren sogar mehr als eine „Babuschka" (Großmutter). Etwas Gemeinsames jedoch unterschied sie von allen anderen, und daran konnte man sie todsicher erkennen: ihre Sprache. Es war das feinste und wohlklingendste Russisch, das es gab. Und ein derber Fluch war ihnen wahrscheinlich fremder als Chinesisch. Ihre Augen leuchteten klug, wenn sie von vergangenen Zeiten erzählten. Und ihr geheimnisvolles Lächeln verriet eine Grazie von jugendlicher Schönheit. Ich wußte aus Erfahrung, daß viele von ihnen genauso vorzüglich deutsch wie russisch sprachen. Ich begann meine Unterhaltung fast immer in deutscher Sprache, teils aus Bequemlichkeit, teils aus Befangenheit, denn ich beherrschte die russische Sprache noch nicht so sicher, um alle plumpen Ausdrücke zu vermeiden und alle grammatisch unmöglichen Dinge auszuschließen. Doch es lag noch ein anderes Geheimnis in der deutschen Sprache, wie mir schien. Denn wenn sie mich verstanden, war der Bann gebrochen, und wir plauderten wie gute alte Bekannte. Ich glaubte damals, es sei das Verdienst der deutschen Sprache. Heute weiß ich, daß die Zauberkraft der Muttersprache in jeder der vielen Sprachen unserer Erde die gleiche Wirkung hat.

Hatten sie Vertrauen zu mir gefaßt und fingen sie an zu erzählen, so war es mir, als hätte ich ein großes, geheimnisvolles Buch aufgeschlagen. Ich hörte von großen Städten und prunkvollen Kirchen, von geheimnisvollen Osterfeiern, aufgezogen nach den alten Ritualen der Russisch-orthodoxen Kirche. Ich hörte von erlesenem Gebäck und Süßigkeiten, die zu geheimnisvoll im Samowar gebrautem Tee verzehrt wurden. Ich hörte von teurer Garderobe und von unumstößlichen Regeln in weltbekannten Spielsalons. Sie wußten von Theater und Bühne zu berichten, sowie von Reisen nach Paris, Berlin und in andere bekannte Städte des alten Europa. Eine alte Dame behauptete, sie war Russin, nirgends auf der ganzen Welt seien die Zimmermädchen in den Hotels sauberer und adretter gekleidet gewesen als im Berlin der Jahrhundertwende. Auch hätte sie bei diesen dunkel gekleideten und spitzenbeschürzten Mädchen die flauschigsten Staubwedel entdeckt.

Es gab eine Zeit, da sah ich in der Bekanntschaft mit diesen alten Damen die einzige Möglichkeit, etwas über vergangene glanzvolle Epochen zu erfahren, die ausschließlich ihre Welt waren. Es kam vor, daß man mir ein paar Perlmuttknöpfe von einer alten Bluse trennte, in ein Fetzchen Papier wickelte und mit den Worten überreichte: „Diese unverwüstlichen Knöpfe kommen aus Paris. Ich habe sie als junges Mädchen dort mit einem Kleidungsstück gekauft...“. Vor Freude errötend nahm ich sie und gab sie meiner Mutter. Und sie nähte die Knöpfe an ein Kleid, das aus alten Resten gefertigt war. Ich fühlte mich darin einige Zeit wie mit letztem Pariser Chic gekleidet. Einmal schenkte mir eine alte Dame einen silbernen Drehstift. Der war etwa fünf Zentimeter lang. Zog man jedoch an dem kleinen Ring, der vermutlich auch für eine Kette gedacht war, so vergrößerte sich der Stift um das Doppelte. Ich war entzückt darüber und habe ihn heute noch, einige Jahrzehnte danach, bei modernen Kugelschreibern im Schrank liegen.

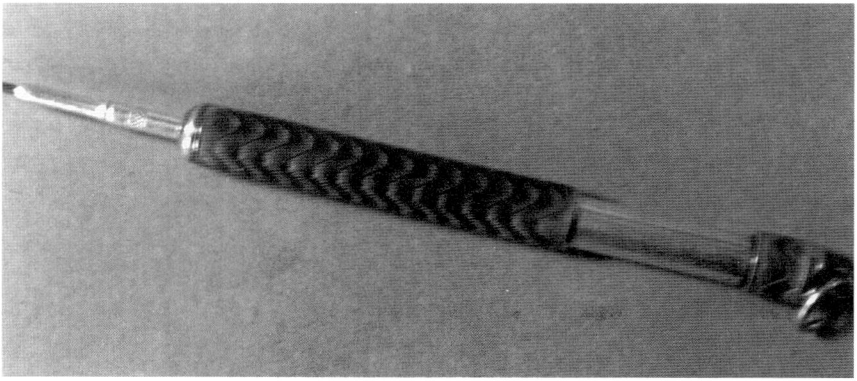

Ein Geschenk, der kostbare Silberstift, gefertigt vor der Oktoberrevolution

Auch dieser kleine Silberstift war wie die Pariser Knöpfchen ein Überbleibsel aus jener guten alten Zeit, von der mir die Damen zu erzählen wußten. Diese kleinen Dinge waren gleichzeitig Beweise für märchenhaft anmutende Reiseberichte. Zunächst möchte ich von zwei Damen berichten, die in derselben „Ssrednjaja uliza“ (Mittleren Straße) wohnten wie wir.

Ich zog die alte braune Tür hinter mir zu und blieb dann auf der Stelle stehen. Hätte ich mich auch nur zwei Schritte vorgewagt, so wäre ich an das Bett der einen alten Dame gestoßen. Zu meiner rechten Hand war die weißgetünchte Wand, zu meiner Linken stand der Herd, aus Lehmbatzen gemauert, der gleichzeitig den Dienst eines Ofens erfüllte. An der Wand hinter dem Bett hingen mehrere Bildchen in dunkelbraunen Rahmen. Zum Teil waren es alte vergilbte Photographien, zum Teil Miniaturgemälde in herbstlichen rotbraunen und olivgrünen Tönen. Eine Katze lag behaglich und rund zusammengekauert am warmen Herd. Plötzlich erklang eine helle, sehr freundliche Stimme vom anderen Ende des schmalen länglichen Raumes: „Bitte, treten Sie näher und nehmen Sie bitte Platz!" Ich war etwas befangen, denn in einem prunkvollen Salon hätte die Anrede nicht höflicher erfolgen können. Dazu kam, daß ich es nicht gewohnt war, mit „Sie" angesprochen zu werden. Eine schon ergraute Dame zeigte einladend auf ein Bett, das vermutlich ihre Liegestatt war und sich an das Bett der Älteren anschloß. Jetzt bemerkte ich, daß in dem kleinen Raum kein Stuhl war und ein solcher auch keinen Platz gehabt hätte. Was bewegte sich da auf dem Bett? Noch rechtzeitig bemerkte ich eine zweite Katze. Sie hatte sich unter ein buntgesticktes Sofakissen gekuschelt, dem ich sofort ansah, daß es einmal bessere Zeiten gesehen hatte. Woran ich das sah? Nun, unsere Kissen in der Semljanka waren aus einfachem Leinen, in Hohlsaum gestickt, mit denselben Fäden, die wir aus dem Stoff gezogen hatten.

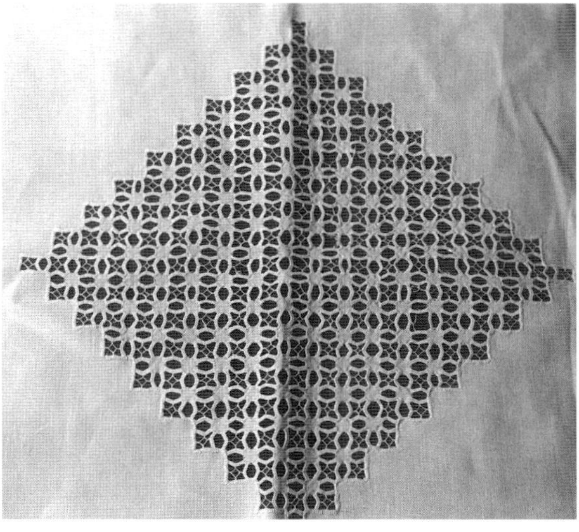

Muster eines selbstgestickten Kissens aus der Semljanka von Karaganda

Dieses Kissen jedoch war aus dunkelblauem Samt, der etwas verblaßt war. Die Stickerei war mit gut aufeinander abgestimmten Woll- und Seidenfarben gearbeitet. Alles sah wohl etwas zerzaust und verwahrlost aus, doch das Wertvolle, Vornehme aus der alten Zeit war auf den ersten Blick zu erkennen. Hurtig griff meine freundliche Gastgeberin nach der Katze und zog sie zu sich auf den Schoß. Wir saßen nun nebeneinander auf dem Bett, die Katze schnurrte hörbar. „Tjotja Sascha (Tante Sascha), wo sind die deutschen Bücher, von denen wir sprachen?" Eine brüchige, klanglose Stimme kam aus dem andern Bett: „Schau doch mal in dem Karton, Irmchen, unter dem Bett, da müßten sie sein!" Mir kam es sonderbar vor, daß man zu einer betagten Frau „Irmchen" sagen konnte. Aber auch die Anrede „Tjotja Sascha" beschäftigte meine Gedanken einige Zeit. Bis jetzt kannte ich den Namen Sascha nur als Männernamen. Er ist eine Koseform von Alexander. Allerdings war mir schon aufgefallen, daß auch der Frauenname Alexandra eine Koseform hatte, und zwar „Schura". Ich glaubte, diese Regel wäre unumstößlich, doch ich wurde eines Besseren belehrt. Schura wie Sascha kann man beliebig anwenden, gleichermaßen bei Frauen und Männern.

Inzwischen machte sich Irmchen unter dem Bett zu schaffen. Plötzlich huschte eine dritte Katze durchs Zimmer. Und dann kamen einige Bücher zum Vorschein. Sie waren in rotes Leinen gebunden, das durch sein hohes Alter eine ganz dunkle Farbe angenommen hatte. „Bitte, wählen Sie sich etwas aus!" sagte Irmchen und legte mir die Bücher in die Arme. Erwartungsvoll schlug ich das erste auf. Ein süßlicher, fast widerlicher Geruch stieg mir aus den vergilbten Blättern in die Nase. Die Buchstaben waren in gotischer Schreibweise gedruckt und erinnerten mich an die Schrift einer alten Bibel. Aber es war ein Liebesroman alten Stils.

„Von Nathalie Estruth?" fragte meine Mutter lächelnd, als sie meine neue Errungenschaft anschaute, und fügte dann nachdenklich hinzu: „Diese Bücher habe ich auch gelesen, als ich in deinem Alter war." Wer sind diese geheimnisvollen alten Damen?" fragte ich Frau Stoll, die ehemalige Lehrerin, welche mit uns ein Zimmer bewohnte, denn es waren ihre Bekannten, und sie hatte ein gutes Wort für mich dort eingelegt. „Vermutlich sind es Tante und Nichte?" ergänzte ich meine Frage. Doch Frau Stoll schüttelte geheimnisvoll den Kopf: „Irmchen war früher die Gesellschafterin von Tjotja Sascha." Ich muß Frau Stoll sehr verwundert angeschaut haben, denn sie setzte hastig, doch mit halblauter Stimme hinzu: „Tjotja Sascha war früher die Brotgeberin von Irmchen. Und heute geht Irmchen in ein Büro und macht Schreibarbeiten. Sie ernährt auf diese Weise ihre ehemalige Herrin. Es ist nicht leicht für sie, und die vielen Katzen wollen auch gefüttert sein. Doch gerade sie bekommen die größten Brocken."

Seit der Zeit holte ich mir ab und zu einen der alten Liebesromane. Einmal fragte mich Tjotja Sascha: „Wie geht es mit der russischen Sprache, machen Sie Fortschritte?" Vermutlich wußte sie von Frau Stoll, daß ich mich redlich abmühte. Mit mir sprachen die alten Damen immer deutsch. „Es ist nicht einfach", antwortete ich, „allein die drei ‚I' in der russichen Sprache, was die mich in Verlegenheit bringen. Ich weiß nie, an welcher Stelle welches ‚I' geschrieben wird oder wann der richtige Moment gekommen ist, zwei ‚I' hintereinander zu setzen. Und weiß ich es zufälligerweise, so fängt die Qual von neuem an, welche beiden ‚I' passen nun zusammen?" Die beiden Damen lachten vergnügt, denn sie mutete meine Geschichte von den drei russischen „I's" wie ein guter Witz an. Für sie war es die einfachste Sache der Welt, jedes der drei „I" an den richtigen Platz zu setzen.

Im Jahre 1950 starb Tjotja Sascha. Sie war über neunzig Jahre alt geworden. Nun lebte Irmchen allein in dem schmalen Raum mit den Katzen, mit den ovalen Bildern und dem Sofakissen aus vergangenen Zeiten.

Und dann war da noch eine alte Dame in unserer Straße. Daß sie aus einer anderen Welt kam, wußte ich, noch bevor ich mit ihr gesprochen hatte. Sehr oft im Sommer, wenn ich den sandigen Gehweg hinunterging, saß sie auf einer langen verwitterten, hölzernen Bank vor einem Lehmhaus. Und war sie einmal nicht da, weil die Sonne zu heiß brannte oder der Sandsturm zu heftig war, dann vermißte ich die kleine graue Gestalt in ihren farblosen Kleidern. Ihr Gesicht hatte fast immer einen abwesenden, verlorenen Ausdruck. Doch manchmal glaubte ich, in ihren Augen einen friedlichen, ja glücklichen Glanz zu erkennen. Das erstemal war ich überrascht, als ein alter Herr neben ihr saß. Er trug die gleichen farblosen alten Kleider. Und die alten Leutchen saßen so dicht nebeneinander, daß ihre Körper sich berührten. Es war eine Ausnahme, denn ich kannte keine alte Dame, die mit ihrem Ehemann gemeinsam hier in der Verbannung lebte.

Ich muß sie wohl unbewußt immer wieder angeschaut haben, wenn mein Weg an ihnen vorbeiführte, denn eines Tages flog ein leises Lächeln über das Gesicht der alten Frau, und sie schaute mir direkt in die Augen: „Sdrastwuitje!" (Guten Tag!) sagte ich. Die graue hölzerne Bank war sehr lang, und das unscheinbare Paar nahm darauf nicht viel Platz ein. Schüchtern fragte ich: „Moschno?" (Darf ich?) und setzte mich zu ihnen.

Nun machte ich es so, wie ich es immer tat, ich begann meine Unterhaltung in deutscher Sprache. Doch meine zaghaften ersten Worte wurden mit einem verständnislosen Lächeln beantwortet. Wohl oder übel sprach ich russisch. Trotz allem war ich bald ein gern gesehener Gast auf der Bank vor der Semljanka. Eines Tages vertraute mir die alte Dame ihr größtes Geheimnis an: Ihr einziger Sohn war eine große Persönlichkeit und lebte in geordneten Verhälnissen in ihrer Heimatstadt, einer Großstadt im europäischen Rußland. Den Namen habe ich nicht erfahren, und es war auch nicht so wichtig. Sie, die Eltern, wagten nicht, an ihn zu schreiben, um sein jetziges Leben nicht zu gefährden. Doch sie waren glücklich, wenigstens ihr Kind in einem normalen Leben zu wissen. Daß sie nach Asien weit hinter den Ural verbannt und für Europa und ihren Sohn schon lange tot waren, schien ihr Glück nicht zu schmälern.

Es war an einem der frostigen Wintertage, als ein alter Mann in viel zu dünner Kleidung aus einem Menschenknäuel vor einem Brotladen geschleppt wurde. Er war tot. „Viel zu alt für dieses Gedränge", sagten die einen. „Das ist der Djeduschka

(Großvater) von der Semljanka da hinten", wußten andere zu berichten. Ich war tief erschüttert, als ich von diesem ungewöhnlichen Ende erfuhr. Und meine Gedanken wanderten zu dem fernen Sohn, von dem ich nur wußte, daß er in geordneten Verhältnissen lebte.

„Die Babuschka (Großmutter) ist nun auch gestorben!" erzählte man einige Tage später in unserer Straße. Die graue alte Holzbank aber stand noch viele Jahre, wenn ich im Sommer die breite, staubige „uliza" (Straße) hinunterging. Sie war nun leer.

Eine andere dieser vornehmen alten Damen war Maria Wassiljewna. Sie bewohnte mit Tochter und Enkelsohn das Zimmer direkt neben uns in einer langen Semljanka. Maria Wassiljewna war groß, sehr schlank und hatte eine aufrechte Haltung. An ihrer Kleidung konnte man manchmal noch Reste einer früheren besseren Zeit erkennen. Da war zum Beispiel eine kleine Brosche. Zierlich geschwungene lateinische Buchstaben, mit hellblauen kleinen Steinchen besetzt, bildeten den Namen „Maria". Als sie mir einiges aus ihrer Jugend erzählte, sagte sie unter anderem: „Meine Lieblingsfarben waren einst blau und schwarz, und darauf war meine ganze Garderobe abgestimmt." Sie sprach immer deutsch mit mir, obwohl es ihr einige Mühe bereitete. Am Anfang mußte ich ungewollt ein wenig schmunzeln, wenn Maria Wassiljewna die deutschen Artikel „der", „die" und „das" an die verkehrte Stelle setzte. Zum Beispiel hieß es bei ihr nie das Bügeleisen sondern immer der Bügeleisen. Einige Zeit später wußte ich, warum sie so sprach. Sie übersetzte die Fälle vom Russischen direkt ins Deutsche. Mir ging ein Licht auf. Ganz sicher machte ich genau die gleichen Fehler, wenn ich russisch sprach.

Für Musik war Maria Wassiljewna besonders empfänglich. Sie erzählte mir voller Begeisterung von einer Sendung im Radio, die sie hinreißend fand. Als ich einmal Gelegenheit hatte, diese Sendung anzuhören, war ich hilflos und gelangweilt, denn es waren Opernmelodien von russischen Komponisten, von denen ich noch nie etwas gehört hatte. Diese Musiksendung hatte ich im Zimmer von Maria Wassiljewna angehört, denn sie hatte sich einen „Reproduktor" anbringen lassen. Das war ein Lautsprecher, dessen Programm von der Radiostation aus gesteuert wurde. Dieser „Luxus" war nur mit minimalen Kosten verbunden. Der Lautsprecher hatte etwa die Größe einer Suppenschüssel, hing oben an der Wand und konnte nur an- und abgestellt werden. Die „Radiostanzia" war direkt neben uns in einer Semljanka untergebracht. Es gab Zeiten am Tag, in denen nur in kasachischer Sprache gesendet wurde. Es mußten recht viele Leute von diesen Lautsprechern Gebrauch machen, denn wenn ich zufällig morgens um neun Uhr durch die Straßen ging, und es war Sommer, und die Fenster waren weit geöffnet, so hörte ich klar und deutlich das Pausezeichen des Moskauer Senders. Es waren die ersten Takte der russischen Nationalhymne. Ein paar Häuser weiter drang dann aus einem der offenen Fenster die tiefe Stimme des Ansagers: „Goworit Mokwa! (Hier spricht Moskau!) sechs Uhr, die letzten Nachrichten!", womit natürlich die neuesten gemeint waren. Sechs Uhr in Moskau war bei uns in Karaganda neun Uhr.

Wenn Mutter und ich deutsche Lieder sangen, dann war der „Reproduktor" von Maria Wassiljewna meistens abgestellt. Wenn wir unsere Stimmen auch noch so sehr dämpften, sie konnte immer mithören, denn die Verbindungstür zu unseren Räumen bestand aus einfachen Brettern, die nur durch Querlatten miteinander verbunden waren. Die Tür wies breite Ritzen auf, durch die man hindurchsehen konnte. Eigentlich glich unsere Tür mehr einer Gartenpforte. Mutter und ich sangen viel zusammen, wenn wir an freien Arbeitstagen aus alten Wollresten wieder neue Pullover strickten oder alte Kleidungsstücke „vertrennten", um wieder neue daraus zu machen.

Unsere Lieder waren alte Volkslieder. Viele von ihnen hatte ich von Mutter gelernt. Ich konnte mich an ihren Ursprung nicht erinnern, denn wir sangen sie schon, soweit ich zurückdenken konnte. Später dann, als ich zur Schule ging, lernte ich neue Lieder hinzu. Ich nutzte stets die erste beste Gelegenheit, um sie Mutter vorzusingen, denn ich wußte, sie konnte nicht widerstehen und sang schon nach kürzester Zeit eine zweite Stimme dazu. Es gab einige neue Lieder, die meiner Oma so gut gefielen, daß sie uns auf dem Klavier dazu begleitete. Das war für mich der Höhepunkt und die höchste Auszeichnung, die eines meiner mitgebrachten Lieder erfahren konnte.

Diese Zeit lag kaum zwei Jahre zurück, doch schien sie so unendlich fern und durch nichts zurückzuholen als vielleicht durch diese alten Lieder. Manchmal brauchten Mutter und ich unbedingt eine dritte Stimme bei unserem Laiengesang zwischen Strick- und Näharbeiten. Besonders unumgänglich war dies, wenn wir einen Kanon singen wollten. Wenn mein Bruder gerade da war und er nichts anderes zu tun hatte, gelang es mir öfter, ihn zum Mitsingen zu bewegen. Er war zu jener Zeit mit seinen dreizehn Jahren Kutscher des Chefarztes. Seine Stimme war fest und klar, und auch bei komplizierteren Liedern, die wir dreistimmig singen wollten, stand er durchaus seinen Mann. Doch es war nicht immer ganz einfach, mit Mutter und Schwester zu singen, besonders dann nicht, wenn das Lied einige Male wiederholt werden mußte, bis es richtig klang. Ich schärfte ihm dann ein: „Du brauchst bloß ganz kräftig die erste Stimme zu singen, das andere besorgen schon Mama und ich!" Trotz allem muß ihn unsere Liebe zur Musik mehr angesteckt haben, als er es selbst wußte. Denn wie hätte sonst folgendes passieren können: Immer wenn in den Geschäften ganz plötzlich Lebensmittel wie Mehl, Nudeln, Zucker und ähnliche Nahrungsmittel auftauchten, lief die frohe Kunde von Zimmer zu Zimmer, von Semljanka zu Semljanka. Und alle rannten, im Gehen noch den Mantel überziehend, um recht weit vorne in der Schlange zu stehen. Eines Tages hieß es: „In einem Kiosk am Markt gibt es Zwiebeln!" Mutter sagte hastig: „Felix, du bist gerade da, hier zehn Rubel, lauf!" Wir rechneten uns schon aus, wieviele Kilogramm das geben wird. Eine ganze Menge, denn die Staatspreise waren niedrig, und Zwiebeln waren ein wertvolles, vitaminreiches Gewächs. Es verging eine lange Zeit. Schließlich öffnete sich die Tür und freudestrahlend mit geröteten Wangen stand mein Bruder vor uns. „Wo sind die Zwiebeln?" fragten Mutter und ich wie aus einem Munde. Doch mein Bruder hielt eine große Gitarre in seinen Armen und hörte nicht auf zu strahlen. „Mama, schau diese Gitarre an! So schön und gut erhalten und so billig! Ganze zehn Rubel, so billig kriegen wir nie wieder eine!" sprudelte er in überzeugendem Ton hervor. Aber Mutter konnte ihre Enttäuschung nicht verbergen. Sie glaubte uns schon in Gedanken für Wochen oder gar Monate mit Zwiebeln versorgt, und nun – eine Gitarre! Doch dann flog ein leichtes Lächeln über ihr Gesicht. Sie schaute meinen Bruder an und sagte: „Aber von uns kann doch niemand Gitarre spielen?" „Ich werde es bestimmt lernen", entgegnete mein Bruder mit fester Stimme. „Ich habe einen Freund, der wird es mir schon zeigen." Mutter lachte schallend, und wir beide stimmten freudig mit ein, denn nun war alles wieder in Ordnung. Er hat tatsächlich Wort gehalten, und auch ich lernte bei ihm das Gitarrespielen. Große Künstler sind wir nicht geworden, doch immerhin wurde unsere Gitarre zu einem bescheidenen Begleiter, wenn wir unsere Lieder sangen.

An einem stillen Nachmittag, über Näharbeiten gebeugt, sangen Mutter und ich ganz leise: „Ich bin nur ein armer Wandergesell, gute Nacht liebes Mädel..." Plötzlich öffnete Maria Wassiljewna die Verbindungstür. „Was ist das für ein wunderschönes Lied?" fragte sie mit halblauter Stimme. Sie hatte ein feines Gefühl für Musik und wohl gemerkt, daß dies kein alltägliches Volkslied war. Mutter schaute von ihrer Arbeit auf und fing an voller Begeisterung zu erzählen: von ihrer Reise nach München zusammen mit Papa und von der Operette „Der Vetter aus Dingsda", die sie dort auf der Bühne gesehen hatten, aus der dieses Liedchen stammte. Maria Wassiljewna hörte mit leuchtenden Augen zu, dann ging sie wortlos in ihr Zimmer und kam nach einigen Minuten mit einer Photographie wieder. Das Bild, das sie uns nun reichte, war groß, steif und etwas vergilbt. In den dunkelgrauen Karton waren verschnörkelte Goldbuchstaben gedruckt, die wohl das Photoatelier des damaligen Photographen bezeichneten. Auf der Aufnahme war ein junges Tänzerpaar zu sehen. Beide lachten strahlend und bezaubernd. „Das war noch vor der Oktoberrevolution. – Der blonde Tänzer war mein Mann", fügte sie mit einem wehmütigen Lächeln hinzu. Die junge schlanke Tänzerin war Maria Wassiljewna. Das errieten wir beim näheren Hinsehen. „In späteren Jahren haben wir dann in Moskau für ein Theater Noten geschrieben", sagte sie nun mit tonloser Stimme, während ihr Blick auf dem alten Photo ruhte. Wo war ihr Mann jetzt? Verschickt! Tot? Wer sollte das wissen?

Eine dieser alten Damen, die in Karaganda lebten, darf ich nicht vergessen, denn, ich glaube, sie hatte die seltenste Vergangenheit von allen. Sie führte ein Einsiedlerleben mitten in der Stadt. Ich habe nie gesehen, daß sie sich mit jemandem unterhalten hätte. Und ich bedaure sehr, daß auch ich nie die Gelegenheit dazu hatte.

Sie war eine außergewöhnliche Erscheinung und nicht zu übersehen, wenn sie mit ihrem Eselskarren durch die breiten Straßen holperte. Der kleine Wagen war so laienhaft aus alten Teilen zusammengebaut, daß jeder hinsehen mußte. Die vier Räder waren verschieden groß und ungleich bereift. Dies machte das Fahren unüberhörbar laut. Auch der kleine graue Esel war etwas Ungewöhnliches in unserem Straßenbild. Ich habe öfter ein Kamel vor einem Kasachenschlitten gesehen als einen kleinen Esel.

Man schrieb das Jahr 1953, und die größte Not nach dem Krieg schien behoben. In Groß-Michailowka, dem ehemaligen Dorf und jetzigen Stadtteil von Karaganda, wurden immer mehr Lehmhütten abgerissen und an ihrer Stelle mehrstöckige Krankenhäuser, Schulen und Kinotheater aus Stein erbaut. Zu Wohnzwecken wurden Blocks aus Fertigteilen erstellt oder Holzhäuschen aufgerichtet, die unter dem Namen „Finnische Häuschen" bekannt waren. Auch mein Bruder hatte von seiner Arbeitsstelle aus eine Zweizimmerwohnung in einem neuen Achtfamilienblock bekommen. Wir zahlten dafür etwa 14 Rubel Monatsmiete. Der Montslohn einer Krankenschwester betrug damals etwa 500 Rubel. Seit 1947 lernte und arbeitete mein Bruder in einer Auto- und Motorenwerkstatt der geologischen Expeditionen. Von diesem Betrieb aus wurde ihm diese Wohnung im Jahre 1953 zugeteilt. Ich kann mich noch gut entsinnen, als dieses Wohnviertel in der Nähe des Marktes erbaut wurde. Mutter und ich lachten aus voller Kehle und glaubten an einen ausgelassenen Scherz meines Bruders, als er uns mit seinen 17 Jahren verkündete: „In den neuen zweistöckigen Häusern am Markt bekomme ich eine Wohnung." Doch etwa zwei Jahre später zogen wir dann in eine solche Wohnung ein. Denselben Eingang mit uns hatten: ein älterer Ingenieur mit seiner Frau (er war Tatare, seine Frau Russin), ein Laborantenehepaar mit einem fünfjährigen Jungen (beide Deutsche) und eine Geologin mit ihrem Mann (die Frau Ukrainerin, der Mann Jude).

Sie alle gehörten zur selben geologischen Expedition wie die Werkstatt, in der mein Bruder als Dreher arbeitete.

Doch die alte Dame, die Einsiedlerin, lebte unverändert in ihrem niedrigen Lehmhaus, und die massigen Häuser um ihre bescheidene Behausung wirkten wie Riesen. Ihrer Hütte gegenüber erhob sich der zweistöckige Steinbau der Schule Nr. 14, und hinter ihrer Semljanka war die neue mehrstöckige Poliklinik, in die wir vor einiger Zeit umgezogen waren. Schaute ich aus dem Fenster des zweiten Stockes, in dem jetzt das chirurgische Kabinett untergebracht war, so konnte ich direkt in den Hof der alten Dame blicken. Er war von einem alten Bretterzaun umgeben. Das Häuschen war eine gewöhnliche niedrige Semljanka, auf deren Dach im Sommer vereinzelt dürre Grasbüschel wuchsen, und im Winter drohten die Schneemassen die Lehmhütte unter sich zu begraben. Im Sommer stand in dem engen Hof eine graue Futterkrippe. Einige Ziegen waren daran festgebunden. Manchmal beobachtete ich zufällig die alte Frau, wie sie geduckt aus der niedrigen Tür trat. Sie zerrte dann ihren kleinen Wagen aus dem Schuppen und spannte den grauen Esel davor. Danach fuhr sie, die Peitsche schwingend, aus dem Hof, das wacklige Tor sorgfältig hinter sich verschließend. Sie fuhr dann die Straße entlang zum Dorf hinaus, um Gras für ihre Tiere zu holen. Man hörte noch lange das Klappern des wackligen Karrens. Und noch lange, wenn ich sie nicht mehr sehen noch hören konnte, stand das Bild der großen schlanken Frau mit ihrem aufrechten Gang und ihren streng nach hinten gekämmten Haaren vor mir, unvergeßlich ihre langen grauen Faltenröcke und die Peitsche in ihrer schmalen Hand. Wie alt mochte sie sein? Sechzig, siebzig oder mehr?

Einige Zeit später, ich arbeitete in einer Heilstätte für TBC-Kranke, sagte eine ältere Ärztin im Vertrauen zu mir: „Ist Ihnen die alte Frau schon aufgefallen? Sie lebt mit ihren Ziegen und einem Esel nicht weit von hier in einer Semljanka." „Ja", sagte ich, „eine sonderbare Frau, sie könnte sich ihr tägliches Brot bestimmt leichter verdienen. In den Krankenhäusern werden so viele Putzfrauen gesucht." Meine Ärztin lächelte geheimnisvoll und sagte dann im Flüsterton: „Diese Frau hat eben ihren Stolz. Sie müssen bedenken, sie ist von vornehmer Herkunft und verkehrte einst am Hofe der Zarin." „Woher wollen Sie das wissen?" fragte ich atemlos vor Staunen. „Sie dürfen aber mit niemandem darüber reden!" fuhr sie nun fort, „unsere Chefärztin besucht diese Frau heimlich in den Abendstunden und unterstützt sie finanziell ein wenig." Diese zweite Überraschung ließ mich verstummen, und ich ging meinen Gedanken nach. Ausgerechnet unsere Chefärztin! Sie war es doch, die mit energischer Stimme dazwischenfuhr, als mich meine Ärztin in ihrer Gegenwart mit „Barischnja" (Fräulein) ansprach. „Schwester heißt das!" grollte die Stimme der Chefärztin damals. War also alles nur Theater gewesen? Der Ausdruck „Fräulein" ist in Rußland überholt und vollkommen veraltet. Es klingt mehr als lächerlich, wenn diese Anrede im täglichen Leben verwendet wird. Auch meine Vorgesetzte hatte so nur scherzhafterweise zu mir gesagt.

Seitdem ich die Sache mit der stolzen alten Dame wußte, sah ich unsere Chefärztin mit ganz anderen Augen, und es wurde mir immer klarer, daß auch sie im Grunde eine jener alten geheimnisvollen Damen war, deren Welt einer längst versunkenen Epoche angehörte. Noch während ich dort arbeitete, wurde diese betagte Ärztin mit ihrem leichtgewellten Bubikopf und ihren leisen Schritten von einem jüngeren Chefarzt abgelöst.

In der Schwesternschule

„Und nun schreiben Sie mir ein Rezept über Rizinusöl!" sagte der Pharmakologe (Fachmann der Arzneimittellehre) mit viel zu lauter Stimme und krebsrot im Gesicht. Es wurde mäuschenstill im Klassenzimmer, denn wir alle wußten: Jetzt war die Grenze seiner Geduld erreicht. Die dunkelhaarige Tanja stand verwirrt an der großen Tafel und hielt unschlüssig einen kleinen Kreidestummel in der Hand. Mit allen Rezepten, die sie bis jetzt geschrieben hatte, war Gregori Nikolajewitsch nicht zufrieden. Einmal waren die verzwickten lateinischen Bezeichnungen falsch, ein anderes Mal war das Komma bei der Dosisangabe auf lebensgefährdende Weise nach rechts gerutscht. Einige von uns schmunzelten verstohlen, denn aus Erfahrung war uns klar, wenn schon alles fehlgeschlagen war, ging meistens auch sein letzter Versuch mit dem Abführmittel schief.

Es war nicht einfach für die russischen Mädchen, denn in ihrer Sprache heißt Rizinusöl „Kastorka". Für mich als Deutsche lagen die Dinge gerade in diesem Fall viel günstiger, denn in der Rezeptsprache wird aus Rizinusöl „Olium Ricini".

Immer wieder merkte ich, daß der Schwesternberuf für mich, die ich noch nie eine russische Grundschule besucht hatte, die günstigste Möglichkeit war, in Rußland überhaupt einen Beruf zu erlernen. Ich lebte nun schon mehr als acht Jahre in der Sowjetunion, und meine russischen Sprachkenntnisse, zum größten Teil durch den Umgang mit Menschen alleine gewachsen, reichten gerade so weit aus, daß ich mich durch die medizinischen Lehrbücher arbeiten konnte. Nebenbei benützte ich noch das Wörterbuch: Russisch-Deutsch. Dieses hatte ich mir gleich am Anfang beim nächstliegenden Bücherkiosk gekauft, als ich in die zweijährige Abendschule für Schwestern eingetreten war. Doch ganz leicht war es nicht. Denn als ich von meinem neuen Wörterbuch Gebrauch machen wollte, stieß ich auf ein Hindernis, und dieses mußte sofort aus dem Wege geräumt werden: die richtige Reihenfolge im russischen Alphabet war mir fremd. Ich mußte sie unbedingt beherrschen, wenn ich schnell und sicher ein Wort auffinden wollte. Ohne Umschweife ging ich ans Werk und paukte die Buchstaben der Reihe nach ein. Dabei wurde mir zum erstenmal bewußt, daß das russische Alphabet sieben Buchstaben mehr hat als das deutsche. Erstaunlich fand ich auch, daß das „w" an dritter Stelle steht. In der Mitte des Alphabets, da lief es flott, denn da stehen die Buchstaben haargenau so, wie ich sie einst gelernt hatte, manchmal sogar mit Hilfe von Kinderliedern, wie zum Beispiel: „A, B, C, die Katze lief im Schnee..." Jetzt erst, schon längst volljährig, wußte ich dies richtig zu schätzen. Ich begann mein neu einstudiertes Alphabet immer langsam und behutsam. Hatte ich es bis zu den beiden „I's" geschafft, dann lief es automatisch durch. Doch zum Ende hin war wieder äußerste Vorsicht geboten. Diesen Rhythmus langsam – blitzschnell – langsam habe ich bis zum heutigen Tage beibehalten. Den Schluß des russischen Alphabets bildet der Buchstabe „ja". Doch das wußte ich schon lange, dank einer russischen Scherzfloskel: Gebraucht eine Person immer wieder den Ausdruck „ja, ja", was in der russischen Sprache „ich, ich" heißt und nur mit diesem letzten Buchstaben bezeichnet wird, so kann es sein, daß Freunde lachend dazwischen rufen: „Hast du vergessen, daß ‚ja' (ich) der letzte Buchstabe im Alphabet ist?" Ich möchte hier erwähnen, daß in Rußland die berühmte Stelle im „Zigeunerbaron": „Ja, das alles auf Ehr..." mit den Worten : „Ja, ziganskij baron.." (Ich, der Zigeunerbaron ...) von einem „flotten Geist" geschickt übersetzt wurde. Das „Ja" kann auf diese Weise auch in der russischen Sprache voll ausgesungen werden, ohne daß die Töne von Johann Strauß auch nur die geringste Nuance einbüßen müssen.

Schwesternschülerinnen am Krankenbett. Lucie Kämmler in der hintersten Reihe am Türspalt.

Es lief alles ziemlich glatt in der Schwesternschule, und der Unterricht fesselte mich mehr, als ich je vorausahnen konnte. Wir wurden in die Geheimnisse eines gesunden und eines kranken menschlichen Körpers eingeweiht und Dinge, die ich bis dahin für ein Wunder der Natur gehalten hatte, wurden uns auf klare wissenschaftliche Weise erläutert, zum Beipiel die Sache mit der Immunität. Wir wußten nun, warum ein Mensch nur einmal im Leben an einer Infektionskrankheit, die durch Viren hervorgerufen ist, wie Masern, Scharlach u. a... erkranken kann. Erleichternd für mich kam hinzu, daß viele bekannte Forscher auf dem Gebiete der Medizin, die wir uns unbedingt merken mußten, deutsche Namen trugen, von denen Robert Koch wohl der berühmteste war, denn er ist der Begründer der Bakteriologie, der Entdecker des Tuberkel-, des Cholera- und des Milzbrandbazillus. Er erforschte die Schlafkrankheit und die Malaria.

Die außergewöhnlichen Dinge waren es, die mich am meisten interessierten. Begegnete ich einer solchen Stelle in meinem Lehrbuch, so hielt ich an, las sie wieder und wieder, nahm mein Wörterbuch und übersetzte mir jedes unklare Wort. Auf diese Weise entdeckte ich manches Geheimnis im menschlichen Körper. Ich glaube, es war eben diese Neugier, die mir die besten Noten im Unterricht einbrachte. So bei einer Zwischenprüfung: Eine von unseren Schülerinnen stand an der Tafel. Die Ärztin, eine Chirurgin, stellte die Fragen. Ich saß in einer der letzten Reihen und verfolgte gespannt Frage und Antwort. Die Klasse hielt den Atem an, denn die blonde Marusja stockte. „Nun müssen Sie sich entscheiden!" klang die helle Stimme der Chirurgin durch den Raum. „Liegt die Harnblase hinter der Bauchdecke oder davor?" Dies war einer jener Sonderfälle, mit denen ich mich neulich beschäftigt hatte. Marusja blieb stumm. Energischer und schon etwas gereizt richtete die Ärztin dieselbe Frage nun an die ganze Gruppe: „Ist die Harnblase von der Bauchdecke geschützt oder liegt sie frei? Wer kann es mir sagen?" Ich hob die Hand. Kurzes Abwarten der Chirurgin, meine Hand blieb die einzige. Dann wurde ich beim Familiennamen aufgerufen: Meine Antwort war nur kurz: „Ist die Blase leer, so liegt sie hinter der Bauchdecke, ist sie jedoch gefüllt, so liegt sie davor." Ein anderes Mal lautete die Frage: „Wie ist die blaue Tönung von Nasen- und Fingerspitze bei Herzkranken zu erklären?" Auch dies war eine Stelle in unserem Buch, die mir beachtenswert vorkam. „Zu wenig Sauerstoff im Blut", stand da zu lesen.

Es war schon zehn Uhr abends, als die Ärztin die erlösenden Worte sprach: „Prüfung beendet, ihr könnt nach Hause gehen!" „Ich bin vergessen worden!" rief ich erstaunt dazwischen. „Ihr Fall ist erledigt", sagte die Chirurgin. Als ich mein Zeugnisheftchen bekam, hatte ich eine Fünf in diesem Fach, die beste Note in der russischen Bewertungsskala. „Na sowas, das hätte ich eher wissen sollen. Und was hatte ich alles eingepaukt?" Mutter freute sich mit mir über jede gute Note, die ich heimbrachte, und es sah so aus, als müßte alles gut gehen.

Nur eines beunruhigte mich sehr, denn ich als einzige von den etwa vierzig Schülerinnen hatte kein Zeugnis der russischen Grundschule vorzuweisen. Und nur mit einem Zeugnis ab siebter Klasse war man zum Unterricht zugelassen. Man hatte bei mir ein Auge zugedrückt. Doch dann kam der schwarze Tag. Eine

Kommission von höherer Stelle traf ein, prüfte die Unterlagen, und ich mußte ab sofort dem Unterricht fernbleiben. Ich war todunglücklich, denn ich hatte mich meinem Ziel schon ganz nahe geglaubt. Mehr als die Hälfte unserer Lehrzeit war um. Doch nun war alles zu Ende. Ich wußte keinen Ausweg bis zu jenem Tag, an dem der rettende Anruf kam.

Ein zaghaftes Klopfen, dann ging die Tür unseres Sprechzimmers einen Spalt weit auf. Die „Djishurnaja" (die diensthabende Sanitärin) steckte vorsichtig den Kopf herein: Kaum hörbar, doch ganz bestimmt sagte sie zu mir: „Ans Telefon!" Ich begriff nicht gleich, denn ich wurde nie ans Telefon gerufen. Aber sie schaute nur mich an und winkte mir energisch zu. Ich lief aus dem Kabinett und ließ die Ärztin mit Mutter und krankem Kind allein. Der schwarze Hörer lag neben dem Apparat auf einem runden Tischchen in einer geschützten Ecke in der geräumigen Vorhalle. Über die Sprechmuschel war ein stark nach Chloramin riechendes Mulläppchen gebreitet. Dies war Vorschrift in der Heilstätte für Lungen-TBC. Ich legte den Hörer an mein Ohr und sagte meinen Namen. „Hallo! Hier spricht Aron Salomonowitsch!" kam es vom anderen Ende der Leitung. Es war der Chefarzt der Poliklinik. Er belegte auch ein Fach in der Schwesternschule. Dann sagte er: „Möchten Sie den Unterricht wieder besuchen?" Spontan antwortete ich: „Ja, sehr gerne, aber ich habe immer noch keine Zeugnisse, und ich kann auch keine besorgen." „Ich wüßte da einen Ausweg", kam es über den Draht, „besuchen sie ganz einfach die siebte Klasse der Abendschule!" Nun fing ich an zu stottern, und es kamen Einwände wie: „Ich kann doch niemals die russische Schule mit der siebten Klasse beginnen! Und sollte es mir irgendwie gelingen, so wäre in der Zwischenzeit unser Schwesternkurs so weit fortgeschritten, daß ich die Lücken nicht mehr ausfüllen könnte!" „Sie könnten trotzdem parallel die Schwesternschule besuchen!" war sein nächster Vorschlag. „Ausgeschlossen, das schaffe ich nie!" rief ich verzweifelt dazwischen. „Nun hören Sie mal gut zu!" kam es energisch vom andern Ende, „uns genügt schon eine Bescheinigung darüber, daß sie die siebte Klasse besuchen, ob Sie diese auch tatsächlich beenden, interessiert nachher niemanden mehr." Endlich hatte ich begriffen. „Ich will's versuchen", sagte ich mit leiser unsicherer Stimme in die schwarze Muschel. Der Chloramingeruch aus dem Mulläppchen raubte mir fast den Atem. „Sehr schön, Sie dürfen ab sofort unseren Unterricht wieder besuchen", sagte Aron Salomonowitsch mit feierlicher Stimme. „Großen Dank!" (Entspricht dem deutschen Ausdruck: Besten Dank!) sagte ich ganz benommen und legte den Hörer zurück auf die Gabel.

Einige Tage später saß ich mit klopfendem Herzen in der hintersten Bank der siebten Klasse der Schule Nr. 16. Wir waren etwa zwanzig Schülerinnen und Schüler und ich mit meinen 23 Jahren die älteste unter ihnen. Ein Lehrer mittleren Alters betrat den Klassenraum. Alle erhoben sich gehorsam von ihren Bänken. „Dobrij wjetschir!" (Guten Abend) klang es im Chor. Der Lehrer erwiderte knapp und mit ernster Miene unseren Gruß. Wir setzten uns. Mit langen energischen Schritten ging er an die große schwarze Tafel, nahm Kreide zur Hand und machte eine Klammer auf, dann folgten Buchstaben und Plus und Zahlen und Minus, und irgendwann wurde die Klammer wieder zugemacht. Auf ein unscheinbares Gleichheitszeichen hin folgte schließlich ein X. „Algebra!" schoß es mir durch den Kopf, und ich duckte mich unwillkürlich ein wenig in meiner viel zu kleinen Schulbank. Mit einer ruckartigen Bewegung drehte sich der Lehrer der Klasse zu und fragte mit lauter Stimme: „Wer kann mir diese Aufgabe lösen?" Einige Hände reckten sich. Ein etwa siebzehnjähriges Mädchen mit langen blonden Zöpfen ging nach vorne. Sie löschte das X hinter dem Gleichheitszeichen aus und schrieb flott eine ganze Kette von Zahlen, Buchstaben, Plus und Minus an dessen Stelle. Neue Aufgaben folgten. Andere Schüler gingen an die Tafel. Doch mir wurde es immer unheimlicher an meinem Platz. Wie aus heiterem Himmel war ich in diesen Urwald von Formeln und Aufgaben gefallen. Meine Schulzeit lag nun acht Jahre zurück, und ich fühlte mich jetzt vollkommen fremd auf diesem Gebiet, obwohl ich mich damals nicht davor gefürchtet hatte.

Nach einer kleinen Pause hatten wir ein Fach, das sich „Russkaja literatura" (Russische Literatur) nannte. Es wurde von demselben Lehrer erteilt. Jetzt wurde es gemütlicher, denn er setzte sich gelassen auf die erste leerstehende Bank und las uns einen Abschnitt aus dem Buch „Taras Bulba" vor. Von anderen Schriftstellern wurden Zitate vorgetragen. Ich lauschte mit größtem Interesse dem Verlauf der Stunde, denn einige Namen, Werke und Schriftsteller waren mir nicht mehr fremd. Ich hatte sie in einer Studentenausgabe in deutscher Sprache gelesen, Puschkin, Tolstoi, Goethe und andere. Erst kürzlich hatte ich Leo Tolstois Roman „Anna Karenina" als Film in Farbe gesehen. Schließlich kam der Pädagoge auf die Technik des Schreibens zu sprechen und versuchte an der Gestalt Taras Bulbas den Begriff typisieren klarzumachen. Er sagte: „Die Eigenschaften eines ganzen Volksstammes sind in dieser einen Person verkörpert." Wir sollten uns das so vorstellen: Wollte ein Maler ein ukrainisches Mädchen darstellen, so nähme er vielleicht die Figur von Tatjana, die Locken von Nina, die Augen von Anna usw. Das Ergebnis wäre dann ein typisch ukrainisches Mädchen. Mich faszinierte sein Vortrag. Ich hätte stundenlang zuhören können. Plötzlich reckte eines der Mädchen die Hand und sagte mit belegter Stimme: „Und wie verhält es sich mit dem Buch ‚Molodaja gwardija'?" Verblüfftes Schweigen, der Lehrer war sichtlich überrascht.

Doch noch andere Stimmen wurden laut und drängten ihn zu einer Antwort: „Ja, wie verhält es sich mit diesem Buch?“ Ich glaube, ich bin rot geworden, denn mir wurde plötzlich unerträglich heiß. Das Buch „Molodaja gwardija“ (die junge Garde) war ein sehr bekanntes Buch der Nachkriegszeit, und, wenn ich mich nicht irre, von Alexej Tolstoi geschrieben. In jenen Tagen lief eine Verfilmung davon im Kino-Theater Oktober in Karaganda, darum wußten alle so genau darüber Bescheid. Dieses Buch rühmte die Heldentaten der russischen Jugend während des Zweiten Weltkriegs im Widerstand gegen die Hitlerarmee. Der Heldentod einiger junger Männer und Frauen war ganz groß dargestellt, und von denen, die noch am Leben waren, wußte man zu berichten, wo sie zur Zeit ihren Wohnsitz in der Sowjetunion hatten. „Auf dieses Buch kann die Typisierung doch nicht zutreffen!“ beharrten einige der Schüler. Schließlich hob der Lehrer beschwichtigend die Hand. Alle hörten ihm aufmerksam zu: „Dieses Buch ist größtenteils aus Tatsachenberichten zusammengestellt, aber einer gewissen Typisierung hat es der Schriftsteller, meiner Ansicht nach, auch unterzogen.“

Nun saß ich schon den dritten Abend in der russichen Schule und hatte immer noch nicht den Mut gefunden, mir eine Bescheinigung dafür geben zu lassen. Während sich meine Gedanken nur um dieses kleine Stück Papier drehten, öffnete sich die Tür zum Klassenzimmer und eine großgewachsene Frau mittleren Alters trat ein. Die Klasse erhob sich, und ich glaubte meinen Ohren nicht zu trauen, denn ein deutsches „Guten Abend!“ klang im Chor durch den Raum. „Guten Abend!“ sagte die Lehrerin und legte ihre schwarze Mappe auf den Stuhl. Es dauerte nicht lange, und auch sie ging zur Tafel und schrieb mit großen deutlichen Buchstaben der deutschen Normalschrift einige Sätze darauf:

Das Mädchen ist im Zimmer.

Das Mädchen war im Zimmer.

Und es folgte ein Satz, der uns verkündete, daß das Mädchen auch in Zukunft im Zimmer sein wird. Gelassen sah ich zu, wie sich die Schüler beim Bestimmen der Zeit redlich abmühten und wie sie sich von der Lehrerin, vermutlich nicht zum ersten Mal, zurechtweisen lassen mußten, daß in der deutschen Sprache „das Mädchen“ sächlich ist und nicht weiblich oder feminin wie in der russischen Sprache. Zum ersten Mal fühlte ich mich sicher auf meinem Platz. Die Zeit verging wie im Fluge. Während des Unterrichts hatte ich mitbekommen, daß die Lehrerin Maria Rudolfowna hieß. Die Stunde war um, die Schüler stürmten hinaus, doch ich blieb zurück und ging langsam nach vorne. Als ich an den Tisch trat, griff die Lehrerin schon zu ihrer schwarzen Mappe. Ich brachte in russischer Sprache meine Bitte vor. Sie fragte: „Brauchen Sie diese Bescheinigung für die Arbeit?“ Ich erklärte etwas zögernd, daß sie für einen Schwesternkurs benötigt wird. Ohne weitere Fragen zu stellen, öffnete sie noch einmal ihre Mappe, setzte sich an den Tisch und schrieb den für mich so wichtigen Schein aus. Ich bedankte mich und ging zufrieden nach Hause. Dies war für mich der dritte und letzte Tag in der Schule Nr. 16.

Nun war alles in Ordnung, und ich konnte ohne Bedenken die Schwesternschule wieder besuchen. Warum hatte Aron Salomonowitsch das getan und mich, nachdem ich ausgestoßen war, wieder zurückgeholt? Ausgerechnet mich?

Ich dachte an eine Betriebsfeier zurück anläßlich der Einweihung der neuen Poliklinik. Man sprach davon, daß wir doch ziemlich lange auf den neuen Bau warten mußten. Und die Oberschwester sagte: „Es ging aber auch zeitweise einen Schritt voran und zwei Schritte zurück." Alle außer mir lachten vergnügt. Aron Salomonowitsch sah mich an und fragte: „Wissen Sie, wer das Buch mit diesem Titel geschrieben hat?" Ich antwortete: „Njet!" denn ich wußte damals noch nicht, daß es eines der bekanntesten Werke Lenins ist. „Aber, wer ‚Mein Kampf' geschrieben hat, das wissen Sie?" fragte er nun arglos lächelnd. Darauf antwortete ich: „Ja, das weiß ich." Die Schwestern und Sanitärinnen, die unser flüchtiges Gespräch zufällig mitangehört hatten, schauten verwundert von einem zum anderen, denn Aron Salomonowitsch hatte den Titel mit deutschen Worten ausgesprochen. Der Name Hitler war nicht gefallen. Deshalb wußten sie nicht, worum es ging. Doch Aron Salomonowitsch hat in Zukunft jedes politische Thema in meiner Gegenwart sorgfältigst gemieden.

Warum hatte er mir geholfen und den Weg gezeigt, wie ich wieder in den Schwesternunterricht eingereiht werden konnte? Vielleicht unterlag auch er jenem uralten Gesetz, von dem Naturvölker behaupten: Hat man einmal einem Menschen das Leben gerettet, so ist man auch in Zukunft für sein Wohlergehen verantwortlich! Nun, Aron Salomonowitsch hatte mir nicht direkt das Leben gerettet, aber er war es, der seine ganze Redekunst aufgewandt hatte, um mir für die Schwesternschule Mut zu machen. Ich hatte es ihm zu verdanken, daß ich überhaupt eingetreten war. Ich dachte an jenen Tag zurück, als die kleine rotblonde Sanitärin Faja unser Kabinett betrat und mit erhobenem Kopf und befehlerischer Stimme laut zu mir sagte: „Sofort zum Chefarzt!" Das Kabinett des Leiters der Poliklinik lag direkt gegenüber dem chirurgischen Kabinett, in dem ich zu jener Zeit als Sanitärin arbeitete. So kam es, daß ich einen Moment später an die Tür des Chefarztes klopfte.

„Sachaditje!" (Treten Sie ein!) erklang die mir bekannte Stimme. Ich öffnete die Tür und blieb etwas unsicher mitten im Raum stehen. Doch so angestrengt ich auch überlegen mochte, ich war mir keines Vergehens bewußt. Hinter einem hellen Schreibtisch saß Aron Salomonowitsch. Er war nur ein Jahr älter als ich. Seit einem Jahr etwa war er mit seiner jungen Frau, gleichfalls Ärztin, in den Krankenhäusern von Karaganda tätig. Seine Frau war wie er jüdischer Abstammung, was man an ihren Namen unschwer erkennen konnte. Gleich bei den ersten Sätzen, die er zu mir sprach, fielen die Worte: „Welche Sprachen sprechen Sie?" Diese Frage wurde mir zum erstenmal in meinem Leben gestellt, und sie kam so plötzlich und unerwartet für mich, daß ich zuerst tief Luft holen mußte, und dann begann ich zaghaft: „Deutsch, ja, am besten spreche ich deutsch, denn das ist meine Muttersprache. In der Schule habe ich rumänisch und englisch gelernt, aber es waren nur..." Plötzlich unterbrach mich der Arzt und sagte ruhig lächelnd: „Sie vergessen russisch! Sie sprechen doch die ganze Zeit russisch mit mir." „Sprechen schon", sagte ich zaghaft, „aber wenn es ans Schreiben geht?" „Wissen Sie, worauf ich hinaus will?" fuhr er fort. Ich lauschte gespannt. „In Kürze beginnt eine Schwestern- und Hebammenschule ihren Abendunterricht. Einige unserer Sanitärinnen werden diese Schule besuchen. Ich dachte, daß auch Sie auf diese Weise Ihr Staatsexamen als medizinische Schwester machen könnten." „Meine russischen Sprachkenntnisse werden dafür nicht ausreichen", sagte ich mit gesenktem Blick. „Das glaube ich nicht!" beharrte er weiter, „russisch schreiben brauchen Sie nicht viel. Geschrieben werden müssen in der Hauptsache Rezepte, und dafür brauchen Sie ausschließlich das lateinische Alphabet. Das ist Ihnen doch gut bekannt?" Zum erstenmal sagte ich selbstsicher: „Da, konjetschno!" (Ja, sicher) Und dann ergänzte er: „Dazu kommt, daß fast alle Ärzte, die den Unterricht erteilen, Leute aus unseren Krankenhäusern sind. Alles alte Bekannte für Sie. Wie lange arbeiten Sie schon hier?" „Fünf Jahre", war meine kurze Antwort. „Starij rabotnik (Ein alter Arbeiter). Sie kennen sich hier viel besser aus als ich", sagte er scherzend und fuhr dann fort: „Übrigens, ich werde auch ein Fach belegen. Nur Mut! Die Anfangszeiten werden Ihnen noch mitgeteilt!"

Als ich meiner Mutter von dieser Sache erzählte, war sie hell begeistert. Sie malte mir alle Vorteile des Schwesternberufes in den schönsten Farben aus: „Bedenke, du brauchst dann keinen Fußboden und keinen Staub mehr zu wischen. Deine Arbeit wird sauber sein und geachtet. Es wird ein Beruf sein, der immer und überall gefragt ist. Strenge dich an, du mußt es schaffen!"

Mit meiner Bescheinigung aus der siebten Klasse fühlte ich mich nun wieder sicher und meinem Ziel schon ganz nahe, bis zu jenem Abend, als überraschend eine junge Lehrerin unseren Unterrichtsraum betrat. Sie sagte mit fester Stimme: „Mein Fach bei Ihnen ist russkij jasik!" (Russische Sprache) Mir fiel eine Redewendung ein, die bei nichtdeutschen Nationen fast sprichwörtlich ist: „Deutsche Sprache – schwere Sprache!" Doch, ich glaube, die russische Sprache ist mindestens genau so schwierig und das nicht nur für mich. Dies bewies auch der Einsatz der Russischlehrerin, welche die Allgemeinbildung der Krankenschwestern ins richtige Lot bringen sollte. „Beginnen wir mit einem Diktat", sagte die fremde Lehrerin. „Nehmen Sie bitte ein Blatt Papier zur Hand!" Ein ungehaltenes Stöhnen wurde laut. Meine Nachbarin Marusja murrte so etwas wie: „Das hat mir gerade noch gefehlt." Und ich wurde von einer gefährlichen Gleichgültigkeit befallen. „Eine Expedition in die Antarktis", klang nun die helle Stimme der Lehrerin durch den Raum, und dies war die Überschrift zu unserem ersten Diktat. Ich schrieb munter drauflos, um ja nicht in Rückstand zu kommen und machte mir erst gar nicht die Mühe, an irgendwelche Rechtschreibregeln zu denken, die ich vielleicht irgendwann einmal gehört oder gelesen hatte. Nur bei einem Wort, da überlegte ich eine Sekunde, denn einer der Polarforscher hieß Schmidt. Und nun lag es in meiner Hand, seinen Namen mit „d", mit „t" oder mit „dt" zu schreiben. Ich entschied mich für das Letztere.

Unsere Bogen wurden eingesammelt. Und als sie bei der nächsten Russischstunde korrigiert wieder auftauchten, kam die Lehrerin mitleidig lächelnd auf mich zu. „Haben Sie noch nie eine russische Schule besucht?" fragte sie mich ganz direkt. „Noch nie", gestand ich ehrlich. „Leider", sagte sie immer noch lächelnd, „Sie haben die meisten Fehler der ganzen Gruppe." Ich war nicht sonderlich überrascht darüber, schaute aber trotzdem beschämt auf mein Tintenfaß. „Doch ein Wort haben Sie als einzige richtig geschrieben", sagte nun die Lehrerin in aufmunterndem Ton. Ich schaute ihr verwundert in die Augen. „Ja, den Namen Schmidt", sprach sie und ging. Das war allerdings nur ein geringer Trost für mich.

Frau Stoll, „mein lebendes Lexikon", bekam noch einmal alle Hände voll mit mir zu tun, denn überraschend nahm man das Fach „Istoria Partia" (Die Geschichte der kommunistischen Partei) in unseren Lehrplan auf. Niemand war begeistert, meine Mitschülerinnen genau so wenig wie ich. Wie sollte man da durchblicken? Das Lehrbuch war uns vom Anschauen her bekannt. Es hatte die Größe eines mittelgroßen Buches und lag oder stand immer irgendwo herum. Das Inhaltsverzeichnis war mit römischen Zahlen in einzelne Blöcke aufgeteilt, und die Themen waren verwirrend. Frau Stoll diktierte mir das Wichtigste in Stichworten, zu jedem Kapitel gesondert. Diese lernte ich, so gut ich konnte, auswendig. Es waren nur wenige Unterrichtsstunden, doch eine Abschlußprüfung war auch hier unumgänglich. Ich half mir so: Wenn mir zu der gestellten Frage nichts mehr einfiel, dann ging ich einfach zu einem anderen Kapitel über, von dem ich mehr zu berichten wußte. Die Ärztin, der diese undankbare Aufgabe, die Prüfung, zugefallen war, nickte dann zufrieden. Zum Schluß waren meine Noten nicht schlechter als bei den anderen Mädchen. In unserem Abschlußzeugnis wurde dieses Fach aber nicht bewertet.

Weitaus mehr Kopfzerbrechen machten mir die Schießübungen und die Übungen mit der Gasmaske, die auch zu der Schwesternausbildung gehörten. Überhaupt gefiel mir die ganze militärische Aufklärung nicht.

Eines Abends stand plötzlich ein russischer Offizier im Klassenzimmer. Er erklärte uns an der Tafel den Aufbau einer Frontlinie, wie man sich zu verhalten hatte, wenn man Verwundete aus den vordersten Reihen bergen mußte, wie die Gasmasken aufzusetzen waren und wie das Gewehr zu laden sei. Praktische Schießübungen hatten wir nur einmal, und das Zielen haben wir dabei gewiß nicht gelernt. Aber ich hatte ein überaus mulmiges Gefühl bei der ganzen Sache, denn es war mir klar: Sollten an irgend einer Front Krankenschwestern gebraucht werden, so konnte man auch uns dort einsetzen. Man schrieb das Jahr 1952, und Krieg gab es seit zwei Jahren in Korea. Ein Schlagwort in jener Zeit lautete, und das kannte fast jedes Kind: „Rucki protsch ot Korei!" (Hände weg von Korea!) Das rief man ohne Zweifel den Amerikanern zu. Sollte es gar Krieg im Westen geben, in Deutschland, was dann? Eine Weile dachte ich deshalb daran, den Schwesternkurs einfach abzubrechen. Aber dann hoffte ich doch stark, daß es in absehbarer Zeit keinen Krieg im Westen geben werde und machte weiter. Es ging ja auch alles gut.

In unserem Abschlußzeugnis, herausgegeben von einem Komitee des Roten Kreuzes und des Roten Halbmondes der UdSSR, wurden ausschließlich medizinische Fächer bewertet. So nahm für mich alles noch ein gutes Ende, trotz mancher Hindernisse.

ИСПОЛНИТЕЛЬНЫЙ КОМИТЕТ СОЮЗА ОБЩЕСТВ КРАСНОГО КРЕСТА И КРАСНОГО ПОЛУМЕСЯЦА СССР
(ИСПОЛКОМ СОКК И КП СССР)

Окончила с отличием.

СВИДЕТЕЛЬСТВО № 111

Выдано гр-ке (ну) Кеммлер Люции Альфридовне
(фамилия, имя, отчество полностью)

родившейся ... 1929 г.
(число) (месяц)

в том, что она поступила 1 сентября 1953 г.
(число) (месяц)

и окончила 27 июля 1955 г. двухгодичные курсы медицинских сестер Союза Обществ Красного Креста и Красного Полумесяца СССР без отрыва от производства, при Ленинском (наименование) районном комитете Общества Красного (наименование комитета) Креста Карагандинской (Общества Красного Креста или Красного Полумесяца) области Каз. ССР (и Союзной республики)

сдала зачеты по всем предметам, предусмотренным учебным планом и программами, утвержденными Президиумом Исполкома СОКК и КП СССР, и на Государственных экзаменах получила следующие отметки:

1. Хирургия с уходом за ранеными и больными 5/пять
2. Внутренние болезни с уходом за больными 5/пять
3. Инфекционные болезни с уходом за больными 5/пять
4. Фармакология с рецептурой 5/пять

Согласно решения Государственной квалификационной (экзаменационной) комиссии от «27» VII 1955 г.
(число) (месяц)

г-ке (ну) Кеммлер Л. А.
(фамилия, имя, отчество полностью)

присваивается квалификация медицинской сестры с законченным средним медицинским образованием.

Председатель экзаменационной комиссии (подпись)

Начальник курсов (подпись)

Председатель комитета (подпись)

№ протокола 2

Город Караганда Карагандинская республика Каз. ССР

М. П.

Л 57142 Подписано к печати 11/X—54 г. Зак. 1735
Тип. изд-ва «Советская наука», Неглинная ул., 29/14.

Abschlußzeugnis aus der Schwesternschule

Jahre nach dem Krieg

Überall in den Korridoren und Sprechzimmern der Polikliniken und Krankenhäuser gab es kein aktuelleres Thema als dies über das neue und somit erste medizinische Institut der Stadt Karaganda. Jede Schwester und jeder Feldscher, die irgend konnten, versuchten dort einen Studienplatz zu erringen. Unter dem mitt-

Grünanlage im Zentrum der Stadt.
Im Hintergrund: links das Pädagogische-, rechts das Medizinische Institut

leren Personal war das reinste Lernfieber ausgebrochen. Man sah in jener Zeit frohe, aber noch mehr enttäuschte Gesichter derer, die die Aufnahmeprüfung nicht bestanden hatten. Das Chirurgische Krankenhaus Nr. 1 und die TBC-Heilstätte stiegen zu Kliniken auf. Und bald zogen Scharen von Studenten und Studentinnen in weißen Kitteln durch unsere ruhigen Krankenhäuser. Neue Professoren tauchten auf und vollzogen nie durchgeführte Operationen wie: Gesichtsplastiken sowie Kopf- und Lungenoperationen, um nur einige zu erwähnen. Der Bau des medizinischen Instituts war in seiner Struktur das genaue Spiegelbild des pädagogischen und ihm gegenüber errichtet, unweit des kleinen Stadtparkes. Durch reinen Zufall hatte auch ich einige Male die Gelegenheit, das Institut zu betreten. Das erste Mal huschte ich mit noch zwei Freundinnen durch einen sehr langen Flur im Erdgeschoß. Wir waren durch den Haupteingang hineingestürmt und durch einen hinteren Ausgang wieder hinaus. Das kam so: Der 1. Mai, der internationale Tag der Arbeit, rückte näher und wie bei jedem Nationalfeiertag sollten sich auch dieses Mal alle medizinischen Arbeiter der unteren, mittleren und oberen Schicht am Morgen des 1. Mai vor dem Chirurgischen Krankenhaus Nr. 1 einfinden.

Es waren bei weitem nicht alle erschienen, doch von uns Jüngeren erwartete man stillschweigend eine Teilnahme an der öffentlichen Demonstration. Über marxistisch-leninistische Ideologien oder über politische Weltanschauungen machten wir uns wenig oder gar keine Gedanken.

Wir waren da. Meine Freundinnen, die beide Maria hießen, die eine aber Marusja gerufen wurde, und ich marschierten im langen Zug der Maidemonstranten in ausgelassener und übermütiger Stimmung. Erstens fühlten wir uns erleichtert, daß wir das lästige rote Spruchband mit der Aufschrift „Miru mir!" (Der Welt den Frieden), das man uns mit langen Stangen in die Hände gedrückt hatte, wieder los waren. Und zweitens waren wir durch die allgemeine Feststimmung um uns angesteckt. Oft, wenn der lange Zug ins Stocken geriet, fingen die Menschen an Ort und Stelle an zu tanzen, nicht selten von einer „Garmoschka" (Zieharmonika) begleitet. Der ganze Stadtkern war abgesperrt, und der Demonstrationszug war unübersehbar lang. Man marschierte in breiten Reihen nach Betrieben geordnet, wir in den Kolonnen der Mediziner. Die Schulen bildeten eigene Züge, und die Schülerinnen trugen an diesem Tag ihre Pioniertracht: dunkelbraunes Kleid und weiße Trägerschürze, dazu das rote Halstuch, in den Händen Blumenzweige, die Apfelblüten ähnelten, aber aus Papier waren, weil es in jener Gegend in dieser frühen Jahreszeit noch keine echten Blumen gab.

In der Nähe des Stadtparks und der Institute war eine Tribüne aus Holz errichtet. Auf ihr nahmen hohe Würdenträger der Partei und der Öffentlichkeit die Hurra-Rufe der Vorbeiziehenden stundenlang entgegen. Nach fast unendlichem Formieren, Einreihen und Aufrücken kam schließlich der Augenblick, daß auch wir die Tribüne passieren durften. Ein Blasorchester, das in unmittelbarer Nähe des Podiums aufgestellt war, spielte zackige Märsche, und aus den Lautsprechern, die sich blechern übertönten und an vielen Stellen anmontiert waren, dröhnte nun: „Es lebe der 1. Mai, der internationale Tag der Arbeit! Es lebe unser weiser Führer Josef Wissarionowitsch Stalin!" Und dann kam der entscheidende Satz, der je nachdem, welcher Betrieb gerade an der Tribüne vorbeimarschierte, anders hieß, zum Beispiel: „Es leben die Bergleute!" oder „Es leben die geologischen Expeditionen!" In unserem Falle tönte es dann: „Es lebe die russische Medizin!" Und nun schrien wir alle aus voller Kehle: „Uraaa!!" Unser Hurra-Ruf, vervielfältigt durch Lautsprecher und Mikrophone, schwoll zu einem ohrenbetäubenden Orkan an. „Hast du ihn gesehen?" fragte nun Maria ganz dicht an meiner rechten Seite. „Wen?" schrie ich ihr ins Ohr zurück. „Na, den Trompeter Shenja mit den schwarzen Koteletten!" „Nein, ist der hier?" fragte ich erstaunt, denn ich wußte, er war ihr großer Schwarm. „Ja", sagte sie mit glühenden Wangen, „er spielt im Festorchester mit." Wie schade, ich hatte beim Hurraschreien auf die Tribüne geschaut. „Hast du ihn gesehen?" fragte ich nun Marusja zu meiner Linken. Inzwischen marschierten wir an dem neuen medizinischen Institut vorüber. Plötzlich faßte mich Maria an der Hand und zerrte mich aus der Kolonne. Auf einen Zuruf hin, folgte uns auch Marusja. In Windeseile stürmten wir die breiten Stufen empor und verschwanden ungehindert im Inneren des Instituts. Im Laufschritt rannten wir durch den langen Korridor und verließen schließlich den Bau durch einen unscheinbaren Ausgang am anderen Ende. Dort stießen wir wieder auf die vorbeiziehenden Demonstranten. Flink reihten wir uns ein und näherten uns nun, als wäre nichts geschehen, zum zweiten Mal der Tribüne mit den Würdenträgern und vor allem dem Blasorchester. Unsere Hurrarufe fielen diesmal weniger lautstark aus, denn unser ganzes Interesse und unsere ganze Aufmerksamkeit galt nun dem Trompeter Shenja mit den schwarzen Koteletten.

Meine zweite Begegnung mit dem medizinischen Institut war etwas ausgiebiger. Nina Wassiljewna, unsere Nachbarin und Frau eines Ingenieurs, der in der Leitung der geologischen Expeditionen tätig war, kam eines Tages zu mir. Ihr gepflegtes und geschminktes Gesicht war traurig, als sie mir erzählte, daß „Schaitan", ihr Liebling, verschwunden sei. Dabei sprach sie von ihrem schwarzen langbeinigen Hund, von dem sie und ihr Mann behaupteten, er sei sehr kostbar und stamme von einem deutschen Offiziershund ab. Die Nachbarn waren kinderlos und nicht mehr jung. Ihr ganzes Interesse galt deshalb diesem Hund, den ich nicht besonders anziehend fand. Er war schlank, hatte ein kurzes leicht gewelltes Fell, und er war über Körper, Pfoten und Ohren hinweg gleichmäßig schwarz. Daher sein Name „Schaitan", denn das heißt in der Sprache der Tataren „Teufel". Der Mann von Nina Wassiljewna war Tatar, sie hingegen eine blonde, blauäugige Ukrainerin. „Ich bin mit dem Chauffeur meines Mannes im Dienstwagen schon die ganze Stadt abgefahren, doch nirgends ist er zu finden", fuhr sie fort. Sie erzählte mir, daß sie schon einige Tage nach dem Hund suchten und daß ihr jetzt ein Gedanke gekommen sei. „Vielleicht haben ihn Hundefänger ins medizinische Institut gebracht? Und man verwendet ihn für ein Experiment. Man bricht ihm die Knochen! ‚Ushassno'!" (Schrecklich!) Nina Wassiljewna jammerte, daß man sie bedauern mußte. Und ich versprach ihr, bei der Suche mitzuhelfen. Der Gedanke war tatsächlich nicht abwegig, denn die Sache mit den Hundefängern stimmte. Ich hatte selbst schon gesehen, wie sie in ihrem kleinen Lastwagen durch die Straßen fuhren, eine große Kiste obenauf. Da hinein kamen die streunenden Hunde, die von ihnen aufgegriffen und abgeliefert wurden. Und der Mann, der sich während der Fahrt an die braune Kiste lehnte, war einer der Hundefänger. Er sah furchterregend aus. Sein Anblick allein schon konnte Nina Wassiljewna bei der Vorstellung in Schrecken versetzen: Ihr verwöhnter, gebadeter Stubenhund in den Händen dieser rauhen Menschen?

Bald machte ich mich auf die Suche. Zuerst ging ich zu den Hundeboxen, die in einer Semljanka unweit der alten Poliklinik in Groß-Michailowka eingerichtet waren. Die alte Wärterin kannte ich gut, denn wir hatten einige Zeit zusammen auf dem Krankenhaushof in den Lehmhäusern gelebt. Sie zeigte mir bereitwillig alle Hunde in ihren Boxen. Wir wurden von einem furchterregenden Gebell begleitet, und ich hielt mir vor Entsetzen die Ohren zu. Doch Schaitan war nicht dabei. „Ja, das ist alles, was wir hier haben", sagte Xenja, die Wärterin, mit Bedauern zu mir. „Aber schau doch mal im Institut nach!" riet sie mir, „dort sind nicht weniger als hier." Ich setzte auf der Stelle meine Suchaktion fort. Nach einer halben Stunde etwa stand ich vor dem gewaltigen Bau des Med-Institutes in der Neu-Stadt Karaganda. Dem Pförtner brachte ich meine Wünsche vor. Die Pflegerin der Hunde wurde schnell gerufen, und wir begaben uns gemeinsam in die Kellerräume. Ein großer auszementierter Raum mit Abflußrinnen war in einzelne kleine Zwinger mit Drahtgitter unterteilt. Da waren Hunde vor und nach der Operation, mit Gipsverband, mit geschienten Läufen, Hunde aller Größen, Rassen und Farben. Auch hier begleitete mich das grauenvolle Gebell. Wir gingen von einem Zwinger zum anderen. Manche stürzten wütend an die Gittertür, und ich schaute ängstlich auf das verriegelte Schloß. Einige lagen apathisch da und rührten sich nicht. Doch Schaitan konnte ich auch hier nicht entdecken. „Er ist nicht dabei", sagte ich enttäuscht zu der Wärterin. „Kommen Sie mit! Wir gehen in den Operationssaal", sagte nun die Pflegerin und eilte mir voraus. Wir stiegen viele Treppen hoch und bogen schließlich in einen langen weißen Korridor ein. Er war menschenleer, nur ein kleiner hellbrauner, langhaariger Hund saß mäuschenstill vor einer gschlossenen hohen Tür, mit einer Leine an die gelbe Messingklinke gebunden. Er rührte sich auch dann nicht, als wir ganz dicht an ihm vorbeigingen. Meine Begleiterin schaute mich fragend an, doch ich schüttelte den Kopf. Dann drückte sie auf die Klinke des Operationsraumes. Sie ließ mich durch die halbgeöffnete Tür schauen, nachdem sie einen Blick hineingeworfen hatte. Ich trat in den Türrahmen. Auch hier war kein Mensch zu sehen, nur aus dem Nebenzimmer kam Instrumentengeklapper. Der Geruch nach Äther beherrschte die Luft. Auf einem schmalen, kurzen Operationstisch lag ein großer dunkler Hund. Er schlief einen unnatürlichen Ätherschlaf und röchelte hörbar. Seine Läufe waren festgeschnallt, und teebraune sterile Tücher umgaben seinen haarigen Leib. Ich trat auf Zehenspitzen ganz dicht an ihn heran. Nein, auch das war nicht Schaitan!

Nina Wassiljewna war fast untröstlich, denn ihr Hund blieb verschwunden. Mir hingegen schenkte sie für meine Mühe ein Kilo Konfekt aus Schokolade. Das war eine große Gnade, die mir in Rußland nur dieses eine Mal widerfahren ist.

Es war lange nach dem Krieg, wir standen in leichten bunten Sommerkleidern auf dem asphaltierten Bürgersteig vor dem neuen Theater, legten den Kopf weit in den Nacken und die Hand schützend vor die Augen, denn es war ein sonniger wolkenloser Nachmittag, zwei junge Ärztinnen und einige Krankenschwestern, darunter auch ich. Unser ganzes Interesse galt den sechs überlebensgroßen Statuen arbeitender Bergleute, die über den sechs schlanken weißen Säulen machtvoll in den Himmel ragten.

Richard Iwanowitsch, unser einziger männlicher Begleiter, der die Vierzig schon überschritten hatte und für unser damaliges Empfinden ein gesetzter älterer Herr war, eilte die wenigen flachen, doch breit angelegten Stufen zum Theatereingang hoch, um unsere Eintrittskarten abzuholen. Er hatte sie telefonisch vorbestellt.

Richard Iwanowitsch war der Statistiker unseres TBC-Krankenhauses. Mit anderen Worten, er wühlte wie ein Bücherwurm Tag für Tag in alten und neuen Akten mit Krankengeschichten. Es konnte einem passieren, daß, wenn man seinen kleinen Büroraum betrat, man unverhofft von einem eisigen Wind empfangen wurde. Er saß dann in Wattejacke und Filzstiefeln am Schreibtisch, und das breite Fenster war weit geöffnet, und das nicht selten bei zwanzig und dreißig Grad Frost. Fragte man dann erstaunt: „Bei der Kälte?“ so bekam man gewöhnlich zur Antwort: „Tolko odnu minutotschka.“ (Nur ein Minütchen) Seine Angst vor einer Ansteckung war groß. Doch das kam wohl daher, weil er nichts von den hohen Gläsern wußte, die gefüllt waren mit gelblich weißen Flocken, dem trockenen Chloramin, das wir regelmäßig von der Oberschwester zugeteilt bekamen. Es wurde dann mit Wasser beliebig stark verdünnt. In dieser desinfizierenden Lösung wurden Staubtücher ausgewaschen, bevor man den Staub von Möbeln und kunststoffbezogenen Liegen wischte. Diese Chloraminlösung wurde den Putzfrauen ins Wischwasser gegossen, bevor der Fußboden gescheuert wurde. Richard Iwanowitsch hatte wohl nicht beachtet, daß täglich viele Sterilisatoren mit

Kulturpalast der Bergleute: Seitenansicht

Kulturpalast der Bergleute: Vorderansicht

Instrumenten zum Kochen gebracht wurden, um die Bazillen zu töten und daß in der Krankenhausküche ein großer Kessel nur dafür da war, um das Geschirr regelmäßig nach dem Spülen noch auszukochen. Es war ihm auch entgangen, daß täglich eine stattliche Anzahl von silbrig glänzenden runden „Bixen" (Behältern) mit Tüchern und Wäsche zum Sterilisieren in große runde Apparate geschoben wurde. Wir, die wir stündlich mit irgend einer Form der Desinfektion beschäftigt waren, fürchteten uns vor keiner Ansteckung und vergaßen die TBC-Bazillen, die eventuell noch in der Luft schwebten. Über Richard Iwanowitsch schmunzelten wir heimlich, wenn er zeitweise gezwungen war, im zentralgeheizten Raum mit Wattejacke und Filzstiefeln zu arbeiten.

Näher bekannt mit ihm wurde ich an einem frühen Morgen. Das war vor Beginn der offiziellen Arbeitszeit, als ich die Büroräume des Krankenhauses betrat. Maria Iwanowna, die Oberbuchhalterin, Raja, die junge hübsche Laborantin, und Richard Iwanowitsch waren gerade eifrig dabei, das Wort „Fritz" nach seinem Ursprung und Sinn gründlich zu untersuchen. Es ging darum zu überlegen, wieso es neben „Faschist" eines der übelsten Schimpfworte ist, die man einem Deutschen nachsagen kann. Ich beobachtete ein Weilchen die diskutierfreudige Gruppe. Man mühte sich reichlich ab, der Sache auf den Grund zu kommen. Schließlich hielt ich es nicht länger aus, denn ich wußte eine Erklärung für den Schimpfnamen „Fritz". Unser Geschichtslehrer hatte uns einst die Sache erläutert. Damals vierzehnjährig, ahnte ich nicht, daß mir das einmal im fernen Rußland von Nutzen sein könnte. „Eto otschenj prosto" (Das ist ganz einfach) begann ich, „ Fritz ist der Name des großen Preußenkönigs. Er lebte vor 200 Jahren. Als ‚Friedrich der Große' ist er in die Geschichte eingegangen. Doch von seinen Untertanen wurde er liebevoll ‚der alte Fritz' genannt. Wenn fremde Nationen nun von seinem Volk redeten, so sprachen sie von den ‚Fritzen'". „Ach, so ist das", sagten die beiden russischen Frauen erstaunt und begaben sich an ihre Arbeit. Doch Richard Iwanowitsch trat ganz dicht an mich heran und sagte mit seiner leisen Stimme: „Woher wissen Sie das? Wo sind Sie zur Schule gegangen?" Er vergaß zu antworten, als ich sagte: „In Deutschland!" Mein Gesprächspartner mußte auch Deutscher sein, denn sein Vorname verriet dies deutlich. Und sein Vatername Iwan? Ich muß hier wohl erklären, daß in Rußland aus dem deutschen Namen Johannes fast automatisch Iwan wird. Es würde allerdings keinem Russen einfallen, Johann Strauß mit Iwan Strauß zu übersetzen. Da heißt es dann: „Jogan."

Seit jenem Morgen hatte Richard Iwanowitsch Vertrauen zu mir gefaßt, und er erzählte mir unter anderem, daß er Rußlandsdeutscher sei, von Beruf Lehrer. Nach einer Gefängnishaft von acht oder zehn Jahren aus politischen Gründen durfte er seinen Beruf nicht mehr ausüben. Nun machte er Büroarbeiten in unserem Krankenhaus. Eines Tages kam er in unser Kinderkabinett gestürzt. Ich war gerade allein. Feuerrot im Gesicht, und seine Worte überschlugen sich, erzählte er mir, daß eben das Stalinbild polternd von der Wand und ihm vor die Füße gefallen sei, als er im Flur daran vorbeiging. Der Chefarzt sei aus seinem Kabinett getürzt und habe ihn angeschrien: „Was haben Sie mit dem Bild gemacht?“ „Doch ich bin unschuldig! Glauben Sie mir!“ sagte er zu mir mit bebender Stimme. „Hängt es nun wieder?“ fragte ich. „Nein, es muß doch erst ein neuer Nagel eingeschlagen werden,“ gab er mir bekümmert zur Antwort. Mir war die ganze Sache eher zum Lachen, doch Richard Iwanowitsch schaute verängstigt drein. Seine Furcht war natürlich übertrieben, und der ganze unangenehme Zufall hatte keinerlei nachteilige Folgen für ihn. Er tat mir leid, er war ein Pechvogel.

Doch nun stand Richard Iwanowitsch strahlend am Theatereingang und winkte uns freudig mit den Eintrittskarten zu. Eine hohe kühle Empfangshalle nahm uns auf, und spitzenartige kunstvolle Stuckarbeiten warfen dunkle Muster auf den hell glänzenden Parkettfußboden. Im Innern des Theaters nahmen wir alle in einer Reihe auf roten Plüschsesseln Platz. Meine Blicke wanderten über Kronleuchter und Logenbrüstungen und blieben schließlich an einem dunkelroten Bühnenvorhang hängen. Samtener Glanz vertiefte die Falten, und eine breite farbenprächtige Stickerei zog sich über den ganzen Vorhang: Asiatische Ornamente im kasachischen Folklorestil griffen kunstvoll ineinander. Ja, jetzt wußte ich genau, was dem neuen Theater diese fremdartige, märchenhafte Atmosphäre verlieh. Es war der orientalische Stil, in dem der ganze Bau und seine Einrichtung gehalten waren. In der Pause der Oper „Eugen Onegin“ nach A. A. Puschkin und der Musik von P. I. Tschaikowski, die heute auf dem Programm stand, verließen wir unsere Plätze und schritten über rote Läufer durch lange Gänge, vorbei an niedrigen plüschbezogenen Diwans mit kurzen geschwungenen Beinen. Sie luden zum Ausruhen ein und unterstrichen den fernöstlichen Stil.

Es gab Tage, an denen nur in kasachischer Sprache gespielt wurde. Doch ich habe eine solche Vorstellung nie besucht, da mir diese Sprache bis auf einige wenige Redewendungen fremd geblieben ist.

An meinen freien Nachmittagen ging ich jetzt öfter an dem neuen „Kulturpalast der Bergleute“, wie das Theater offiziell hieß, vorbei. Eines Tages entdeckte ich eine mit weißer Kreide beschriftete große Tafel. Sie war an eine der hohen Säulen gelehnt. Es war keine Programmvorschau, wie ich zuerst vermutet hatte. „Eine Fragestunde für die Bevölkerung der Stadt“, wurde darauf angekündigt, „mit den besten medizinischen Fachärzten“, wie es weiter hieß. Diesen Tag wollte ich auf keinen Fall versäumen, und so kam ich zur angekündigten Stunde in den Kulturpalast. Man wies mir den Weg in einen kleineren Saal in einem Seitenflügel, der speziell für solche Zwecke erbaut war. Der Raum war voll besetzt, und ich schlich auf leisen Sohlen an der Wand entlang. Schließlich entdeckte ich ziemlich weit vorne einen Platz. Ein bekanntes Gesicht war mir bis jetzt nicht begegnet. Doch als ich auf die breite Tribüne schaute, auf der die Fachärzte Platz genommen hatten, merkte ich bald, daß mir die meisten von ihnen gut bekannt waren. Das Ganze ging folgendermaßen vonstatten: Wer eine Frage stellen wollte, schrieb diese auf einen kleinen Zettel und reichte ihn seinem Vordermann. Der Zettel wurde dann von Reihe zu Reihe lautlos weitergegeben, bis er schließlich auf einem kleinen Rednerpult landete. Die Fragen, von medizinischen Laien gestellt, schienen mir sehr einfach, und die Antworten darauf brachten mir damals nichts Neues. Nur einmal horchte ich belustigt und interessiert auf: „Warum fällt ein Mondsüchtiger nicht vom Dach, wenn er schlafwandelt?", so lautete die gestellte Frage. Eine schon ältere Ärztin, sie war Psychiaterin, trat ans Rednerpult: „Der Patient befindet sich in einem Halbschlaf auf seinen nächtlichen Ausflügen, er kann die Gefahr nicht erkennen, in die er sich begibt, und darum geht in den meisten Fällen alles gut. Wie unsicher ein Angstgefühl machen kann, können Sie auf einfache Weise selbst ausprobieren. Legen Sie ein schmales Brett flach auf den Fußboden und gehen Sie langsam darüber, einen Fuß vor den anderen setzend. Sie werden es mühelos schaffen, ohne daneben zu treten. Doch erheben Sie dieses Brett auch nur einen Meter über die Erde, so werden Sie merken, wie schwierig es ist, darüber zu gehen, ohne es zu verfehlen." Dieser kleine Vortrag, der die wißbegierigen Bürger zunächst hörbar belustigte, endete mit atemloser Stille und Aufmerksamkeit. Es war schon spät am Abend, als die Ärzte das Podium verließen. Ein Stapel weißer Zettel mit unbeantworteten Fragen blieb auf dem Rednerpult zurück. Den Besuchern wurde zum Abschluß ein bunter Zeichentrickfilm über den Verlauf einer Lungenembolie gezeigt.

Es war viele Jahre nach dem Krieg. Ich hatte die Zwanzig längst überschritten. Doch immer noch mußte ich jeden Morgen oder auch öfter mein Haar in zwei Zöpfe flechten, so wie ich es schon als Schulmädchen perfekt gelernt hatte. Nur mit dem einen Unterschied, jetzt steckte ich die Zöpfe hoch.

Ach, ich war es überdrüssig. Und warum sollte ich mir meinen Kindheitstraum vom „Lockenkopf" nicht erfüllen? Mein Haar war glatt und dicht und zeigte keine Spur von Naturwellen. Nach vielem Hin und Her und wochenlanger reichlicher Überlegung hatte ich mich schließlich zu meinem Entschluß durchgerungen. So näherte ich mich an einem sonnigen Frühlingstag der neuen „Parikmacherßkaja"

Schwester Lucie Kämmler mit hochgesteckten Zöpfen

im Zentrum der Stadt dicht neben dem Kinotheater. Das war der Friseursalon. Friseur heißt auf russisch „Parikmacher". Man kann ganz deutlich das deutsche Wort Perückenmacher heraushören. Zuerst ging ich langsam und ganz dicht an der „Parikmacherßkaja" vorüber. Ich schaute neugierig und schüchtern durch die gläserne Frontseite des alleinstehenden niedrigen Baues. Friseure und Friseusen in weißen Kitteln liefen geschäftig hin und her oder machten sich gerade am Kopf einer Kundin zu schaffen, die ergeben auf einem Spezialstuhl vor einem Spiegel thronte. Sie erinnerten mich an Patienten, schwach und willenlos auf einen Operationstisch geschnallt.

Ich drehte eine kleine Runde durch die Grünanlagen vor dem Kino und ging dann mit energischen Schritten auf den Friseursalon zu. Aber auch dieses Mal fehlte mir der Mut, die Klinke zu drücken, und so schlenderte ich gedankenlos weiter die „Uliza Lenina" (Leninstraße) entlang, an mehreren Geschäften und schließlich am „Uniwermag" (Warenhaus) vorbei. Dabei entfernte ich mich mehr und mehr von dem blitzenden geschäftigen Friseursalon. Ich ließ den Pionierpark hinter mir und die breite Brücke, ging an der zweistöckigen Schwestern- und Hebammenschule vorbei und bog gleich darauf in das winklige Gäßchen von „Schanghai" ein, wie dieser Teil des alten Zarendorfes im Volksmund hieß. Die Lehmhäuser waren unregelmäßig wie Vogelnester aneinandergeklebt. Dort wohnten ausschließlich Asiaten. Ging man in den Abendstunden durch dieses Gäßchen, das so schmal war, daß kein Wagen hätte durchfahren können, dann saß fast vor jeder Tür eine Kasachenfrau in der Hocke und schürte eifrig einen Samowar (wörtlich: Selbstkocher, denn samo = selbst, waritj = kochen). Die älteren Frauen trugen lange Kleider und noch längere Hosen. Über den Kopf hatten sie ein hüftlanges schwarzes Tuch gehängt, das durch eine runde Öffnung das Gesicht freigab. Manchmal stand ein Samowar allein und verlassen, doch oben auf dem Abzugsrohr thronte ein kleiner bauchiger „Tschainik" (Teekanne). Dann wußte ich, dieser Samowar wurde nicht mehr geheizt, und das Wasser im Mantel, der das Rohr umschloß, hatte schon gekocht. In der kleinen Teekanne brühten nun dunkle Teeblätter zu einem fast schwarzen Extrakt. Diese aromatische Brühe mit dem goldenen Schein wurde in den flachen Porzellanschalen (Pialki) der Kasachen mit gekochtem Wasser beliebig stark gemischt. Die Kasachen nahmen ihre Mahlzeiten ausschließlich an niedrigen runden Tischen ein, im Schneidersitz und auf dem Fußboden, so war es für sie am bequemsten. Die Asiaten tranken ihren täglichen Tee mit Vorliebe mit Sahne und Zucker und aßen ihren beliebten, stark gesalzenen Ziegenkäse dazu. Dies waren teelöffelgroße, knochenharte Stückchen. An ihrer Form konnte man erkennen, daß der Ziegenquark in der Faust ausgepreßt worden war. Dieser Käse hatte eine weißlich-gelbe Farbe, denn er war langsam an der Sonne getrocknet worden. Und er schmeckte ranzig, jedenfalls der, den ich einmal gekostet hatte.

Ich ging weiter und landete schließlich auf dem Basar von Groß-Michailowka. Es war Frühling, und auf den langen überdachten Ständen lagen viele Sorten Gemüse und Gewürzkräuter: junger grüner Knoblauch, grüne Zwiebeln, Dill, Sauerampfer, der für den „grünen Borscht", die beliebte Frühlingssuppe, unerläßlich war. Zarte Radieschen leuchteten glänzend rot, denn die Marktfrau tauchte sie immer wieder in frisches Wasser. Unübersehbar eine Reihe von dicken Marktfrauen mit Kartoffelsäcken voll gerösteter „Sjemoschki" (Sonnenblumenkerne). Diese gab es zu jeder Jahreszeit zu kaufen. Ein Basar ohne „Sjemotschki" war undenkbar. Sie wurden teeglasweise verkauft, meistens für einen Rubel das Glas. Man probierte aus diesem und aus jenem Sack und entschloß sich schließlich für eine Sorte, entweder für die großen, langen, weißen, für die kleinen, dunklen, grauen oder für eine mittelgroße schwarze Sorte. Im Winter war es wunderbar, die Tasche voller frischgerösteter „Sjemotschki" zu haben, denn sie waren eine zusätzliche Wärmequelle. Erwähnen möchte ich auch den Stand mit dem „Kumis", der gesäuerten Pferdemilch. Ein Kasache im weißen Kittel verkaufte sie aus großen Milchkannen. Sie wurde von den Asiaten als Heilmittel gepriesen und gegen fast alle Krankheiten empfohlen. Sie sollte appetitanregend sein, auch stärkend und sogar einen kleinen Prozentsatz Alkohol enthalten. Ich konnte mich nie dazu überwinden, einen Schluck davon zu kosten, was ich heute aufrichtig bedaure.

Ich ging an den kleinen Kiosken vorbei, an denen es Bier zu kaufen gab und „mors", ein Getränk aus klarem Wasser und rotem Fruchtsaft. Endlich gelangte ich an die kleine „Parikmacherßkaja" (Friseurladen), eingequetscht zwischen Kioske und Buden. Entschlossen und leicht ging ich die wenigen Bretterstufen hoch und schlüpfte durch die halbgeöffnete Tür. Ein kleiner rundlicher Mann stand in einem hellen Kittel in Gedanken versunken in einer düsteren Ecke. Als er mich sah, kam er mir einige Schritte entgegen. „Eine Dauerwelle möchte ich haben!" sagte ich mit fester Stimme. Ein dunkelbrauner, kunststoffbezogener Stuhl mit Armlehnen wurde mir angewiesen. Ich setzte mich vor einen runden halberblindeten Spiegel und fing sofort damit an, meine Haarnadeln aus meiner ländlichen Frisur zu ziehen. Eilig löste ich meine Zöpfe und schüttelte das Haar auf den Rücken. Der „Parikmacher" stand hinter mir, ließ meine gelösten Zöpfe durch seine Finger gleiten und sagte mit weichen Lauten: „ssalko leßat!" Es hörte sich an wie Kinderlallen und hätte eigentlich „shalko resat" heißen müssen (Schade abzuschneiden!). Doch ich tat, als hörte ich es nicht und blieb beharrlich auf meinem Stuhl sitzen. Der

„Parikmacher" mit seiner kindlichen Zunge sprach eifrig weiter. Er war Chinese, und die Aussprache der russischen Wörter fiel ihm naturgemäß schwer. Er sagte, ich solle mir wieder zwei Zöpfe flechten und nach Hause gehen. Es sei eine große Dummheit, diese Haare abschneiden zu lassen. Dabei wiegte er seinen runden, kahlen Kopf bedenklich. Doch ich rührte mich nicht von der Stelle. Als ein paar Minuten später eine scharfe Schere und noch schärfere Klingen durch meine Haare rauschten, war es beinahe ein physischer Schmerz, und ich bedauerte es, dem Rat des weisen Chinesen nicht gefolgt zu sein. Doch es kam noch schlimmer, und ich dachte mit Wehmut an die glänzende „Parikmacherßkaja" im Zentrum der Stadt. Bald glaubte ich mich in eine Hexenküche versetzt, denn die trübe Flüssigkeit, mit der nun mein kurzes Haar angefeuchtet wurde, verbreitete einen Dunst nach Schwefel und Salmiakgeist und trieb mir die Tränen in die Augen. Dann wurden meine Haare auf kleine dunkle Rollen gewickelt und jedes Röllchen einzeln mit einer massiven Metallklammer umschlossen. Schließlich war mein Kopf „zentnerschwer". Doch was geschah nun? Aufmerksam beobachtete ich alles in dem runden Spiegel. Mit flinken Fingern schob der Chinese kleine rote Gummischläuche von einer Rolle zur anderen, dann einen langen Schlauch, der von meinem Kopf bis zu einem Aluminiumtopf reichte. Dieser stand mit kochendem Wasser auf einer kleinen elektrischen Platte unweit von mir auf dem Fußboden. Bald wurde es warm in der Dampfheizung in meinem Haar, und manchmal zischte ein heißer Strahl ganz unverhofft und gefährlich. Dann rannte der Friseur mit eiligen Schritten zu mir und stellte die Verbindung zwischen den Gummischläuchen wieder her, die sich unter dem Druck des Dampfes gelöst hatten. Er zuckte jedes Mal die Schultern und lächelte breit und verlegen aus dem halberblindeten Spiegel.

Endlich war die langwierige Prozedur beendet, und Gummischläuche, Metallklammern und Röllchen wurden von meinem Kopf entfernt. Erwartungsvoll schaute ich in den Spiegel. Aber was war das? Die Ähnlichkeit mit dem Fell eines jungen Karakulschafes war verblüffend. Die Enttäuschung war mir wohl ins Gesicht geschrieben, denn der „Parikmacher" sagte beruhigend zu mir, ich solle die Haare zu Hause gut durchspülen, auskämmen und trocknen, dann seien sie bedeutend „klaßiwej", eigentlich „kraßiwej" (schöner). Schnell zog ich mein Kopftuch aus der Tasche, band es um, zahlte und rannte auf dem kürzesten Weg nach Hause. Es vergingen mehrere Jahre, bis ich neuen Mut faßte und wieder die Tür zu einem Friseursalon öffnete.

Stalins Tod, wie ich ihn erlebte

Die großen runden Lautsprecher waren so an die Telefonmasten montiert, daß ihre Schallwellen ineinandergriffen und man von den Klängen der Trauermusik begleitet wurde, ganz gleich, wohin man auch ging. Was war geschehen?

Sonst klangen aus diesen Lautsprechern, die nur aus besonderem Anlaß und in aller Eile angeschlossen wurden, überlaute Marschmusik und fröhliche Lieder, von Wahlreden und Bekanntmachungen über Preissenkungen kurz unterbrochen.

Warum waren heute die Lautsprecher in Tätigkeit und warum mit dieser markerschütternden Trauermusik? Plötzlich verstummten die dunklen Akkorde und eine tiefe Männerstimme drang durch den Äther zu uns auf die Straße: „Goworit Moskwa! Goworit Moskwa! (Hier spricht Moskau!) Wir verkünden das Bulletin über das Befinden unseres weisen Führers und Vaters Josef Wissarionowitsch Stalin." Und die Stimme aus dem Radio schilderte in kurzen Zügen das Krankheitsbild des prominentesten Patienten der Sowjetunion. „Ist Stalin tödlich erkrankt?" Mit diesem Gedanken und von ernster Musik begleitet, lief ich mit schnellen Schritten nach Hause. Im Flur begegnete mir die Geologin Anja. Sie war immer sehr aufgeschlossen und hatte stets ein munteres Lächeln auf ihrem sorgfältig geschminkten Gesicht. Doch heute waren ihre Züge ernst, blaß und entstellt. Sie sagte in höchster Trauer zu mir: „Towarischtsch Stalin ist schwer erkrankt." Noch einige Tage begleitete uns ernste klassische Musik auf den Straßen, ab und zu von der tiefen Männerstimme aus Moskau unterbrochen.

Es war am 5. März 1953, als alle medizinischen Arbeiter des Krankenhauses, in dem ich damals arbeitete, vom Chefarzt bis zur Putzfrau, um einen Radioapparat versammelt waren. Wir füllten einen Raum und den daran angrenzenden Korridor. Dicht zusammengedrängt und stehend lauschten wir der Nachricht über Stalins Tod. Die Kommentare des Sprechers aus Moskau wurden von leisem Schluchzen einiger Personen des Krankenhauses hörbar begleitet. Nicht weit von mir entfernt stand der Lungenchirurg unseres Krankenhauses. Er hatte ein blütenweißes Taschentuch vor seine Augen gepreßt. Er war Jude. Durch meine Gedanken geisterten die Beschuldigungen gegen eine Gruppe von Ärzten, unter ihnen viele jüdische Namen, die angeblich einen hohen Patienten der Sowjetunion (Shdanow) absichtlich falsch behandelt haben sollten. Bald darauf wurde diese schwere Anklage in der „Karagandinskaja Prawda" und sicherlich auch in anderen führenden Zeitungen öffentlich widerrufen. In den Krankenhäusern von Karaganda arbeiteten viele jüdische Ärzte, und in jener Zeit glaubte ich, ihrer gedrückten Stimmung und ihrem leisen Tuscheln untereinander die Angst vor einer Verfolgung anzumerken.

Unvergessen bleibt für mich das tränenüberströmte Gesicht einer Putzfrau unseres Krankenhauses, eines älteren rundlichen Mütterchens. Ich bin in jenen Tagen von Stalins Tod immer wieder weinenden Menschen begegnet. „Er hat uns zum Sieg geführt in dem großen vaterländischen Krieg", das war die am meisten gehörte Begründung ihrer tiefen Trauer. Doch ich glaube, daß sich unter der Decke von Tränen und Bedauern gleichzeitig eine Flut von Erlöstsein und Aufatmen verbreitete. Einige Monate später hörten wir von Aufständen in Straflagern, die jedoch gleich im Keim erstickt wurden.

Der erste Nachfolger Stalins war Malenkow, der bisherige stellvertretende Ministerpräsident. Fast symbolhaft ist sein Name, denn „malenki" heißt klein. Nur knapp ein Jahr dauerte seine Regierungszeit. Dann wurde sein Bild mit dem glatten runden Gesicht, das in unserem Krankenhaus an Stalins Stelle hing, von einem andern abgelöst. Nur ein Jahr länger war die Regierungszeit seines Nachfolgers Bulganin. Mit seinem weißen Haar, seinem kecken Kinnbart und kurzen Schnurrbart machte er auf mich den Eindruck eines vornehmen spanischen Edelmannes. Sein Nachfolger wurde Chruschtschow, dessen Amtszeit von 1958 bis 1964 dauerte.

Russische Frauen küßten die Stirn meiner toten Mutter

Dieser unvergeßliche Tag im Mai 1954 war ein außergewöhnlich warmer und sonniger Frühlingstag. Zum ersten Mal in meinem Leben ging ich in der ersten Reihe eines Trauerzuges direkt hinter dem Sarg. Auf meiner linken Seite befand sich Wolodja, der mir persönlich sehr nahe stand. Seine Eltern, Elfriede Alexandrowna und Wladimir Andreewitsch, dicht hinter uns.

Auf meiner rechten Seite gingen mein Bruder und seine junge Frau, dicht dahinter die nahen Verwandten meiner Schwägerin, sowie meine direkte Vorgesetzte Taissa Wassiljewna, die Kinderärztin.

Der Bläserchor setzte plötzlich aus, und der Trauerzug stand ganz unerwartet still. Warum? Was war geschehen? Bald merkte ich, daß wir an der Stelle angelangt waren, wo die Asphaltstraße, auf der wir uns befanden, am Chirurgischen Krankenhaus Nr. 1 vorbeiführte.

Das Chirurgische Krankenhaus Nr. 1. 1946

Es war die ehemalige Arbeitsstelle meiner Mutter, und es war der Ort, wo Mutter operiert worden war, wochenlang krank lag und wo sie ihre letzte Zeit verbracht hatte.

Durch die breite Glastür des Krankenhauses strömten Menschen in weißen Kleiderschürzen. Mehrere Frauen überquerten nun den freien Platz bis zur Straße hin. Die weißen, nach hinten offenen Kittel wehten in dem frischen Frühlingswind.

Einige von den Frauen kletterten auf den rotgemusterten Perserteppich, der die ganze Plattform und die heruntergekippten Seitenteile des Lastwagens bedeckte, auf dem der offene Sarg stand. Was wollten diese Frauen so dicht am Sarg? Doch bald sah ich es: Sie bekreuzigten sich und küßten die Stirn meiner toten Mutter.

Zum ersten Mal, seit mich jene unfaßbare Trauer voll Schmerz umschlossen hatte, fühlte ich ein paar Atemzüge lang erlösende Stille in mir und eine geheimnisvolle Verbindung mit dem Frieden der Ewigkeit. Es war so, als hätte diese fromme Sitte einer mir fremden Religion ein Zeichen des Trostes geschickt. Ich sah, wie eine ältere ukrainische Frau ein Kreuzchen auf die Brust meiner Mutter legte. Die Frauen glitten lautlos der Reihe nach wieder auf die Erde.

Woher kam dieser kostbare Perserteppich? „Es ist der Teppich aus dem Kabinett des Chefarztes", sagte irgend jemand. Ja, ja, jetzt erkannte auch ich ihn. Doch wer hatte dies alles veranlaßt, wer den Bläserchor gerufen? Ich wußte es nicht. Seit jener dämmrigen frühen Morgenstunde, seit Mutter die Augen für immer geschlossen hatte, war alle Energie aus mir gewichen. Apathisch und stillschweigend ließ ich alles um mich geschehen, was um mich geschah. Mein Bruder, die Verwandten meiner Schwägerin, sowie nahe Freunde veranlaßten das Nötige. Plötzlich stand ein Arbeiter des Krankenhauses in unserer Wohnung und fragte, wo es fehle und was wir bräuchten. Ich antwortete: „Wir brauchen nichts mehr, es ist alles zu Ende und nicht mehr so wichtig." Trotzdem wurde alles besorgt: der Lastwagen, der Teppich, die Bläser...

Der große Trauerzug setzte sich wieder langsam in Bewegung. Auf der Treppe des Krankenhauses standen die weißen Gestalten und schauten uns nach, ehemalige Vorgesetzte und Arbeitskolleginnen meiner Mutter. Entgegenkommende Fahrzeuge fuhren langsamer, und am Straßenrand blieben die Menschen stehen, Männer zogen ihre Kopfbedeckung. Wenn die Bläser einige Zeit verstummten, dann drangen leise Töne eines Kirchenliedes an mein Ohr. Oder war es nur das Singen des Windes? Nein, ich hörte es deutlich, es waren bekannte evangelische Kirchenlieder von deutschen Frauen im Trauerzug gesungen. Sie waren aus Freundschaft und Verbundenheit herbeigeeilt, um meiner Mutter das letzte Geleit zu geben.

Alles, was in den letzten Wochen geschehen war, gehörte nun unbarmherzig der Vergangenheit an. Immer wieder versuchten meine Gedanken an der Stelle anzuknüpfen, als meine Mutter noch atmen und sprechen konnte.

Diese Morphiumspritzen! Ich mochte sie nicht, denn Mutter dämmerte unter ihrer Wirkung tagelang vor sich hin. Manchmal erwachte sie einige Augenblicke und erzählte mir dann schlaftrunken, doch glücklich lächelnd, was sie geträumt hatte: „Veilchen, viele duftende Veilchen habe ich gesehen! Es war zu Hause in der

Vater und Mutter 1928 in „Schullehrers Kleng"

‚Schullehrers Kleng'. Du weißt doch?" fragte sie mich mit halbgeschlossenen Augen. Ja, ich wußte. Sie sprach von unserer Heimat, da wo mein Bruder und ich geboren waren und vier Generationen vor uns. Ich wußte, von welchem grünen Wiesental Mutter sprach. Dort gab es schattige Bäume und eine silberhelle Quelle. Und ganz deutlich erinnerte ich mich an eine Aufnahme: Mutter und Vater, beide blutjung. Mutter hält einen steinernen Krug in ihrer Hand, und das frische Quellwasser sprudelt hinein. Vater steht beschützend an ihrer Seite. Doch wo ist Vater heute? Wo die Quelle? Nicht einmal das Photo war uns geblieben. - Während ich Mutter zunickte: „Ja, ich weiß, wovon du sprichst!" hatte sie die Augen schon wieder geschlossen und träumte oder schlief für unbestimmte Zeit weiter. Ich saß dann schweigend an ihrem weißen Krankenhausbett, lauschte auf ihren Atem und wartete mit Herzklopfen auf ihren nächsten Pulsschlag, den ich leicht an ihrem Hals beobachten konnte. So saß ich schon wochenlang Tag und Nacht, nur manchmal von einem kurzen unruhigen Schlaf unterbrochen. Wenn mich jemand von unseren guten Bekannten und nahestehenden Menschen ablösen wollte, so lehnte ich dankbar doch bestimmt ab. Während ich einige Wochen an Mutters Krankenbett verbringen durfte, lief mein Schwesterngehalt weiter. Man hatte mich von der Arbeit befreit. Ich hatte eine Krankschreibung, und an Stelle einer Diagnose stand auf meinem Schein: „uchod sa bolnim" (Krankenpflege). Diese Art von Arbeitsbefreiungen wurden öfter an berufstätige Mütter todkranker Kinder oder an nahe Verwandte sterbender Menschen ausgeschrieben. Doch ich wollte es nicht wahrhaben, daß auch ich berechtigt war, eine „Krankschreibung" dieser Art zu beanspruchen. Ich versuchte mir einzureden, daß ich sie nur deshalb bekommen hatte, weil man meine Mutter, meinen Bruder und mich gut kannte, weil wir schon jahrelang in diesen Krankenhäusern tätig waren und weil mein Bruder einst der Kutscher des Chefarztes war... Noch sah man ganz deutlich die Narben an meines Bruders und an meinem Armgelenk. Man hatte Blutübertragungen für Mutter gemacht. Auch Blutkonserven hatte sie bekommen. Doch Mutter behauptete, das Blut meines Bruders könne sie am besten vertragen. Er hatte Blutgruppe 1, meine Mutter und ich Blutgruppe 2. Trotz aller Bemühungen bekam Mutter manchmal nach den Blutübertragungen quälenden Schüttelfrost. Die besorgte Schwester brachte noch zusätzlich eine flauschige Wolldecke von angenehmer Farbe. Einmal hob Mutter ihre schweren Lider, ließ einen Blick über die Decke gleiten und sagte dann im Flüsterton zu mir: „Dieses wunderbare Gelb, ist es nicht eine königliche Farbe? Ich könnte mir denken, daß auch Maria Stuart Kleider dieser Farbe getragen hat." „Wieso Maria Stuart?" Ich fröstelte. Doch Mutter schlief und schlief. Einmal lief ich verzweifelt zur Ärztin, die sie behandelte: „Kann man die Morphiumspritzen nicht abstellen? Mutter schläft Tag und Nacht!", rief ich ungehalten. Die Ärztin schaute mich lange schweigend an, dann sagte sie: „Es ist unmöglich!" Ach ja, ich wußte es doch selbst, nach zwei kurz aufeinander gefolgten Magenoperationen. Die Schmerzen wären unerträglich gewesen. Eines Tages betrat ein älterer Frauenarzt das Fünfbettzimmer, in dem Mutter lag. Es war genau in dem Moment, als ich einen bunten Stoff für ein Sommerkleid auf ihrem Bett ausgebreitet hatte. „Ja, ja", sagte der Arzt, „wo Frauen sind, da sind auch hübsche Kleider." Dies geschah an Mutters siebenundvierzigstem Geburtstag. Zwölf Tage später habe ich diesen Stoff mit Margeriten und Wiesenblumen für ein Trauerkleid eingetauscht.

Nun hielt der Trauerzug. Nach zwei Kilometern etwa waren wir am Tor des Friedhofs angelangt. Junge Männer in dunklen Anzügen, Freunde und Arbeitskollegen meines Bruders, hoben den Sarg vom Lastwagen und trugen ihn über den Friedhof, vom Trauerzug gefolgt. Dann standen wir vor dem offenen Grab, das einen Tag zuvor mein Bruder mit seinen Freunden ausgehoben hatte. Er durfte die Stelle selbst aussuchen. Das Grab lag an einer leichten Anhöhe, zur Linken ein kleines deutsches Kindergrab. Ganz deutlich war der Name Martin auf dem noch neuen Holzkreuz zu lesen. Auf der rechten Seite lag das überwucherte Grab eines Erwachsenen. Auf dem verwitterten grauen Kreuz aus Holz war keine Schrift mehr zu entziffern. Es trug außer dem oberen horizontalen Querholz noch ein schräg verlaufendes längeres Holz. Es war ein Kreuz der Russisch-Orthodoxen Kirche. Der Friedhof machte im großen ganzen einen verwahrlosten Eindruck. Ein gepflegtes Grab fiel auf und lud zum Stehenbleiben ein. Wie konnte es auch anders sein? Waren doch die meisten Gräber Ruhestätten verbannter Einzelpersonen. Man sah viele Gräber mit nur einem Pfahl darauf und mit Lehm glattgestrichen zu der Form eines Sargdeckels. Das waren die Gräber der Toten des Tschetschenenstammes. Hie und da sah man ein weißes Häuschen ohne Dach, oft mit orientalischen Bogen verziert. Das waren die ummauerten Totenhügel der Ureinwohner, der Kasachen.

Weit breitete sich die tiefe feierliche Stimme von Herrn Eisele über die Steppe aus. Eigentlich war er der Friseur des TBC-Krankenhauses, in dem ich arbeitete. Er war fünfzig Jahre alt, stammte aus dem Kaukasus und konnte aus politischen Gründen seine Lehrerausbildung nie zu Ende führen.

Alle Deutschen hier nannten ihn Pastor.

„Der Herr ist mein Hirte,
mir wird nichts mangeln...
Und ob ich schon wanderte im finsteren Tal..."

Eindringlich und beschwörend drangen diese Worte an mein Ohr, und dann stimmte er mit kräftiger Stimme ein Lied an:

„So nimm denn meine Hände
und führe mich
bis an mein selig Ende
und ewiglich..."

Vereinzelt nur kamen die Stimmen aus der großen Trauergemeinde, denn nur die Deutschen konnten den Choral mitsingen. Die Stimmen verloren sich schnell in der unendlichen Weite der Steppe.

Es regnete selten in Karaganda. Doch immer, wenn sich der Himmel mit dunklen Wolken bezog und wenn dann der Regen gegen die Scheiben trommelte, stimmte es mich nachdenklich und traurig, besonders jetzt nach Mutters Tod. Ganz deutlich erinnere ich mich an solch einen Regentag im Frühsommer 1954: Ich stand an dem hohen Fenster des Krankenhauses, in dem ich arbeitete, und schaute in die Richtung, in der der Friedhof lag. „Wenn es doch endlich zu regnen aufhören würde!" dachte ich ununterbrochen und dann: „Wie tief das Wasser wohl schon in die Erde gesickert ist?" Ich hatte das fast unwiderstehliche Verlangen, mein grünes Regencape zu nehmen, im Dauerlauf auf den Friedhof zu rennen und den Hügel meiner Mutter mit meiner Regenhaut zuzudecken. Aber es waren einige Kilometer bis zum Friedhof, und vielleicht hätte es inzwischen schon aufgehört zu regnen, und ich war im Dienst und überhaupt, so etwas tut doch kein Mensch! – Doch dies war mein innigster Wunsch! –

Es gab keine Grabsteinmacher in Karaganda. Doch ich erfuhr durch Bekannte, daß man in einer Treppenfabrik auf illegale Weise und für gute Bezahlung einen Stein anfertigen lassen konnte. Mit Lotte Karlowna, unserer Stuttgarter Freundin, beriet ich mich wegen der Form des Steins, denn die mußte ich den Arbeitern in der Treppenfabrik genau angeben. Lotte Karlowna meinte, die halbrunde Form eines Grenzsteins sei passend für das Denkmal, denn es sei doch in diesem Falle ein Grenzstein für den Lebensweg eines Menschen. Ich fand diesen Vorschlag besonders gut. Bald stand dieser „Grenzstein" aus Beton mit weißen und grauen Marmorsplittern am Grabhügel meiner Mutter, zwischen dem kleinen Kindergrab und dem grauen verwitterten Holzkreuz. Die Aufschrift auf die eingelassene runde Gußplatte, die mein Bruder angefertigt und schwarz lackiert hatte, schrieb ich selbst mit Goldschaum. Ich glaubte damals, die Buchstaben müßten in gotischer Schreibweise ausgeführt sein, so wie ich es als Kind auf den Grabsteinen meiner

Urahnen gesehen hatte. Zu diesem Zweck lieh ich mir bei einer älteren deutschen Frau ein altes Gesangbuch und suchte mir die Buchstaben, die ich brauchte, als Vorlage heraus. Ich schrieb im Halbkreis auf die schwarze Scheibe.

„Hier ruht in Frieden
Natalie Kämmler
28.4.07 – 10.5.54"

Mein Bruder und seine Freunde schmiedeten ein schwarzes Eisengitter und umfriedeten damit den Hügel.

Mutters letzte Ruhestätte

Auf dem Friedhof in Karaganda

Robert Koch (1843 - 1910), der Entdecker des Tuberkel-Bazillus

Die TBC-Heilstätte

Der Text „Robert Koch (1843 - 1910), der Entdecker des Tuberkel-Bazillus" stand in russischer Sprache erläuternd unter einem Glanzdruck. Dieser zeigte Robert Koch mit einem modischen Bart jener Zeit, aufmerksam über ein Mikroskop gebeugt.

Mit sechs anderen kleinen rechteckigen Bildern, die alle die Erforschung und Heilung der Tuberkulose betrafen, zierte auch dieses die weißgetünchte Wand des Wartezimmers zum Kinderkabinett für Lungen-TBC, in dem ich als Schwester arbeitete. Ich hatte diese Serie von alten Drucken in einem vergessenen Schubfach des Sprechzimmers gefunden und dann hier aufgehängt.

Auf der gegenüberliegenden Seite hing unsere „Sstengaseta". Diese Wandzeitung war seit einiger Zeit Vorschrift in allen Krankenhäusern und Polikliniken. Überall in den Korridoren und Wartezimmern konnte man ihnen begegnen. Die Wandzeitungen enthielten die neuesten Informationen über die Krankheiten, die in dem jeweiligen Bereich behandelt wurden. Unsere „Zeitungsredaktion" bestand aus nur zwei Personen, aus meiner Ärztin Taissa Wassiljewna und mir. Manche Abteilungen hatten einen ganzen Stab zur Verfügung, mehrere Ärzte und ein Dutzend Schwestern. Sie konnten sich die zusätzliche Arbeit untereinander aufteilen. Wir brachten unsere Zeitung etwa einmal im Monat heraus. Die Ärztin schrieb den entsprechenden Bericht, er mußte drei DIN A4 Seiten füllen. Ich kümmerte mich um den Rahmen und das Anbringen. Auf einen rechteckigen steifen Karton, etwa eineinhalb Meter lang, klebte ich festes weißes Zeichenpapier. Dann malte ich in großen deutlichen Buchstaben mit roten und blauen Stiften die beiden unerläßlichen Worte: „Djetskij Kabinett" (Sprechzimmer für Kinder). Unsere Patienten waren Kinder und Heranwachsende bis zu sechzehn Jahren. Die Ärztin stellte die Diagnose und ordnete die betreffende medizinische Behandlung an. Schwere Fälle wurden in eine spezielle TBC-Heilstätte für Kinder geschickt. In der Überzahl waren es russische Namen, die ich auf den Kopf der Krankengeschichte zu schreiben hatte. Doch auch sehr viele Kasachen und Tschetschenen suchten uns auf. Ein ganz geringer Teil waren Kinder deutscher Herkunft. Einmal war es sogar ein Finnenjunge. Ich werde das nie vergessen, denn der Name war so ausgefallen für Karaganda, daß meine Ärztin im Ernst glaubte, ich hätte mich verschrieben. Sein Vorname war Olavi und der Familienname Ketola. Die Mutter des Jungen war hellblond, mittelgroß und wirkte sehr sportlich. Ich war nicht sonderlich überrascht, als wir während der Unterhaltung erfuhren, daß sie aktive Sportlerin war, Läuferin.

Stand ein deutsches Kind vor meinem Tisch, so tauchte bei mir sofort die Frage auf: Aus welchem Teil der Welt mag es wohl stammen? Und bot sich dann die passende Gelegenheit, so konnte ich es nicht unterlassen, ganz privat für mich der Sache auf den Grund zu gehen. Ich hatte da meine eigene Methode. Das Wort „Wasser" war wunderbar für meinen Test geeignet. Ich sagte dann auf russisch zu dem betreffenden Kind, denn wir sprachen ausnahmslos russisch miteinander: „Wie heißt ‚woda' auf deutsch?" Sagte das Kind dann schüchtern lächelnd „Waaser", dann wußte ich, seine Vorfahren stammen von der Wolga. Sagte ein anderes Kind „Wassr", dann hatte dieses Kind zweifellos schwäbische Vorfahren und kam von der Ukraine oder vom Kaukasus. Sagte ein Kind aber ein korrektes „Wasser", dann kamen seine Ahnen aus dem Baltikum oder aus irgendeiner Großstadt Rußlands wie Moskau, Leningrad oder Kiew. Doch ich muß hinzufügen, daß gerade diese Großstadtkinder oft verständnislos den Kopf schüttelten, wenn ich sie bat, das Wort „woda" ins Deutsche zu übersetzen.

Als ich eines Morgens unser Wartezimmer betrat, horchte ich erstaunt auf, denn ich wurde Zeuge, wie ein Vater seine beiden Jungen von vier und fünf Jahren in strengem Ton zurechtwies. Das Sonderbare für mich war, es geschah in einem tadellosen Deutsch: „Otto, willst Du mal stillsitzen! Gustav, was habe ich dir eben gesagt?" Ich ging, ohne mit der Wimper zu zucken, doch mit einem russischen „dobrij utro!" (Guten Morgen!) an ihnen vorbei ins Sprechzimmer. Bald darauf betrat der Papa den Raum. Die Ärztin war noch nicht da, und ich mußte, wie üblich, zuvor eine Krankenkarte anlegen. Wie erwartet, sprach der deutschsprechende Vater auch akzentfrei russisch. Aber sein Name Usinger verriet mir, daß er tatsächlich Deutscher war. Ohne Umschweife begann ich nun in seiner Muttersprache mit ihm zu reden. Wir hatten eine kurze, doch sehr interessante Unterhaltung. Er sagte: „Meine Frau ist Russin. Wir haben uns so geeinigt, daß meine Frau nur russisch mit den Kindern spricht, ich hingegen nur deutsch. Auf diese Weise möchten wir erreichen, daß unsere Kinder beide Sprachen gleichzeitig erlernen. Ich stamme von einer deutschen Familie aus Leningrad. Meine Mutter war Ostpreußin." Unter anderem erfuhr ich, daß er aus politischen Gründen mehrere Jahre im Gefängnis zugebracht und dort auch seine Frau kennengelernt hatte. Die Namen Otto und Gustav paßten nicht zu den niedlichen kleinen Buben, fand ich, was ich natürlich verschwieg. Doch ich vermute, daß sie diese von ihren deutschen Vorfahren geerbt hatten. Einmal fiel mir auf, daß Herr Usinger im Kinotheater Oktober in den Pausen in der kleinen Kapelle die große Baßgeige spielte. Ach ja, hatte er mir nicht erzählt, daß er aus einer Musikerfamilie stamme und daß seine Schwester öffentlich in Leningrad als Geigerin auftrete? Sie war mit einem Russen verheiratet und deshalb nicht verschickt worden.

Zu den Patienten, die kaum ein Wort russisch verstanden, gehörten am häufigsten die Kasachen und die Tschetschenen. Sie kamen zu uns aus den entlegensten Dörfern der kasachischen Ebene. Für die Ärztin war es manchmal recht schwierig, ein rechtes Krankheitsbild bei der Mutter zu erfragen. Ich konnte mir gut vorstellen, daß viele von ihnen mit einem Kamel, das vor einen niedrigen Schlitten gespannt war, aus der schneebedeckten Ebene gekommen waren. Sie kamen nie mit Pelz oder Wattejacke in unser Sprechzimmer, denn eine strenge Garderobenfrau wachte sorgfältig darüber. Manchesmal aber gelang es doch einem kleinen Kasachenjungen, mit der Pelzmütze auf dem Kopf unser Zimmer zu betreten. Fast immer waren diese Kappen mit vielen bunten Glasknöpfen benäht. Meine Ärztin bestaunte jeden billigen Knopf im einzelnen. Ich wurde den leisen Verdacht nicht los, daß diese höfliche Geste nur die Scheu des kleinen Patienten ein wenig mildern sollte. Auf diese Weise nähergekommen, streifte dann die Ärztin behutsam die bewunderte Mütze von dem runden Kopf. Doch einmal sahen wir uns verwundert an, denn siehe da, der Kopf war glatt rasiert. Aber was war denn das? Am Hinterkopf ein langer Haarschopf? Man hatte ihn absichtlich stehen gelassen. Wir wußten keine Antwort darauf, und die Mutter konnte uns außer einem scheuen Lächeln nichts bieten. Viele Jahre später habe ich in einem Buch des amerikanischen Schriftstellers Mark Twain eine Erklärung für die religiöse Bedeutung des Haarschopfes gefunden: „In der Omarmoschee in Jerusalem ist in einem Felsblock ein Loch, das zur Verdammnis führt. Jede Seele, die in den Himmel geholt wird, muß diese Öffnung passieren. Mohammed steht dort und zieht sie an den Haaren heraus. Deshalb trägt jeder Mommedaner eine Skalplocke." Die Kasachen waren

Mohammedaner. Doch bei den Erwachsenen habe ich diese ausgefallene Frisur nie gesehen und bei den Kindern nur, wenn sie aus den entlegensten „Auls"-Kasachendörfern zu uns kamen.

Ein immer wiederkehrendes Merkmal der kleinen Kasachenjungen war, daß sie ihre Hose immer unter dem Bauchnabel festschnürten. Die Ärztin Taissa Wassiljewna tat immer daselbe, bevor sie den kleinen Brustkorb abhorchte. Sie packte das betreffende Kerlchen bei den Schultern und drückte diese nach hinten, so daß sich die Brust wölbte, dann steckte sie ihren kleinen Finger in den Hosengurt des kleinen Jungen und zog die Hose hoch bis in die Taille, bis der Nabel bedeckt war. Dann erst ging es ans Abhorchen und Abkopfen.

Auch mit den Tschetschenenkindern erlebten wir manch sonderbare Überraschung. Es gehörte zu unserer Aufgabe, die Patienten von Zeit zu Zeit unaufgefordert aufzusuchen. Ich mußte nachsehen, ob die Zimmer eine Möglichkeit zum Lüften hatten und ob der kleine TBC-Patient sein eigenes Eßgeschirr und sein eigenes Handtuch besaß. Ich mußte die Mutter darauf aufmerksam machen, das Geschirr nach dem Abwasch noch zusätzlich auszukochen, auch auf viele andere hygienische Regeln, die zur Bekämpfung der Tuberkulose von größter Bedeutung, aber in den meisten Semljanki fast unerfüllbar waren.

Von Zeit zu Zeit begleitete mich meine Ärztin bei diesen Gängen durch die Straßen von Groß-Michailowka, einmal, um nach dem Rechten zu sehen und dann auch, um der ganzen Sache mehr Gewicht zu verleihen.

An einem heißen staubigen Sommertag betraten wir gemeinsam die Semljanka einer Tschetschenenfamilie. Auf dem kühlen Lehmboden kauerte eine junge Mutter. Sie war gerade dabei, ihr Baby zu stillen. Doch der kleine Säugling lag nicht in ihren Armen, sondern in einer außergewöhnlich niedrigen Wiege. Als die Mutter sich erhob, merkten wir, daß es keine Wiege war, sondern nur ein kurzes Brett, das an beiden Seiten mit einer primitiven Wiegevorrichtung versehen war. Doch wie kann ein Säugling auf diesem schmalen Brett liegen? Mit Entsetzen entdeckten wir nun, daß das Kind mit einem Leinengurt fest an das Brett geschnürt war. Das Baby war sehr blaß und wimmerte leise vor sich hin. „Sofort losbinden!" schrie die Ärztin mit zorniger Stimme und erklärenden Gesten. Die Tschetschenenmutter schlich barfuß zur Wiege und fing an, den schmutzigen breiten Leinenstreifen zu lösen. Einige Meter wurden abgewickelt. Spitze kleine Schultern unter dem dünnen Hemdchen wurden sichtbar, dann die dünnen bloßen Ärmchen, die fest an den Körper gepreßt waren. Das Kind war unterernährt, die Haut faltig und grau. Aber was war denn das? Zwischen den Beinchen des kleinen Mädchens lag ein Röhrenknochen von einem Rind. Naserümpfend bückte sich die Ärztin und fragte ganz entsetzt : „Schto takoi?“ (Was ist das?). Der Mutter fehlten die russischen Worte, uns dies zu erklären. Doch wir hatten begriffen. Es war die Leitung für den Urin des Kindes. „Kind herausnehmen!“ befahl die Ärztin nun. Der weinende Säugling wurde auf ein nahes Bett gelegt. In dem Brett der Wiege bemerkten wir nun ein Loch, und darunter hing eine Konservendose. Sie war für die Exkremente und den Urin des Kindes gedacht. Die mageren Schenkelchen waren wundgerieben von dem Knochen und dem ätzenden Urin. „Hinaus mit der Wiege!“ schrie die Ärztin unbeherrscht und rot anlaufend vor Erregung. „Beil holen, zerhacken, in den Ofen damit!“ tönte es lautstark durch den niedrigen Raum des Lehmhauses. Eine Großmutter tauchte auf, mehrere Frauen erschienen. Doch meine Ärztin beruhigte sich erst, als die Wiege aus dem Zimmer geschafft war.

Wie verwundert waren wir, als wir einige Wochen später dieselbe Semljanka betraten und das Tschetschenenkind wieder in seiner „Folter“ lag. Dasselbe Theater begann von neuem: Kind losbinden! Wiege entfernen! Ich glaubte allen Ernstes, jetzt ließe sich die Ärztin ein Beil geben und zerhackte die unselige Wiege in tausend Stückchen.

Ich konnte mir diese Hartnäckigkeit mit der Wiege nur so erklären. Vielleicht war sie dazu da, um eine unbarmherzige Auslese unter den Neugeborenen des Tschetschenenstammes zu treffen. Nur die Kräftigsten blieben übrig und wuchsen mit außergewöhnlich geraden Gliedern und stolzer Haltung heran. Dies machte sich noch bis ins hohe Alter bemerkbar. Und einen Tschetschenen, Mann oder Frau, konnte man auf der Straße von weiter Ferne schon an der korrekten Haltung und am aufrechten Gang erkennen.

Im geheimen wünschte ich, der kleine Säugling hätte diese schwere Zeit in der „Wiege“ überstanden. Ich habe ihn nicht wiedergesehen, denn unsere Begegnung war rein zufällig. Er war kein krankes TBC-Kind und gehörte nicht zu unserem Bereich.

Zu der Arbeit des Kinderkabinetts gehörten auch die Reihenuntersuchungen in Kindergärten und Schulen. Von Zeit zu Zeit besuchte ich die beiden Kindergärten in unserem Stadtteil und die beiden Schulen Nr. 14 und Nr. 16, die auch zu unserem Betreuungsbezirk gehörten. Ich mußte aus diesem Grund einen Speziallehrgang machen und war dann berechtigt, die Bioproben bei den Kindern durchzuführen. Jede Schule hatte ihr eigenes Rot-Kreuzzimmer und einen Feldscher, der mir tatkräftig half. Die in die Haut eingeführten Toxine wurden nach 24 bis 48 Stunden überprüft. Die Fachärztin röntgte anschließend jedes Kind. Diese Arbeit lohnte sich immer, denn es wurden jedesmal heilungsbedürftige Fälle entdeckt.

Eines Tages wurde ich ganz unerwartet in das Kabinett des ältesten Facharztes für Lungen-TBC gerufen. Er sagte: „Uns besuchen jede Woche Studenten des Medizinischen Institutes. Sie haben den Speziallehrgang für Bioproben gemacht. Ich möchte Sie bitten, einen Teil meiner Vorlesungen durch Ihren Einsatz zu ergänzen!" Ich war überrascht über dieses Angebot und sagte zu. Etwa zwei Stunden in der Woche ließ mich nun der Facharzt mit Studenten und Studentinnen allein. Ich erklärte zuerst einführend die Toxine und wie ich sie aus starken Extrakten zur erfoderlichen Stärke gebracht hatte. Anschließend folgte die praktische Anwendung. Wir übten dies gleich an Ort und Stelle untereinander. Am schwierigsten war die kleine Spritze zu handhaben, die mit feinster Nadel in die Hautschichten gepreßt wurde. Diese Bio-Proben waren neben Röntgen, laboratischen Untersuchungen und Beobachtung des klinischen Bildes ein unentbehrliches Hilfsmittel, um die Diagnose „Lungen-TBC" bei Kindern eindeutig festzulegen. Bei Erwachsenen ist die Anwendung von Bio-Proben zur Feststellung von TBC von weitaus geringerer Bedeutung.

Es war an einem gewöhnlichen Tag während der Sprechstunde: „Wowa Iwanow!" sagte die Kinderärztin laut und deutlich und schaute dabei auf die Krankenkarte, die vor ihr auf dem Tisch lag. Sie sagte „Wowa", obwohl ich „Wladimir" darauf geschrieben hatte. Alle kleinen Jungen werden in Rußland „Wowa" gerufen, wenn sie Wladimir heißen, denn es ist die Koseform dieses Namens. Eine junge russische Mutter mit ihrem kleinen Sohn hatte unser Sprechzimmer betreten. Die Ärztin schaute ihr erwartungsvoll entgegen, und die Mutter antwortete nun mit glühenden Wangen zur Bestätigung: „da" (ja). Nachdem meine Ärztin die Mutter und das Kind einen Augenblick lang eindringlich angeschaut hatte, fragte sie scheinbar ganz belanglos: „Und wie heißt der Papa? Ist sein Familienname auch Iwanow?" Ich wußte schon, wie die Unterhaltung weitergehen würde, denn es war nicht das erste Mal, daß auf diese Weise eine Moralpredigt begann. Doch die junge Mutter lächelte und schwieg. „Weiß schon Bescheid", sagte die Ärztin, „Ihr seid nicht registriert." (Unter registriert versteht man in Rußland standesamtlich getraut.) „Ja, ja, die Liebe ist so groß. Wozu also die Umstände und sich trauen lassen? Doch wenn er dich mit dem Kind sitzen läßt, bekommst du keine Kopeke! Ist dir das klar?" sagte sie drohend, und ihre Stimme war jetzt streng und befehlerisch. Unwillkürlich stellte ich mir jetzt meine Ärztin in Uniform vor, denn sie war Militärärztin gewesen. „Diesen Ton hat sie wohl aus dem Krieg mitgebracht", dachte ich. Taissa Wassiljewna versuchte immer wieder, die jungen Frauen von der Wichtigkeit einer gesetzlich geschützten Ehe zu überzeugen. Sie glaubte, den Müttern und Kindern auf diese Weise helfen zu müssen. Doch sonst im Alltag fragte kein Mensch danach, ob eine Lebensgemeinschaft mit einem gesetzlichen Akt oder nur mit einem lustigen Fest besiegelt wurde. Weder im privaten Bereich wurde darüber getuschelt, noch nahm irgend eine Behörde daran Anstoß. Es interessierte niemanden und fiel im täglichen Leben nicht ins Gewicht. Eine Frau wird in Rußland nie mit Frau oder Fräulein angesprochen, sondern für gewöhnlich mit dem Vornamen. Bei älteren oder höhergestellten Personen kommt der Vatersname dazu. Taissa Wassiljewna, meine Ärztin, war ordnungsgemäß und standesamtlich getraut. Ihr genaues Alter wußte ich nicht. Ich schätzte sie auf fünfzig Jahre. Sie war etwa 170 Zentimeter groß und korpulent. Es war eine Ironie des Schicksals. Ausgerechnet die Ärztin der kleinsten Patienten und ihre rechte Hand, ich also, waren die körperlich größten und kräftigsten Personen des medizinischen Personals unseres Krankenhauses. Taissa Wassiljewna trug stets einen flotten Bubikopf mit leicht gewelltem kastanienbraunem Haar. Doch ich wußte, ihre Haare hatte sie selbst gefärbt, und zwar mit dem vielgebrauchten Desinfektionsmittel Kalium-permanganat. Dieser Stoff besteht aus schwarzviolett schimmernden Kristallen, nicht viel größer als Mohnkörnchen. Sie können im Wasser zur beliebigen Stärke aufgelöst werden. Diesen kurzen Haarschnitt trug sie schon immer. Denn einmal hatte mir Taissa Wassiljewna eine alte Aufnahme gezeigt: sie als zwanzigjähriges Mädchen am Schwarzmeerstrand, im weißen Sand liegend, im Badeanzug jener Zeit und von den Wellen halb umspült. Auch auf jenem Photo in Postkartengröße trug sie diese Frisur. Das Bild war überwältigend schön: das strahlende Lachen des jungen Mädchens, die Wogen des kristallklaren Wassers... Als ich ihr die Aufnahme über den weißen Tisch unseres Sprechzimmers zurückreichte, sagte ich einige russische Worte, die sich reimten. Es ging um Jugend und Meeresschaum und um eingetauchte Zehenspitzen, die sich mit dem Sonnenglanz auf den Wellen vereinten. Doch Taissa Wssiljewna lauschte sehr aufmerksam, nahm dann den schwarzen Federhalter, tauchte ihn in das Tintenfaß, das vor ihr stand und sagte zu mir: „Bitte, wiederholen Sie das!" Zögernd sprach ich meine Worte noch einmal, und Taissa Wassiljewna schrieb sie nun auf die Rückseite ihrer etwa 30 Jahre alten Photographie.

Eine neue Bestätigung dafür, daß meine Ärztin mit dem Agronomen und Diplomlandwirt A. N. gesetzlich verheiratet war, gab mir ihre Einladung zur Silberhochzeit. Sie empfing uns im Flur ihrer Zweizimmerwohnung eines zweistöckigen neuen Holzhauses. Mein Begleiter Wolodja und ich wurden in das geräumige Wohnzimmer geführt. „Wir feiern nur im engsten Kreise", sagte sie und stellte uns dann einem Ingenieur und seiner schlanken dunkelhaarigen Frau vor. Außerdem befand sich ein älterer Herr im Raum. Doch wie erstaunt war ich, als ich in ihm

Die Kinderärztin Taissa Wassiljewna

den Professor der Chirurgie German Nikonorowitsch A. erkannte. Er war ein großer breitschultriger Mann mit dichtem Haarwuchs. Ich schätzte ihn auf über siebzig Jahre. Er sprach mit einem ungewöhnlich tiefen Baß. Alle seine Bewegungen waren langsam und besonnen. Ich kannte ihn vom Sehen seit vielen Jahren, schon von der Poliklinik her. Doch nie war ich ihm so nahe wie heute, und noch nie hatte ich Gelegenheit, mit ihm zu sprechen. Die anderen Ärzte hatten großen Respekt vor ihm. Sie gingen auf Zehenspitzen, wenn er in der Nähe war und sprachen mit gedämpfter Stimme in seiner Gegenwart. Er wurde bei komplizierten Fällen zu Rate gezogen. Manchmal war ich wirklich gespannt darauf, was der Professor bei diesem oder jenem Fall, dessen erfolglose Behandlung ich oft lange ungewollt mitbeobachtet hatte, verordnen würde. Doch fast immer wurde ich meinem damaligen Empfinden nach enttäuscht. Es gab keine Wunderkuren. Seine Methoden waren verblüffend einfach, oft nur warme Bäder und Gymnastik. Einmal wurde ich Zeuge, wie er sich lange mit einer Patientin unterhielt. Er fragte sie mit leiser Stimme, ob sie viele Kinder zu versorgen habe, ob ihr Mann ein Trinker sei und viele andere Dinge aus dem täglichen Leben. Diese Frau hatte hartnäckige Darm- und Magengeschwüre. Ich dachte damals: „Welche Zeitverschwendung! Was hat das mit dem kranken Organ zu tun?" Denn vor der Tür warteten noch viele Patienten auf seine Konsultation. Später erst in der Schwesternschule konnte ich die Forschungen von Professor A. nach dem Seelenzustand seiner Patienten richtig begreifen. Denn immer wieder wurde uns klargemacht: Der menschliche Körper ist ein Ganzes. Das Nervensystem hängt eng zusammen mit den körperlichen Funktionen. Und jeder Patient muß aus dieser Erkenntnis heraus behandelt werden. Dieses wichtige Ergebnis hatten wir den Forschungsarbeiten von Professor I. S. Pawlow zu verdanken. Wehe der Schülerin, die beim Examen das vergessen hatte. Ich war, ehrlich gesagt, etwas unsicher geworden, als Taissa Wassiljewna zu mir sagte: „Sie setzen sich hierher zwischen German Nikoronowisch und Wolodja! Und bitte achten Sie darauf, daß unser lieber Professor immer etwas auf dem Teller hat!" Wir setzten uns an eine mit kalten Speisen gedeckte Tafel. Nach einer kurzen Tischrede auf das Silberpaar, die von einem der Herren gehalten wurde, bedankte sich Taissa Wassiljewna, die Gastgeberin, mit einem Rückblick auf ihre 25jährige Ehe. Doch als sie plötzlich mit einem Seufzer sagte: „Es gab auch schwere Stunden..." Da erhoben die Männer lachend ihre Wodkagläser und riefen: „Schto wy, Taissa Wassiljewna?" (Etwa: was sagen Sie da?) „Sie haben doch ein wunderschönes Leben, keinen Ärger mit den Kindern (die Ehe war kinderlos) und einen Mann, kotori nje kurit i nje pjot (der nicht raucht und nicht trinkt) haben Sie auch!" In diesen beiden Fällen konnte sie nicht widersprechen, und wir stießen fröhlich auf das Silberpaar an. Das Mahl zog sich den ganzen Abend hin und wurde von einer lebhaften Unterhaltung begleitet. Als der Ingenieur im Laufe des Gespräches erfahren hatte, daß mein Begleiter und ich Deutsche waren, aber ich die einzige Person, die der deutschen Sprache vollkommen mächtig war, wollte er sich unbedingt mit mir in Deutsch unterhalten, denn das hatte er auch gelernt. Doch es war zum Wildwerden, kein deutsches Wort wollte ihm einfallen. Ob der Alkohol daran schuld war? Plötzlich blitzte es in seinen Augen. Er breitete seine Arme in theatralischer Geste weit aus, fiel unter dem Gelächter aller Anwesenden vor mir auf die Knie und schließlich hallte durch den jetzt stillen Raum mit stark russischem Akzent:

„Werr raitet so spätt durch Naacht und Wiind?
Das ist der Vater mit seinem Kind..."

Es ging noch einige Zeilen weiter, doch bis zum Schluß war ihm Goethes Erlkönig nicht in Erinnerung geblieben. Ich klatschte trotzdem lebhaften Beifall, und trimphierend sah er sich in der fröhlichen Runde um.

Ein Wunsch wird Wahrheit. Kein Sehnen vergebens,
doch Tränen trüben den freudigen Blick.
Asiatische Stadt, ein Stück meines Lebens
laß' ich für immer bei dir hier zurück!

Lucie K.

Abschied von Karaganda
Dezember 1955

Möchten Sie nach Deutschland?

„Möchten Sie nach Deutschland?" fragte mich ein hoher MWD-Offizier, und ein freundliches Lächeln lag auf seinem breiten asiatischen Gesicht. Ich glaubte zu träumen und schaute wie gebannt auf die golden glänzenden Sterne seiner olivgrauen Uniform. „Nach Deutschland?" fragte ich mit zitternder Stimme zurück. „Ja!" entgegnete er, als sprächen wir von einer ganz alltäglichen Sache. Er sagte, daß aus Moskau Bescheid gekommen sei, daß alle ehemaligen deutschen Staatsbürger nun nach Deutschland fahren dürften. „Natürlich kann auch jeder gerne hierbleiben", sagte er abschließend. Wie aus weiter Ferne hörte ich meine Stimme hastig russische Wörter zu Sätzen formen: „Ja, ja, selbstverständlich möchte ich nach Deutschland fahren! Darauf warten wir schon mehr als zehn Jahre! Mein Vater und all unsere Verwandten sind in Deutschland." „Und wie steht es mit Ihrem Lebensgefährten, möchte auch er nach Deutschland?" fragte mich nun der kasachische Politoffizier, und ein lauernder Blick begleitete seine langsam gesprochenen Worte. Fröstelnd wurde mir klar, daß ich darauf keine Antwort wußte. Unschlüssig irrten meine Augen auf seinem Schreibtisch umher, über Akten und Schreibservice aus hellgrauem kaltem Marmor. „Ladno" (na schön), sagte er schließlich, als keine Antwort von mir kam. „Sprechen Sie zu Hause darüber, und wenn er nicht mitfahren möchte, dann bringen Sie mir eine schriftliche Absage, von ihm eigenhändig unterschrieben!" Davon, daß Wolodja niemals deutscher Staatsbürger war und daß wir nicht registriert (standesamtlich getraut) waren und daß ich nicht seinen Namen trug, war nicht die Rede.

Ich taumelte wie betrunken aus dem Büro des MWD-Offiziers und eilte durch die bekannten Straßen dem Stadtteil zu, in dem wir lebten. Aus den Gedanken, die in meinem Kopf wild durcheinander wirbelten, traten allmählich zwei Worte immer deutlicher hervor, die Worte: „Zu spät! Zu spät!" Zu spät für wen? Für Mutter war diese Nachricht zu spät gekommen. Es war zur Wahrheit geworden, was sie schon schwer krank einst zu mir gesagt hatte: „Einmal wird die Reiseerlaubnis kommen, doch dann ist es vielleicht schon zu spät!" Dreizehn Monate nach ihrem Tode wurde uns die Frage gestellt: „Möchten Sie nach Deutschland?" Doch jetzt war es zu spät. Für Mutter war das Urteil: „Sibirien lebenslänglich!" zur bitteren Wahrheit geworden. Und wie war es mit uns, mit meinem Bruder und mir? War es auch für uns zu spät?

Mein Bruder war inzwischen ein erwachsener Mann geworden. Er hatte eine junge Frau und zwei gesunde Kinder. Er hatte einen Beruf erlernt und beherrschte die russische Sprache akzentfrei. Die deutschen Worte hingegen gingen ihm hart und zäh über die Lippen.

Und wie war es mit mir? War es für mich zu spät? Ich war nun 26 Jahre alt und hatte mich vor zwei Jahren einem Menschen angeschlossen. Wenn er nun „Nein!" sagt, wenn er nicht bereit ist, in ein Land zu fahren, dessen Sprache er kaum kennt? Ist es dann für mich zu spät? „Nein! Nein!" hämmerte es ununterbrochen in meinen Schläfen, denn wir sind nicht tot. Unwiderstehlich spürte ich die Anziehungskraft, die von dem Wort „Deutschland" ausging. Und ich wußte, ich kann mich ihr nicht entziehen!

Plötzlich wurde mir klar, daß dieses Leben in all den Jahren nur auf diesen einen Tag hin ausgerichtet war. Bei jeder Gelegenheit hieß es: „Bis zur großen Reise!" Auch wenn man im Grunde nicht mehr daran glaubte.

Einmal vor langer Zeit hatte Mutter eine seltene Blumenzwiebel geschenkt bekommen. Es bedurfte vieler Sorgfalt und Mühe, um diese Pflanze zum Wachsen und zum Blühen zu bringen. Ich war dabei, als Mutter sie liebevoll eingepflanzt auf das Fensterbrett unserer Semljanka stellte. Sie sagte damals zu mir: „Es wird lange dauern, bis wir diese schöne Blume bewundern können, aber vielleicht ist dann auch unsere Zeit gekommen, und wir dürfen zu Papa nach Deutschland fahren?" Es waren inzwischen viele Jahre vergangen, und die Pflanze war längst verblüht, verfault, zu Erde geworden. Mein Bruder und ich erlernten Berufe, um die Zeit im fremden Land besser überstehen zu können. Wir gewannen Freunde und Menschen, die uns nahestanden. Doch jetzt rückblickend merkte ich, daß alles, was wir in zehn Jahren und acht Monaten unseres unfreiwilligen Aufenthaltes in Kasachstan auch taten, angeblich um die Zeit des Wartens besser überbrükken zu können, reines pulsierendes Leben war, mit all seinen Höhen und Tiefen. Und schmerzlich wurde mir klar, daß dieses Leben alles enthalten hatte, eingeschlossen den Tod unersetzbarer Menschen und die Geburt neuen Lebens. Ich wußte, daß die bevorstehende Reise ein Abschied von einem abgeschlossenen Lebensabschnitt war, der seine Spuren für immer und unauslöschbar in meine Seele geritzt hatte.

Elfrieda Alexandrowna, die Mutter von Wolodja, sagte mit Tränen in den Augen: „Bis in den entlegensten Winkel der Sowjetunion oder nach China könntet ihr meinetwegen übersiedeln, aber in das westliche Europa? Nein, dann sehen wir euch nie wieder!" Am nächsten Morgen lag die Absage an den MWD-Kommandanten auf dem Tisch, von Wolodja eigenhändig unterschrieben.

Es war an einem frühen Morgen im August. Ich war schon im Garten, als Wolodja vor die Tür trat. Wir setzten uns auf die kühle Erde und lehnten uns an den hölzernen Kasten des Ziehbrunnens. Der Morgen war frisch und angenehm. Alles schlief. Die Sonne war noch nicht aufgegangen, doch der silbergraue Himmel hatte einen rötlichen Schein und ließ einen heißen, staubigen Sommertag vorausahnen. Er sprach im Flüsterton, und doch waren seine Worte, als wären sie hinausgeschrien und mit Peitschenhieben durchmengt: „Warum jagst du sie nicht aus dem Haus? Sie wird dich doch verlassen! sagen meine Freunde zu mir und lachen." Mein Herz schlug bis zum Hals. Gierig sog ich die saubere Morgenluft in meine Brust, und ohne ihn anzusehen, stieß ich fast tonlos die Worte hervor, die ich schon lange in meinem Innern zurechtgelegt hatte: „Heute noch werde ich gehen!" Tiefes Schweigen, nur der Morgenhimmel schien um einen Ton röter. „Du weißt doch, du kannst hier wohnen bis zu deiner Reise", sagte er halblaut. Seine großen graublauen Augen wirkten jetzt nur noch grau und kalt, und er schaute, ohne zu blinzeln, starr ins Leere. Dann stand er auf und ging, ohne diesen fürchterlichen Blick zu verlieren. Doch ich hielt ihn nicht zurück.

Ich holte einen Strick und zwei Eimer. Dann ging ich leise und schnell durch die verschlafenen Straßen des alten Zarendorfes, vorbei an Lehmhütten und neuen Holzhäusern, kreuz und quer den kürzesten Weg erhaschend. Nach einer Viertelstunde etwa stand ich am Rande des Dorfes. Vor mir die Steppe, grau, eben und unendlich weit, links der Friedhof im Morgenlicht. Ich ging schnell, immer schneller. Die letzte Strecke rannte ich, und die kühle Morgenluft brannte auf meinem tränenüberströmten Gesicht... Dann stand ich vor dem Grab meiner Mutter. Von diesem Ort hoffte ich mir instinktiv Rat und Hilfe! Doch der Stein mit dem vertrauten Namen bestätigte mir nur aufs neue, daß ihr Tod grausame Wirklichkeit war und daß ich allein entscheiden mußte über Gut und Böse, über Gerechtigkeit und Sünde. Die Erde auf dem Hügel war ausgedorrt. Ich ging mit ruhigen Schritten hinab zur Wasserstelle. Mühsam zog ich mit Eimer und Strick in kleinen Mengen das kostbare Wasser herauf. Geräuschvoll, die Totenstille durchbrechend, stürzte es in den anderen leeren Eimer.

Und das blecherne Getöse wurde vom Wind über die menschenleere Steppe getragen, der aufgehenden Sonne und dem weiten Horizont entgegen.

Ich stand auf dem Bahnhof von Brest-Litowsk

„Zurücktreten! Ihre Personalien müssen noch einmal überprüft werden!" sagte ein Mann in grauer Militäruniform zu mir. Da stand ich nun abseits und allein auf dem Bahnsteig der russischen Grenzstadt und sah zu, wie alle anderen aus unserem Transport den Zug nach Deutschland besteigen durften, auch mein Bruder mit seiner Frau und den zwei Kindern. Fast unerträglich das Warten, die Nerven zum Zerreißen gespannt.

Ungeduldig stülpte ich die Manschette meines linken Fingerhandschuhs zurück und schaute auf die zierliche rotgoldene Uhr an meinem Handgelenk. Doch sie zeigte die falsche Stunde an, denn ich hatte es versäumt, sie der neuen Ortszeit anzugleichen. (Der Zeitunterschied zwischen Karaganda und Brest beträgt etwa vier Stunden.) Mein Blick streifte die winzigen Buchstaben auf dem länglichen Zifferblatt, „Sarja" (Morgenröte) las ich.

Die goldene Uhr zum Abschied von Karaganda

Viele Frauen aus unserem Transport hatten die gleiche Armbanduhr wie ich. Nachdem wir unsere überflüssigen Kleidungsstücke, unseren bescheidenen Hausrat, die Winterkartoffeln, das Sauerkraut und das Faß auf dem Basar von Karaganda verkauft hatten, legten wir unser Geld in Wertsachen an. Bis ich jedoch die Uhr im Juweliergeschäft mit mehr als tausend Rubeln bezahlt hatte, blieb mir nicht mehr viel von meinem Geld übrig. Ein brauner Reisekoffer, ein paar hübsch bestickte Nachthemden, die ich mir schon lange gewünscht hatte, und das meiste war aufgebraucht. Die braunen Fingerhandschuhe, die ich trug, waren ein Abschiedsgeschenk von meiner Freundin Maria. Sie fand es wohl unpassend, mich mit Fausthandschuhen nach Europa reisen zu lassen. Im letzten Moment war sie mit einer Flasche Rotwein, einem Wasserglas und eben diesen Handschuhen auf dem Bahnhof erschienen.

Wir sprachen nicht viel. Sie bot mir zu trinken an und versuchte ihrerseits krampfhaft, die Tränen mit dem Rotwein hinunterzuschlucken. Es waren viele Freunde und Bekannte gekommen, um uns zum letztenmal die Hand zu geben.

Der neue Bahnhof in der Neu-Stadt Karaganda.
Von hier aus traten wir unsere Rückreise nach Deutschland an.

Ich streifte meinen braunen Handschuh wieder über Handgelenk und Armbanduhr und vergrub die Hände tief in den Taschen meines dunkelblauen Wintermantels. Es war empfindlich kalt. Man fährt nicht in „Walenki" (Filzstiefeln) nach Deutschland! Darüber waren wir uns fast alle einig. Und so stand ich nun in engen schwarzen Schuhen mit hohen Absätzen mitten im russischen Winter auf dem Bahnhof von Brest-Litowsk. Ich beobachtete die hastig einsteigenden Männer und Frauen und die vor Übermüdung weinenden Kinder, sowie die hin und her eilenden russischen Militärbeamten. In behandschuhten Händen schwangen sie eifrig ihre weißen Listen, auf denen ausgerechnet mein Name nicht stimmte. Sollte für mich alles umsonst gewesen sein? Das lange zermürbende Warten auf die Reise, der schmerzliche Abschied von Mutters Grab? Es waren inzwischen sechs Monate vergangen, seit mich das erste Mal der kasachische Politoffizier gefragt hatte: „Möchten Sie nach Deutschland?" Ich hatte mein Leben mit Wolodja in Stücke gerissen, und dann war alles still geworden um unsere große Reise. Der Sommer verging, der Herbst ging vorüber, es wurde Winter und Karaganda lag wieder in tiefem Schnee. Wir zweifelten schon an der Verwirklichung der uns versprochenen Reise.

Plötzlich in meine düsteren Gedanken hinein die kräftige Stimme des uniformierten Mannes: „Iditje suda!" (Kommen Sie her!) Mit schnellen Schritten ging ich auf ihn zu. Der Bahnsteig war wie leergefegt. Alle waren eingestiegen. Noch einmal schaute er prüfend auf seine Namensliste. Noch einmal dieselben Fragen an mich: Familienname..., Vorname..., Vatersname..., Geburtstag..., Gebortsort...? Ich antwortete wahrheitsgetreu. Alles stimmte mit der Liste überein bis auf meinen Vornamen, der mit „Lydia" angegeben war. „Ein Fehler unterlaufen", sagte er und deutete mit einer Handbewegung und einem freundlichen Lächeln an, daß ich einsteigen könne. Mit einem energischen Schritt übersprang ich den schmalen, tiefen Spalt zwischen Bahnsteig und Viehwaggon. Wir waren von Anfang an enttäuscht, als wir erfuhren, daß der rotbraune Güterzug mit der Aufschrift „DDR" für uns bereitgestellt war. Die mehr als zwei Wochen dauernde Fahrt durch die Sowjetunion hatten wir in einem geheizten Personenzug zurückgelegt. Jede Nacht gab es auf irgendeinem Bahnhof eine warme Mahlzeit. Reiseproviant wie Brot, Butter, Wurst und andere nahrhafte Lebensmittel hatten wir vor der Abfahrt in Karaganda zugeteilt bekommen und zusätzlich 300 Rubel Taschengeld pro Person. Es sollte an nichts fehlen. Ein Stab von Militärbeamten und Ärzten geleitete uns sicher bis zu unserem Bestimmungsort in Ostdeutschland. Geräuschvoll wurden die Schiebetüren an unserem Wagen geschlossen. Nun wurde es fast ganz dunkel im Raum, und wir suchten verzweifelt nach einer Kerze. Hoch oben aus einem kleinen vergitterten Fenster kam fahles Lich von einem grauen Winterhimmel. Die Lokomotive zog an und gab den Ruck von Wagen zu Wagen weiter.

Wir durchquerten Polen von Ost nach West in zügiger Fahrt, passierten den Bahnhof von Warschau und hielten auf den Schienen von Kutno, der Stadt, von der unsere unfreiwillige Reise einst begonnen hatte. Nach einigen Minuten Weiterfahrt kletterte ich auf die für uns angebrachten Holzpritschen und schaute durch das kleine vergitterte Fenster hoch oben in der Wand. Für ein paar Sekunden hielt ich die Baumgruppe mit meinen Blicken fest, nach der ich so fieberhaft das weite Land abgesucht hatte. Und ich wußte: das sind die hohen Lindenbäume eines kleinen mir vertrauten Parkes. Ich dachte an das flache ländliche Haus, in dem ich einige unbekümmerte Jahre meiner Kinderzeit verbracht hatte. Fröstelnd erinnerte ich mich an die kalte Winternacht im Januar 1945, als für uns mit einem Schlage eine Welt in Scherben ging.

Ich weiß nicht mehr, wie lange die Fahrt in dem düsteren Viehwaggon so weiterging, doch plötzlich blieb der Zug stehen. Die Türen wurden mit viel Lärm zurückgeschoben und laue Luft schlug uns entgegen. Kein Schnee weit und breit, grüne und braune Felder umgaben uns. „Alles aussteigen!" lautete das Kommando. Wir

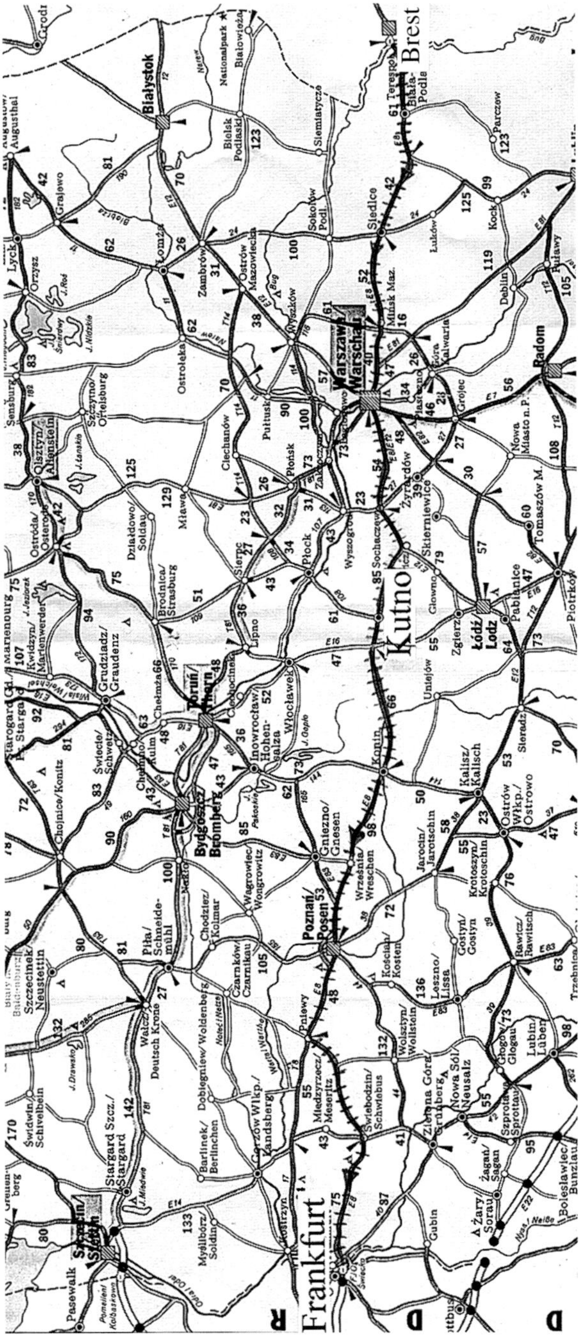

Rückfahrt durch Polen 1955 von Brest nach Frankfurt /Oder.

sprangen auf einen tiefliegenden eingeschotterten Bahndamm. Zu unseren Füßen in einiger Entfernung schlängelte sich ein Fluß, und an seinen Ufern lag eine Stadt mit hochgiebligen Häusern und spitzen Kirchtürmen: „Frankfurt an der Oder". Kaum faßbar, eine deutsche Stadt in greifbarer Nähe. Letzte Kontrolle vor der Grenze. Die Wagen wurden nach blinden Passagieren durchstöbert. „Alles in Ordnung, einsteigen!" Wir kletterten wieder alle in unsere Wagen, doch die Türen wurden dieses Mal nicht geschlossen. Neugierig drängelten wir uns an der großen Öffnung und schauten hinaus auf das Land, das Deutschland hieß. Nach kurzer rascher Fahrt fuhren wir über die Oderbrücke, vorbei an Schrebergärten und kleinen verträumten Gartenhäuschen. Bald durchkreuzten wir die Straßen der Stadt. Passanten blieben stehen und winkten uns zu. Wir winkten eifrig und lachend zurück. Immer zahlreicher wurden die winkenden Menschen. Kein Zweifel, das galt uns an den offenen Waggontüren. Eine Frau schwenkte ein großes weißes Laken. Immer weiter rollte der Zug dem Bahnhof Frankfurt/Oder entgegen.

Nach kurzem Aufenthalt in einem Sammellager in Ostdeutschland stiegen wir schließlich mit den notwendigen Papieren in einen Zug, der uns sicher über Magdeburg in das westliche Deutschland bringen sollte. „Stolowaja" stand in russischen Buchstaben auf einem Schild an dem großen Bahnhofsgebäude von Magdeburg. Wir schauten uns verwundert an. War das etwa ein Speisesaal für russisches Militär? Hunger hatten wir ja, deutsches Geld keines, dafür füllten russische Rubel aus Karaganda noch unsere Taschen. Kurz entschlossen gingen wir hinein. In dem großen Raum saßen einige Männer in russischer Uniform. An einer schwarzen Tafel stand der Speiseplan. Wir entschieden uns für „Schtschi" (Sauerkrautsuppe). Man kümmerte sich nicht um uns, obwohl wir die einzigen Zivilisten waren. Wir unterhielten uns in Russisch wie alle anderen auch, zahlten am Schluß mit Rubeln, gingen dann zu unserem Bahnsteig und warteten auf den Zug, der uns in den westlichen Teil Deutschlands bringen sollte.

In Hannover hieß es wieder einmal umsteigen. Und nun standen wir in der Bahnhofshalle, von unseren braunen Koffern und Taschen umringt, die Kinder, die leise vor sich hinweinten, auf den Armen. Wir warteten auf den nächsten Zug Richtung Heidelberg-Stuttgart.

Ich schaute in die weihnachtlich geschmückten Schaufenster in der Bahnhofshalle: Elegante Kleider, Schmuck, Schuhe und Handtaschen, verziert mit Tannenzweigen und Lametta, mit übergroßen silbernen Kugeln und künstlichem Schnee. Er glänzte leblos und silbrig.

Die große runde Bahnhofsuhr zeigte eine späte Nachmittagsstunde. In Karaganda war jetzt längst dunkle Nacht. Vielleicht tobte gerade ein „Buran" (Schneesturm) durch die Straßen und wehte die niedrigen Lehmhütten zu. Möglicherweise machte gerade der Nachtwächter seine Runde, oder er klopfte sich den Schnee von seinem Pelz und den hohen Filzstiefeln, um für ein Weilchen zum Aufwärmen beim Heizer im Krankenhaus zu verschwinden.

Der Zug fuhr ein. Wir hoben schnell den ersten Koffer hinauf und stellten Natalie mit ihren eineinhalb Jahren direkt daneben. Mit der Kleinsten auf dem Arm luden wir weitere Gepäckstücke ein. Das mußte eine Rotkreuzschwester beobachtet haben, denn sie nahm uns plötzlich die Irene ab. Wir konnten nun schneller weiterarbeiten. Geschafft! Alles Gepäck war verstaut. Wir drei Erwachsenen stiegen schnell ein, der Schaffner gab das Zeichen zur Abfahrt, der Zug kam ins Rollen. Wo war das Baby? Keiner von uns hatte es auf dem Arm. Ich sprang aus dem langsam anfahrenden Zug und rannte den Bahnsteig entlang. Der Zug wurde gestoppt. Eine Rotkreuzschwester rief: „Wem gehört das Kind?" Ich schrie aus Leibeskräften: „Mir!!" Wenige Sekunden später preßte meine junge Schwägerin ihr Kind überglücklich an sich.

Der Zug war brechend voll so kurz vor Weihnachten, und in schnellem Tempo fuhren wir unserem Ziel entgegen. Immer näher dem „Schönen-Tal" im Schwabenland, wo unser Vater schon viele, viele Jahre auf uns wartete und wo er für uns ein neues Zuhause geschaffen hatte.

Irgendwann hörte ich einen Mitreisenden neben mir sagen: „Gleich kommt Heidelberg." „Das muß ein anderes Heidelberg sein", sprach ich meine Gedanken laut aus. Energisch fiel mir eine ältere Dame ins Wort: „Es gibt nur ein Heidelberg in Deutschland!" Ich verstummte. Draußen floß leise der Neckar. Ein Schaffner fragte mich: „Wie war es in Rußland?"

Nachwort: Karaganda

Der Name *Karaganda* stammt aus der kasachischen Sprache. *Kara* heißt schwarz, und *gan* heißt Blut. Die schwarze Kohle ist die Lebensader der Stadt und ihrer Umgebung, also das Blut der Erde in der Steppe.

Eine zweite Deutung lautet: Ein Dornbusch, der in dieser Gegend häufig vorkommt, hätte der Stadt seinen Namen gegeben. Der Busch heißt *Karagan*, im Volksmund Karaganik genannt. Ich bin ihm auf Schritt und Tritt begegnet. In der ersten Zeit, als ich auf der Sowchose lebte, sah ich ihn in der Steppe wachsen. Unsere Besen für die Ställe, aber auch die für unsere Lehmhäuser waren alle aus diesen dornigen Zweigen gebunden. Später dann in der Stadt war ein Karaganikbesen aus unserem Alltag auch nicht wegzudenken, denn er wurde zum Schneekehren im Winter genau so gebraucht wie zum Straßenkehren im Sommer.

Die Stadt Karaganda liegt etwa 800 Kilometer nördlich der Hauptstadt Alma-Ata. Karaganda ist der Mittelpunkt eines ausgedehnten Steinkohlegebietes. Dieses Kohlebecken gehört zu den größten Vorderasiens und Europas. Es ist wohl gleichzusetzen mit dem Donezbecken in der Ukraine. 1950 betrug die Ausbeute an Kohle in Karaganda 17 Millionen Tonnen jährlich. Außerdem hat die Stadt ein großes Metallwerk, eine Zementfabrik, eine Schuhfabrik, eine Ziegelfabrik, ein Fleischkombinat, eine Bierbrauerei und verschiedene Mühlen.

Es gibt eine Alt-Stadt und eine Neu-Stadt Karaganda. Die beiden Städte lagen, als ich noch dort lebte, etwa sieben Kilometer voneinander entfernt. Im Jahre 1946 wurde eine Straßenbahnverbindung gebaut. An dem Bau dieses Verkehrsweges habe auch ich einige Stunden abgeleistet. 1946 war das Jahr der großen Einsätze. Damals wurden wir auch zur Heuschreckenjagd weit vor die Stadt geschickt. Die jungen Heuschrecken wurden mit Karaganikzweigen in lange Gräben gescheucht, mit brennbarer Flüssigkeit übergossen und angezündet, dann zugeschaufelt. Zwischen der Alt- und Neu-Stadt besteht auch eine Bus- und Eisenbahnverbindung. In den letzten Jahren war die Regierung bestrebt, die Bewohner der Alt-Stadt in neuerbaute Stein- und Holzhäuser umzusiedeln. Die Semljanki wurden dem Erdboden gleichgemacht.

Das Gründungsjahr der Neu-Stadt soll im Jahre 1931 liegen. Der Baustil unterscheidet sich nicht von dem einer europäischen Großstadt. Sie hat asphaltierte Straßen und Grünanlagen.

Für das Dorf Groß-Michailowka legt man als Gründungsjahr das Jahr 1907 fest, zur Herrschaftszeit des letzten Zaren Nikolaus II. Damals wurde das Dorf in der vorderasiatischen Steppe angelegt. Groß-Michailowka ist heute ein Stadtteil der Neu-Stadt Karaganda. Die alten Straßen in diesem ehemaligen Zarendorf (Sie waren größtenteils nach den Himmelsrichtungen benannt, oder sie hießen Mittlere und Untere Straße) wurden in der letzten Zeit mehrere Male umgetauft nach kasachischen Volkshelden oder berühmten Künstlern.

Die alte und die neue Stadt verschmelzen auf der Landkarte zu einem Punkt. Dieser fällt in die Größenordnung einer Stadt bis zu 500 000 Einwohnern. Karaganda liegt am 50. Breitengrad über dem Äquator.

Fährt man an dieser Linie um den Globus weiter nach Osten, so stößt man an das Altai-Gebirge, streift den nördlichen Teil der Mongolei und zerteilt den russisch-chinesischen Grenzfluß Amur in zwei Teile. Nach Westen liegen am 50. Breitengrad die ukrainische Stadt Charkow, die polnische Stadt Krakau, die tschechische Hauptstadt Prag sowie die deutsche Großstadt Frankfurt am Main.

In all den Jahren meines unfreiwilligen Aufenthaltes in der Sowjetunion bin ich über einen Umkreis von 40 Kilometern um Karaganda nicht hinausgekommen. Dennoch lernte ich die verschiedensten Rassen und Nationen kennen, denn in Karaganda lebte ein buntes Völkergemisch. Durch persönlichen Kontakt und vor allem durch das Ausfüllen der Personalien auf den Krankenkarten begegnete ich Kasachen, Chinesen, Koreanern, Japanern (als Kriegsgefangene), Armeniern, Tschetschenen, Russen, Ukrainern, Finnen, Letten, Polen, Griechen, Bulgaren, Rumänen, Spaniern (Matrosen, die bei Kriegsausbruch 1941 mit ihrem Schiff in einem Schwarzmeerhafen lagen und dann nach Karaganda interniert wurden), Österreichern, Juden und Deutschen. Die Deutschen, von denen ich ihre Herkunft wußte, stammten aus Moskau, Leningrad, Minsk, Riga, aus der Ukraine, aus Bessarabien, aus Wolhynien, von der Krim, aus dem Kaukasus und von der Wolga. Es lebten dort auch Reichsdeutsche aus Berlin, Stuttgart, Magdeburg und Königsberg. (Dabei denke ich nur an Zivilisten, nicht an deutsche Kriegsgefangene). Sicher habe ich noch einige der aisatischen Stämme zu nennen vergessen. Jede dieser Nationen sprach ihre eigene Sprache. Deshalb war eine allgemeine Verständigung nur möglich, in dem alle die russische Sprache, gut oder weniger gut, beherrschten. Die russische Sprache war auch unter den vielen deutschen Dialekten der bequemste Weg zur Verständigung. In allen Schulen der Sowjetunion wurde die russische Sprache als Hauptfach gelehrt. In den jeweiligen Republiken kam für alle Kinder noch die Landessprache hinzu.

Kasachstan, im amtlichen Russisch damals: Kasachskaja SSR, war die zweitgrößte der insgesamt 15 Bundesrepubliken. Sie reicht vom Kaspischen Meer und den Gebieten an der unteren Wolga über dreitausend Kilometer nach Osten bis zum Altai. In den Norden von Kasachstan hinein dehnt sich ein Teil der größten Tiefebene der Erde, und zwar die westsibirische Tiefebene. Der größte Teil des Landes ist Steppe, Halbwüste und Wüste. Doch im südlichen Teil, in dem die Hauptstadt Alma-Ata liegt, (auf Kasachisch: Vater Apfel) ist eine fruchtbare Obstgegend. Der Name „Kasach" heißt Abgesonderte. Die Kasachen trennten sich im 17. Jahrhundert von den Kirgisen. Sie spalteten sich in mehrere Horden und unterstellten sich in den Jahren 1730, 1781 und 1847 den russischen Zaren freiwillig. Doch in der heutigen Zeit sind die Kasachen nur noch eine Minderheit in Kasachstan, etwa 35 Prozent. Russen und viele Ukrainer beherrschen das Bild.

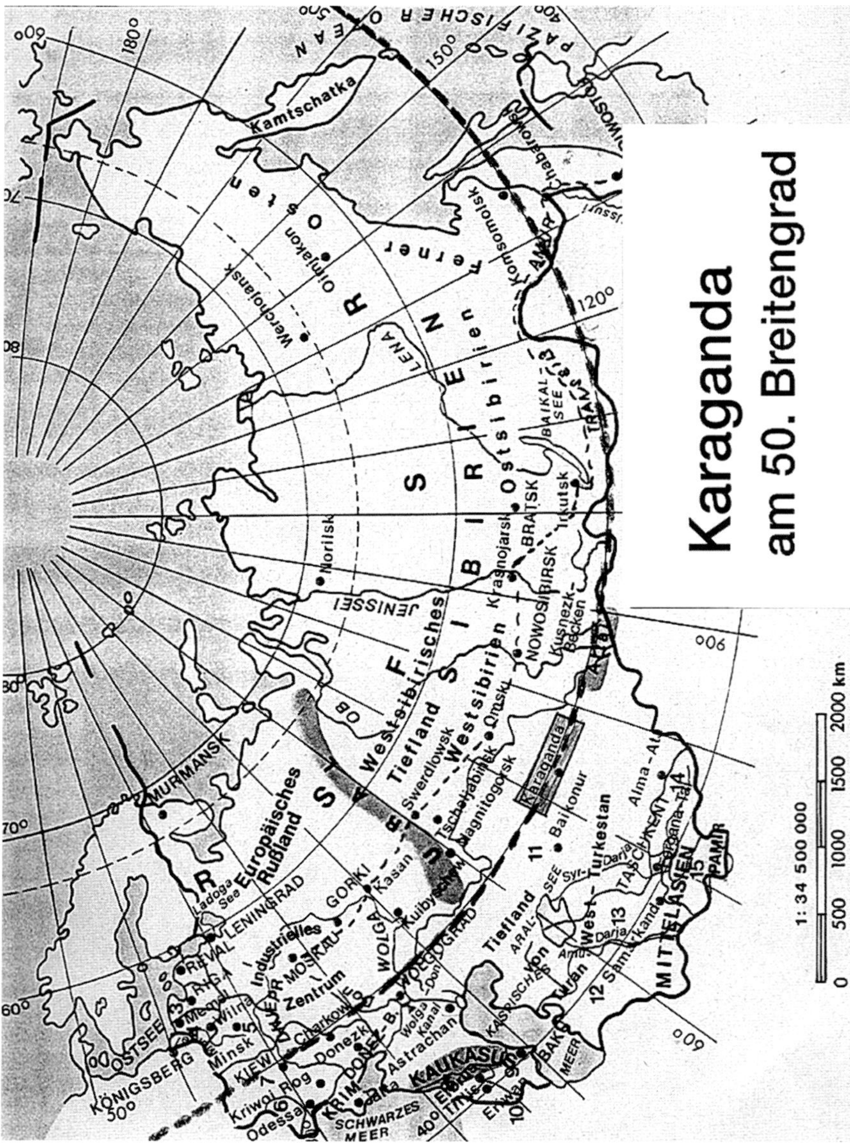

Karaganda
am 50. Breitengrad

Das Ährenfeld in meiner Heimat

Weit dehnt sich das wogende Ährenfeld
bis hin zum Horizont.
Dort berührt es das blaue Himmelszelt,
auf dem die Sonne thront.
Ein lauer Wind spielt in den Halmen,
sie flüstern und raunen mir zu:
„Hier wirst du leben,
hier wirst du lieben,
hier findet all deine Sehnsucht Ruh!"
Der Mohn blühte purpurn,
er wiegte sich leise,
die Halme, die Ähren,
sie schaukelten mit.
Im Dorf sangen Mädchen fröhliche Weisen,
von Heimat und Schätzle, von Liebe und Glück.

Doch - dann - brach der Sturm los!
Er kam aus dem Osten.
Er peitschte die Ähren und walzte sie nieder.
Die Erde erbebte!
Die Glocken erdröhnten!
Die Menschen, sie flohen und kehrten N I E wieder!!

Grau ist mein Haar nun, und lang war die Reise.
Ich wurde nach Osten und Westen getrieben.
Doch jetzt wird es Abend, und ich frage ganz leise:
„Wo ist mein Ährenfeld nur geblieben?"

(Lucie K., 1985)

Heimkehr nach Deutschland, in Schwabenland, im Dezember 1

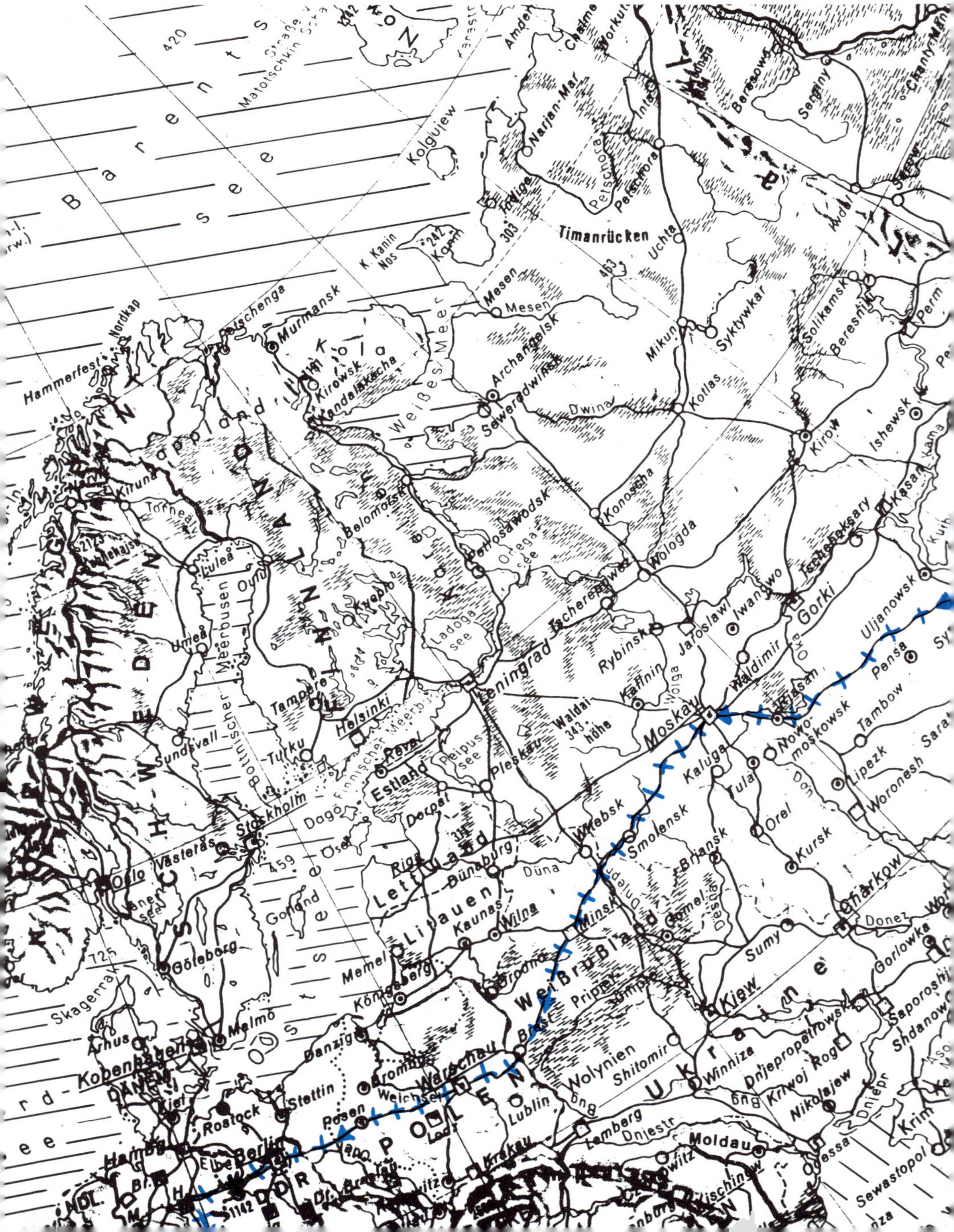